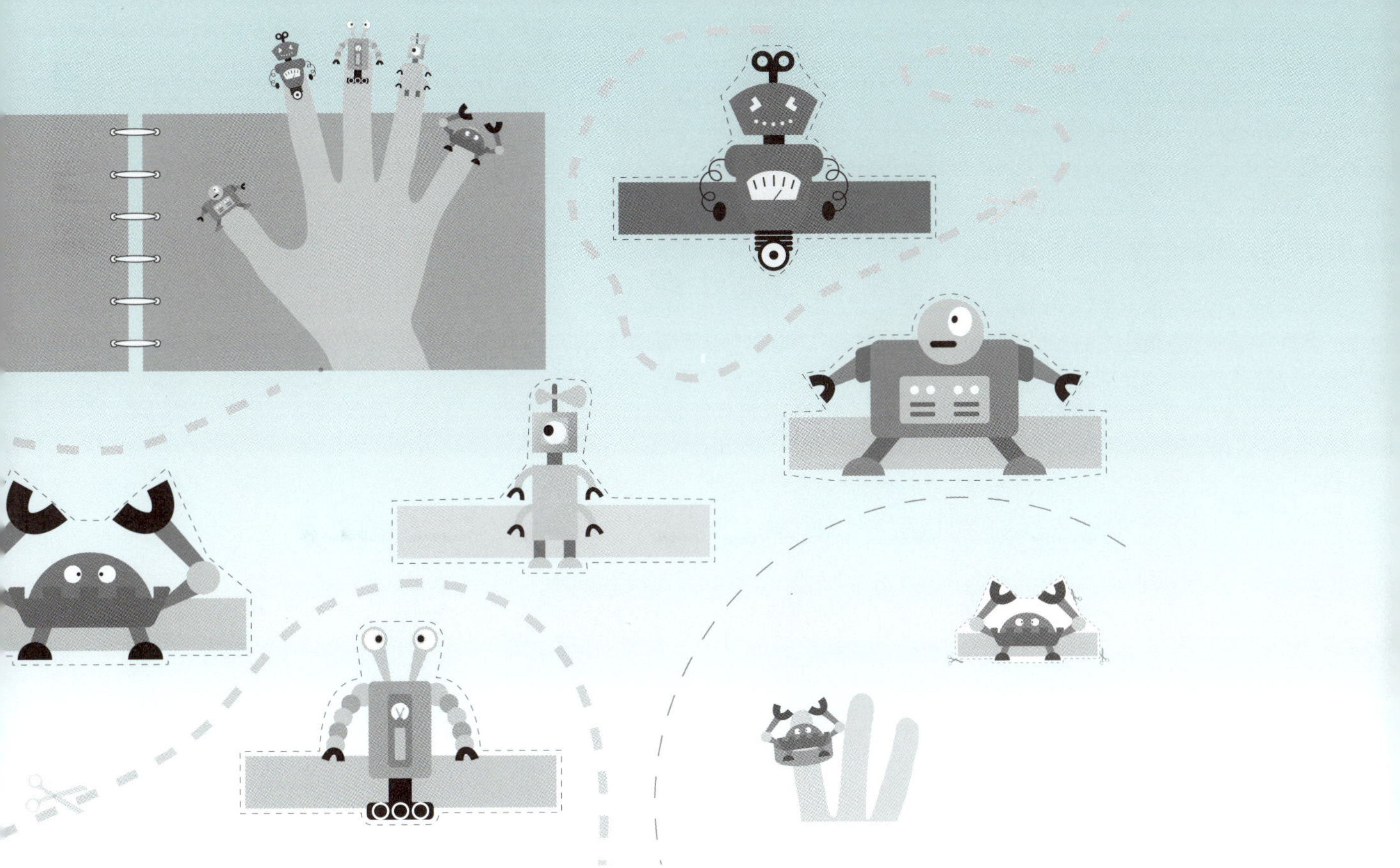

UNDERSTANDING
SPECIAL CHILDREN

특수아동이해

| 곽현주 배성현 한남주 김진희 공저 |

양 성 원

머리말

최근 유아교육현장의 가장 큰 변화는 코로나 19로 인한 변화에 적응하면서 동시에 '놀이 중심 교육과정'과 '4차 표준보육과정'을 실행하게 된 것입니다. 누리과정이 전면 개정되면서 장애 영유아 교육에도 많은 영향을 미치게 되었습니다. 특히, 유아가 중심이 되고, 놀이가 살아나는 교육과정의 흐름 안에서 장애 영유아를 지원하는 방법에 대해 많은 혼란이 가중되었습니다. 그러나 현장의 교사들은 다양한 현직연수와 교사 자조 모임 등 공동체 안에서의 노력으로 장애 영유아의 교육 방향과 내용이 교육과정 안에 잘 녹아들었고, 장애 영유아들의 놀이에 대한 고유성과 유능감을 파악하는데 한 걸음 더 다가갈 수 있었습니다. 이러한 변화를 느끼면서 저자들은 이론과 실제의 간극을 줄이고 균형을 맞추기 위해 노력하였습니다. 장애 영유아 지원의 변화 과정을 살펴보는 레트로스펙티브(retrospective)와 앞으로의 방향에 대한 프로스펙티브(prospective) 과정을 현재 교육과정 중심으로 균형있게 접목하고자 하였습니다. 아울러, 새로운 교육과정이 도입되었다고 해서 교사들이 이전 교육과정에서 했던 모든 노력들이 잘못된 것은 아니며 지금-현재 장애 영유아를 관찰하면서 놀이의 의미를 찾고 발달을 촉진하기 위해 다양한 지원을 연계하는 방법들은 이전에 유아교육현장에서 해왔던 것임을 안내하고자 하였습니다.

현장에 근무하는 교사들과 예비교사들은 일반적인 발달특성과 장애로 독특한 특성을 가진 장애 영유아의 발달적 특성과 행동에 대해 많은 지식과 교수 기술을 필요로 합니다. 하지만, 이론만으로는 현장에서 장애 영유아에게 적절하게 사용하는 것이 어렵습니다. 놀이 중심 교육과정에서는 장애 영유아의 배움을 발견하고 지원하기 위해서 더 정교화된 교수 기술을 선정하고 사용할 수 있는 지식을 필요로 합니다. 이 책이 일상생활, 놀이, 활동에서 장애 영유아에게 의미있는 성과를 가져다 줄 수 있도록 현직교사와 예비교사들에게 유용하게 사용되기를 바랍니다.

저자들은 장애 영유아와 교사가 있는 유아교육현장, 예비교사들이 있는 학교에서 열심히 노력하면서 내용을 담았습니다. 특수교육이나 통합교육을 처음 접하는 교사가 어렵지 않도록 낯선 용어를 구체적으로 설명하였고, 현장에 도움이 될 수 있는 자료를 담고자 노력하였습니다. 이러한 과정이 있었지만, 부족한 부분도 있을 거라 생각합니다. 공동 집필이라는 특성상 내용의 전반적인 통일성을 유지하는 것은 쉽지 않았습니다. 읽고, 수정하고 보완하기를 반복하는 힘든 여정이었지만, 예비교사와 현직 교사들에게 다양한 쓰임이 될 수 있는 자료라고 기대하면서 이 과정을 견딜 수 있었습니다. 그렇기 때문에, 조탁하는 과정에 많은 시간을 들이고자 노력하였습니다. 부족한 부분은 부디 넓은 마음으로 이해해 주시기 바랍니다.

이 책은 총 3부로 되어있고 각 부에 하위 장을 구성하였습니다. 1부는 특수교육과 특수아동에 대한 유아특수교육 개관, 미국과 우리나라 특수교육 관련 법령, 통합교육의 필요성과 효과적인 통합교육을 위한 요인, 임신 전, 임신 중, 출산 후 장애원인에 대한 이해, 「장애인 등에 대한 특수교육법」(2007) 특수교육대상자의 분류에 따라 시각장애, 청각장애, 지적장애, 지체장애, 정서·행동장애, 자폐성장애, 의사소통장애, 학습장애, 건강장애, 발달지체에 대한 정의, 특성 및 교육적 접근에 대하여 정리하여 최근의 내용을 담았습니다.

2부는 교육현장에서 교육의 실제로 장애 영유아의 참여를 지원하기 위한 다양한 교육과정 수정 방법과 물리적 환경, 일반교사와 특수교사 및 장애영유아를 위한 보육교사 간 협력방안, 장애 영유아교육의 나아가야 할 방향인 개별화교육계획(IEP) 작성을 위한 자료수집, 작성, 실행, 평가, 장애 영유아의 문제행동 지원을 위해 학급 차원에서 실시할 수 있는 긍정적 행동지원에 대해 정리하였습니다. 특히 일상생활, 놀이, 활동에서 IEP를 연계할 수 있는 방안에 대해 살펴보았습니다.

3부는 배운 내용을 기반으로 교육의 실제를 지역사회 및 가정과 연계할 수 있는 다양한 사례를 구성하였습니다. 통합교육의 효과를 극대화하기 위하여 가정과의 연계 방안인 장애 영유아 가족지원, 영유아 교육기관 프로그램에 대해 다양한 실제 사례를 기술하였습니다. 제시한 실제 사례들은 각 현장의 교사 역량에 따라 다르게 운영될 수 있기 때문에 기본적으로 실행할 수 있는 사례와 방법을 담았습니다.

마지막으로 이 책의 출판을 위해 노력해주신 양성원 출판사 강철원 대표님께 감사드립니다. 또한 통합교육현장에서 다양한 교육적 요구가 있는 영유아를 지원하면서 땀과 노력이 담긴 자료를 제공해 준 이수경 원장님, 신은진 선생님, 이미희 선생님, 강미영 선생님께 감사드립니다. 강의와 현장자문, 기관운영을 하면서 이 책이 완성될 때까지 서로에게 아낌없는 지지와 격려를 보내준 저자들에게 감사의 마음을 전합니다.

2022년 2월

따뜻한 햇살이 내리쬐는 겨울에

곽현주, 배성현, 한남주, 김진희

차 례

제 2 부 특수아동 지도의 실제

Part 01

특수아동의 이해

Chapter 01

유아특수교육 개관

통합교육에 관심을 갖고 있거나 통합교육을 처음 실시하는 예비교사, 초임교사, 경력교사 모두 성공적인 장애 영유아 통합교육을 기대할 것이다. 그러나 장애 영유아 통합교육을 처음 시작하게 된다면 "나는 특수교육에 대한 지식이 없는데 어떻게 해야 할까?", "장애 영유아를 지도하기 위해 필요한 지식은 무엇일까?"와 같이 다양한 고민을 하게 될 것이다.

1장에서는 이와 같은 고민을 해결하기 위한 첫 걸음으로, 특수 아동을 이해하기 위한 기초 정보를 제공하기 위하여 구성되었다.

1. 특수아동과 특수교육

1) 특수아동

「장애인 등에 대한 특수교육법」에서 특수교육 대상자는 제15조에 따라 시각장애, 청각장애, 지적장애, 지체장애, 정서・행동장애, 자폐성장애(이와 관련된 장애 포함), 의사소통장애, 학습장애, 건강장애, 발달지체, 그 밖에 두 가지 이상의 장애가 있는 경우 등 대통령령으로 정하는 장애 중 특수교육이 필요한 사람으로 진단・평가된 사람을 말한다.

그러나 특수아동은 장애 아동을 의미하는 것이 아니다. 특수아동은 특정 영역에서 대부분의 아동들과는 다른 아동을 의미하는 것으로 일반적으로 사회적 기준이나 정상성에서 벗어나는 아동을 의미한다. 사회적 기준이나 정상성에서 벗어난다는 것이 '부족' 또는 '결손'만을 의미하는 것은 아니다. 즉, 특수아동은 곧 '장애아이다.'라는 생각은 잘못된 것이다. 그림 1-1에서와 같이 사회적 기준이나 정상성에서 벗어나는 아동은 매우 잘 하는 아동과 부족하거나 잘 못하는 아동 모두를 고려한다. 따라서 우수하게 잘 하는 아동을 '우수아' 또는 '영재아'라고 하고, 부족하거나 잘 못하는 아동을 '장애아'라고 말할 수 있다.

모든 영역에서 우수하거나 부족한 것은 아니라는 점을 꼭 확인해야 한다. 우수아라고 하여서 모든 영역에서 우수한 것은 아니며, 장애아라고 하여서 모든 영역

그림 1-1 특수아동의 범위

에서 떨어지는 것도 아니다. 예를 들어 시각장애 아동이라고 하여서 모든 능력 또는 발달이 뒤떨어진 것은 아니다. 시력만 저하되어 있고 인지능력과 신체 운동발달이 정상인 아동도 있기 때문이다.

「영재교육 진흥법」에서 영재란 재능이 뛰어난 사람으로서 타고난 잠재력을 계발하기 위하여 특별한 교육이 필요한 사람을 말한다. '영재교육'은 영재를 대상으로 각 개인의 능력과 소질에 맞는 내용과 방법으로서 실시하는 교육을 말하며, '영재교육기관'으로 영재학교, 영재학급 및 영재교육원이 있다.

장애아, 영재아 모두를 그들이 갖고 있는 잠재력을 개발하기 위해서 특수교육 및 관련 서비스를 필요로 하는 특수아동으로 보고 적절한 지도를 제공해야 할 것이다.

2) 특수교육과 유아특수교육

우리나라 「장애인 등에 대한 특수교육법」에서 특수교육은 "특수교육대상자의 교육적 요구를 충족시키기 위하여 특성에 적합한 교육과정 및 특수교육 관련서비스[1] 제공을 통하여 이루어지는 교육(제2조 1항)"이라고 정의하고 있다.

유아특수교육은 취학 전 특수 영유아에게 제공되는 특수교육을 의미한다. 유아특수교육은 어린 연령의 영유아를 대상으로 하고 있기 때문에 특수교육보다 관심 갖고 교육·중재하는 대상이 넓다. 먼저 유아특수교육은 예방적인 측면이 강조되기 때문에 특수 영유아뿐만 아니라 현재는 '장애'라 진단할 수 없지만 적절한 치료, 중재가 없다면 장애가 될 가능성이 높은 장애위험 영유아까지 포함한다는 점이다. 다음으로 그 대상을 특수 영유아뿐만 아니라 특수 영유아의 가족까지 포함한다는 것이다.

1) 특수교육대상자의 교육을 효율적으로 실시하기 위하여 필요한 인적·물적 자원을 제공하는 서비스로서 상담지원·가족지원·치료지원·보조인력지원·보조공학기기지원·학습보조기지원·통학지원 및 정보접근 지원 등을 말한다(「장애인 등에 대한 특수교육법」 제2조 제2호).

(1) 장애 위험 영유아

장애위험 영유아는 현재 장애를 가진 것으로 진단되지 않지만 적절한 조기중재를 실시하지 않는다면 향후 발달지연이 될 위험성이 높다고 판단되는 영유아를 말한다. 장애위험의 특성을 보이기 시작하는 연령대는 만 2세(38.6%), 만 3세(25.4%), 만 1세(14.5%) 순으로 만 2세 전후 영아에게서 가장 높은 것으로 보인다(백선정, 배성현, 2020). 장애위험 영유아를 조기에 발견하고 적절한 지원과 교육을 실시하면 장애예방과 장애정도를 낮출 수 있을 뿐만 아니라 2차 장애를 예방할 수도 있다. 장애위험 영유아는 크게 환경적 위험, 생물학적 위험, 형성된 위험의 세 가지 위험상태에 노출됨으로써 장애의 위험이 높아진다(Zervigon-Hakes, 1995).

가. 환경적 위험

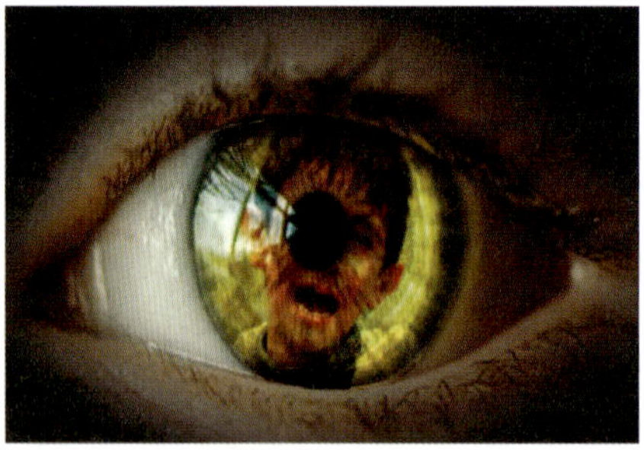

환경적 위험은 경제적 또는 사회적 위험요인을 말한다. 아동학대, 빈곤, 알코올 중독 등이 이에 해당된다. 이와 같은 환경에 노출된 영유아가 모두 장애가 되는 것은 아니지만 그렇지 않은 영유아보다 장애를 보일 가능성이 높다는 것을 의미한다.

나. 생물학적 위험

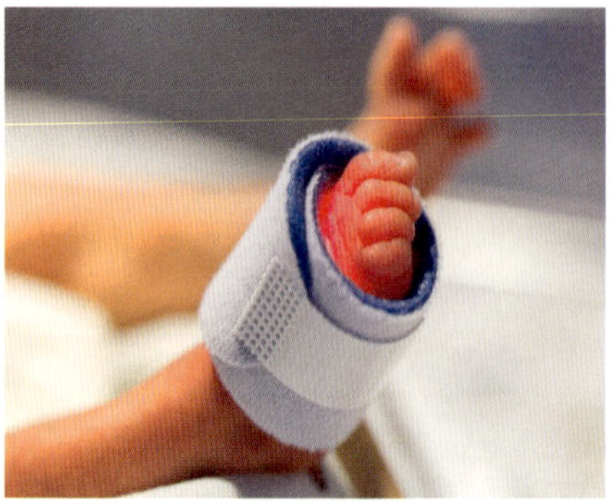

생물학적 위험은 산모의 연령, 질병(당뇨, 풍진), 조산, 난산, 저체중, 출생 시 무산소증, 출생 후 감염 등의 출산 전, 출산과정, 출산 직후의 위험요인을 말한다. 환경적 위험과 같이 이와 같은 환경에 놓인 영유아는 그렇지 않은 영유아보다 정상적인 발달을 보이지 않을 가능성이 높은 것을 의미한다.

다. 형성된 위험

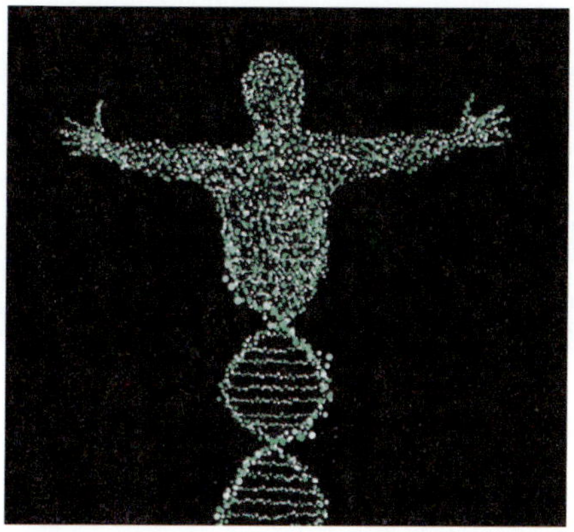

형성된 위험은 유전학적으로나 의학적으로 이미 형성된 조건에 의해 장애나 발달지체를 초래하는 경우를 말한다. 예를 들어 염색체 이상의 문제로 나타나는 다운 증후군, 윌리엄스 증후군, 터너 증후군 등이 포함될 수 있다. 그리고 신체의 물질대사 과정에서 생기는 신진대사장애, 선천적 기형 등이 포함될 수 있다.

(2) 가족

유아특수교육에서 또 다른 관심대상은 장애 영유아의 가족이다. 자신의 자녀가 특수교육대상자임을 처음 인지하게 되는 순간, 장애 영유아 가족 모두 심리적인 충격과 함께 해결해야 하는 많은 과제를 인식하게 된다. 대부분 자녀의 특수함을 발견하는 시기는 영유아 시기이므로 유아특수교육에서는 가족에게도 많은 관심을 갖게 된다. 따라서 장애 영유아의 가족(부모, 형제, 자매, 조부모 등)이 장애 영유아에 대해 보다 잘 이해하고, 적응하도록 돕기 위하여 장애 영유아에 대한 교육 및 서비스 제공과 함께 가족지원을 실시해야 한다.

처음 자녀에게 장애가 있음을 인지하게 되는 가족은 혼돈과 어려움을 경험하게 되며, 그 과정은 그림 1-2와 같이 특징적인 단계[2]로 나타난다(이소현, 2003).

그림 1-2 장애 영유아 가족의 정서적 반응

2) 부모의 방어적인 반응들에 대한 내용은 제3부에서 구체적으로 살펴보도록 한다.

어린 연령의 장애 영유아를 지도하는 교사는 장애 영유아에 대한 교육과 함께 장애 영유아 부모의 정서적 반응단계와 그와 같은 반응을 보이는 특성을 이해하여 부모의 다양하고 개인적인 요구를 지원할 수 있어야 한다.

유아특수교육이라는 용어는 현재 조기개입, 유아특수교육, 특수아 조기 교육 등의 다양한 용어와 함께 사용되고 있다. 그 내용은 조금씩 다르게 사용될 수 있으며, 용어들의 내용을 그 의미에 따라 정리하면 표 1-1과 같다(이소현, 2016).

표 1-1 유아특수교육 영역

용어	대상 연령	내용
조기 개입	0~2세	장애 신생아 및 영아들과 그 가족들을 위해서 제공되는 협력적이고도 종합적인 특수교육 서비스
유아특수교육	3~5세	장애 유아들의 독특한 욕구를 충족시키기 위해서 제공되는 특수교육 서비스
특수아 조기 교육	0~5세	조기 개입과 유아특수교육을 모두 포함하는 취학 전 특수교육

우리나라 「장애인 등에 대한 특수교육법」에서는 특수교육대상자에 대하여 유치원, 초등학교, 중학교, 고등학교 과정의 교육은 의무교육으로 하고 만 3세 미만의 장애영아교육은 무상으로 제시하고 있다. 또한 만 3세부터 만 5세까지의 특수교육대상자가 「영유아보육법」에 따라 설치된 어린이집 중 일정한 교육요건을 갖춘 어린이집을 이용하는 경우 유치원 의무교육을 받고 있는 것으로 보고 있다.

장애 영유아가 교육을 받을 수 있는 기관은 유치원 과정 운영 특수학교, 유치원 과정만 운영하는 특수학교, 일반유치원 특수학급, 장애아전문어린이집, 장애아통합어린이집, 유치원과 어린이집의 일반학급으로 생각해 볼 수 있다. 어린 연령의 장애 영유아가 교육받고 있는 기관과 관할부서는 다음의 표 1-2와 같다.

표 1-2 특수교육대상 영유아 및 장애 영유아

<table>
<tr><th colspan="4">교육부</th><th colspan="5">보건복지부</th></tr>
<tr><th rowspan="2">특수학교 유치원</th><th colspan="2">유치원</th><th rowspan="2">소계</th><th rowspan="2">장애아전문 어린이집</th><th rowspan="2">장애아통합 어린이집</th><th rowspan="2">일반 어린이집</th><th rowspan="2">소계</th><th rowspan="2">합계</th></tr>
<tr><th>특수학급 설치 유치원</th><th>전일제 통합학급 운영유치원</th></tr>
<tr><td>135</td><td>1,001</td><td>1,298</td><td>2,434</td><td>163</td><td>885</td><td>779</td><td>1,797</td><td>4,231</td></tr>
</table>

출처: 교육부(2021). 특수교육연차보고서. 교육부.

지금까지 살펴본 것과 같이 유아특수교육은 발생 후 접근보다는 발생 전 예방을 강조하고 있으며, 장애 영유아뿐만 아니라 장애위험 영유아에 대한 관심도 높아지고 있다. 또한 장애 영유아뿐만 아니라 그 가족 지원까지 관심을 갖고 지원해야 한다.

나아가 우리나라의 특수교육은 「헌법」, 「교육기본법」, 「유아교육법」, 「유아교육법」 시행령, 「초·중등교육법」, 「장애인 등에 대한 특수교육법」 및 시행령, 시행규칙, 특수학교시설·설비기준령, 「장애인 차별금지 및 권리구제 등에 관한 법률」 등이 정한 규정에 의해 이루어지고 있다.

3) 특수교육과 유아특수교육의 필요성 및 목적

장애 영유아를 위한 특수교육의 목적은 장애 영유아가 행복한 삶을 영위하도록 교육하고 관련서비스를 제공하는데 있다.

유아특수교육의 경우 예방적인 측면이 강조됨에 따라 장애로 진전될 가능성을 줄이고, 문제를 해결할 수 있도록 돕는다.

어린 연령인 유아특수교육대상자의 잠재성을 최대한으로 이끄는 것을 기본 전제로 하며, 나은 삶을 살도록 돕는 것을 그 목적으로 한다(이소현, 2003). 즉, 유아특수교육대상자인 영유아는 발달이 끝난 상태가 아니며, 충분한 교육과 관련 서비스를 제공함으로써 최대한의 발달을 지원해줘야 하는 대상이다.

생각해보기

- 장애 영유아는 유치원 과정 운영 특수학교, 유치원 과정만 운영하는 특수학교, 유치원 특수학급, 장애아전문어린이집, 장애아통합어린이집, 유치원과 어린이집의 일반학급에서 교육을 받을 수 있습니다. 주변에 있는 유아특수교육기관을 조사해보고, 각 기관의 특징 및 장 · 단점에 대해 토의해보세요.

Chapter 02

특수교육 관련 법령

특수교육 발전에 중요한 영향을 끼친 건 법률 및 시행령의 제정이라고 볼 수 있다. 우리나라 특수교육은 미국의 영향을 많이 받아왔다. 2장에서는 미국 장애 영유아 및 특수교육 관련법과 우리나라 특수교육 관련법이 만들어지게 된 배경과 그 변화를 알아보고자 한다.

1. 미국 장애 영유아 및 특수교육 관련법과 그 변화

미국은 장애 영유아의 통합보육과 교육에 가장 적극적이고 선도적인 입장을 취하고 있는 국가이다. 20세기 후반부터 장애인 및 특수교육 관련 법률 제정이 활발하게 이루어졌다. 미국 장애 아동 교육의 주축이 되는 법과 제도를 살펴보면, 우선 1975년에 제정된 공법 94-142, 전(全)장애아동교육법(Education for All Handicapped Children Act, EHA)을 들 수 있다. EHA는 현재 장애인교육향상법(Individuals with Disabilities Education Improvement Act, IDEIA)의 초기 형태의 법으로, 모든 장애 아동이 최소 제한 환경[1]에서 무상의 적절한 공교육에 접근하는 것을 보장하였다(IDEIA, 2018; 이정림, 김은영, 엄지원, 강경숙, 2012). 이후 지속적인 수정을 거쳐 일반교육과정에의 접근, 출생에서 5세 영유아까지의 서비스 제공, 전환 계획, 장애 학생 성취에 대한 의무 등을 점진적으로 강조할 수 있게 된 토대가 되었다(IDEIA, 2018).

이후 EHA는 1986년 공법 99-457로 개정되었으며, 유아특수교육을 합법화하여 이전까지 교육에서 제외되었던 0세부터 2세까지의 발달지체 영유아를 포함시키고 장애 영유아와 그들의 가족에게 중재서비스를 제공할 것을 명시하였다(위키백과, 2016; 이정림 외, 2012). 또한, 서비스 제공과 더불어 서비스 중재자는 개별화가족지원계획(Individualized Family Service Plan, IFSP)을 작성하고 가족평가(Family Assess- ment) 시 다학문적 팀 접근을 하도록 언급하였다(위키백과, 2016; 이정림 외, 2012).

한편, 1990년 공법 101-476에서는 법률명을 IDEA(장애인교육법)으로 변경하였고(김양화, 김남순, 2014), 1997년 공법 105-17에서는 장애를 판정받기 전의 아동에게 발달지체(developmental delay)라는 개념을 적용하여 주정부로부터 특수교육 및 관련 서비스를 제공받을 수 있도록 하였다(위키백과, 2016). 개정된 IDEA는 부모역할

1) 특수아동은 가능한 비장애 아동들과 함께 최소한의 제한적인 환경에서 교육을 받아야 한다는 규정이다. 분리할 경우에는 타당한 근거를 제시하여 최소한의 제한된 환경에서 교육이 제공되어야 함을 의미한다.

의 강화, 일반교육과정에의 접근 보장, 불필요한 서류 요구의 축소 등을 개정 핵심 내용으로 하고 있다. 특히, 개별화교육계획(IEP)과 관련하여 IEP 내용, 팀 구성, 개발과정, 검토 및 수정에 대한 규정을 명확히 제시하였고, IEP에 일반교육과정에 대한 장애 아동의 참여와 성취를 높일 수 있는 방안 및 일반교육 기준에 따르는 성취도 평가 참여 시 고려해야 할 사항을 진술하도록 하였다(김양화, 김남순, 2014).

이후 2004년 개정된 IDEA, 즉 장애인교육향상법(IDEIA)에서는 과학적으로 검증된 교수법을 제공함으로써 아동의 학업 성취와 기능적 행동 수준을 향상시킬 수 있는 충분한 지식과 기술을 갖춘 전문적인 특수교사를 양성할 것을 강조하였다(이정림 외, 2012). 그리고 기존의 교사를 재교육하기 위해 높은 수준의 대학 및 전문적인 재교육 프로그램을 지원하도록 명시하는 등 장애 아동 교육에 있어 교육을 제공하는 인력이 해당 분야에 보다 전문성을 갖추고 서비스를 제공할 수 있도록 하였다(이정림 외, 2012). 장애 아동과 관련된 미국 법령에 따른 내용을 표로 정리하면 다음 표 2-1과 같다.

표 2-1 장애 아동과 관련된 미국 법령 내용

법령	내 용
공법 94-142(1975) (전(全)장애아동교육법, EHA)	• 전(全)장애아동교육법(Education for All Handicapped Children Act, EHA) • 3~5세 장애 유아를 위한 서비스가 규정된 법 • 3~21세까지로 법의 적용대상자 규정함 • 장애 아동이 최소한의 제한적 환경에서 그들에게 적합한 무상교육에 접근하는 것을 보장하도록 명시함
공법 99-457(1986) (EHA 개정안)	• 3~5세 장애 유아를 위한 무상의 적절한 교육이 의무화됨 • 이전까지 교육에서 제외되었던 0~2세 발달지체 장애 영유아 및 그들의 가족에게 중재 서비스 제공할 것을 명시함 • 서비스 중재자가 개별화가족지원계획(IFSP)을 작성하고 다학문적 팀 접근을 통한 가족평가(family assessment) 할 것을 명시함
공법 101-476(1990) (장애인교육법, IDEA)	• EHA에서 IDEA(장애인교육법)으로 명칭을 변경함 • 특수교육 예산을 큰 폭으로 증가시킴 • 장애학생을 위한 보조과학기술 중재의 의무화

법령	내 용
	• 장애 아동이 16세가 되는 해에 IEP(Individualized Education Plan)에 전환교육 서비스를 포함하도록 함
공법 102-119(1991) (IDEA 개정안)	• 유아특수교육 관련 조항 강화 • 영아를 위한 조기 개입 서비스 제공을 위한 절차 강조
공법 105-17(1997) (IDEA 개정안)	• 장애 판정 받기 이전의 아동에게 발달지체 개념을 적용하게 하여 주정부로부터 특수교육과 관련 서비스를 제공받을 수 있도록 함 • 발달지체의 개념을 3세부터 9세까지 확장함 • 부모역할 강화, 일반교육과정에의 접근 보장, 불필요한 서류 요구의 축소 등을 주요 핵심 내용으로 함
공법 108-446(2004) (장애인교육향상법, IDEIA)	• 전문적 특수교사 양성 강조 – 과학적으로 검증된 교수법을 제공함으로써, 학생의 학업성취 및 기능적 행동수준 향상시킬 수 있는 지식과 기술을 겸비한 특수교사 양성 • 기존의 교사를 재교육하기 위하여 높은 수준의 대학 및 전문적인 재교육 프로그램을 지원하도록 명시함 • 아동낙오방지법(No Child Left Behind Act)과 연계한 평가

미국 홈페이지를 검색해보면 IDEA는 2015년 12월에 추가 개정을 하였으며, 여러 차례 개정을 거쳤음에도 불구하고 주요 목표는 장애 아동들이 그들의 고유한 요구, 추후의 교육 등을 충족시킬 수 있도록 고안된 관련 서비스와 특수교육을 강조하는 무상의 적절한 공교육 이용을 보장하라는 내용으로 동일하다는 것을 확인할 수 있다(IDEA, 2018). IDEA는 Part A부터 Part D에 이르기까지 총 4개 조항으로 구성되어 있다. 이 중 Part B는 미국의 각 주(states)가 3세에서 21세까지의 장애 아동을 위하여 최소 제한 환경에서 무상의 적절한 공교육 제공을 지원하는 공공보조금(formula grants)에 대한 조항을 포함하고 있다(IDEIA, 2018). 또한, Part C는 출생부터 2세까지의 장애 영유아와 그들의 가족에게 조기 중재 서비스를 제공하는 주를 지원하기 위한 공공보조금 관련 조항들이 포함되어 있다. 즉, Part B와 C에서 0~2세까지 조기 중재 서비스에서부터 3~21세까지의 특수교육 및 장애 관련 서비스 등 장애 아동의 연령에 따른 적절한 교육과 서비스를 받을 수 있는 법적 근

거를 마련해놓았다.

이와 같은 법적 근거를 토대로 교육부의 특수교육 및 재활서비스부(Office of Special Education and Rehabilitative Services, OSERS) 및 OSERS의 특수교육프로그램 부서(Office of Special Education Programs, OSEP)는 실질적으로 보조금을 관리하는 역할을 맡고 있다. OSEP는 Part B와 Part C에서의 세 가지 공공보조금을 관리하는 것 이외에 IDEA의 Part D에서의 재량보조금(discretionary grants)의 관리 및 제공에도 관여한다(IDEIA, 2018). 재량보조금은 주의 인력 개발, 기술과 미디어 서비스, 기술적 지원과 보급, 부모교육 및 정보 센터 등을 지원하는 주 교육기관, 주 고등교육기관 및 비영리단체에 제공하는 보조금이며, 공공보조금과 달리 경쟁과정을 거쳐 교육부로부터 수령된다(IDEIA, 2018).

한편, 최근 미국의 보건복지부와 교육부는 장애 통합교육·보육에 대해 합동 접근을 하려는 경향을 보이고 있다. 이는 장애 아동의 통합적 환경으로의 접근을 위해 노력을 기울였으나 많은 장애아와 가족이 양질의 유아 프로그램에 접근하는 데 장애물이 많고 장애 아동이 비장애 아동과 분리된 공간에서 특수교육을 받을 기회가 더 많이 제공되는 등의 한계점을 보이고 있기 때문이다. 따라서 미국 교육부와 보건복지부의 합동 접근은 장애 통합교육 제공을 보다 포괄적이고 체계적으로 관리하기 위한 제도적 차원에서 이루어지는 적극적 노력의 일환이라 볼 수 있다(Department of Health and Human Services, 2017). 이와 관련된 업무는 보건복지부의 운영부서인 아동가족부(Administration of Children and Family) 및 아동가족부의 프로그램 부서인 유아발달부(Office of Early Childhood Development)가 주로 담당하고 있다.

교육부와 보건복지부는 아동의 발전과 교육에 관한 안내서, 정책 성명 등을 연대 하에 발행하고 있다. 이 중 양질의 장애통합유아프로그램을 촉진시키기 위해 2017년 1월 아동가족부가 재발행한 정책 성명(policy statement)이 있다. 해당 성명 속에서 두 부서는 장애 아동들이 양질의 유아 프로그램을 이용할 수 있도록 해야 하고 그 프로그램은 그들의 높은 기대수준을 충족시킬 수 있는 개별화프로그램이

어야 한다는 입장을 취하고 있다(Office of Early Childhood Development, 2018).

위 성명에서는 유아프로그램에서의 통합의 의미, 통합의 법적 및 이론적 근거, 통합을 어렵게 하는 이유, 유아프로그램에서 장애 아동 통합을 실현하기 위한 주(state)에서의 실행 조치 등 다양한 내용을 담고 있다. 한편, 주에서 실행할 수 있는 권고들 중 서비스 제공자와 관련 분야 인력에 대해 유아 전문가 시스템을 구축하는 것을 말하고 있다. 전문 인력은 질 높은 유아 통합교육 프로그램으로 확장하기 위한 주요 구성요소이므로 유아와 함께 일하는 모든 서비스 제공자들은 아동 발달과 학습에 대한 지식, 일관적인 양육의 중요성, 아동 발달에 영향을 미치는 생물학적·환경적인 요인 등 아동에 대한 일반 지식과 능력을 갖추어야 한다고 명시하고 있다. 이 밖에도 유아교사와 서비스 제공자들이 특수 장애 관련 자격증을 가지고 있지 않기 때문에 물리치료사, 직업치료사, 언어치료사와 같은 전문적 훈련과 자격증을 가진 전문가의 감독과 상담 하에 교육이 이루어지고, 통합적인 환경에서 특수교사와 일반 교사가 협력교수(co-teaching) 할 것 등을 제안하고 있다(Department of Health and Human Services, 2017).

2. 우리나라 장애 영유아 및 특수교육 관련법과 그 변화

우리나라 특수교육은 미국의 영향을 많이 받아왔다. 최근 20여 년간에 걸쳐 장애인 및 특수교육 관련 법률의 제정이 매우 활발하게 이루어져 왔다. 현재 시행중인 「장애인 등에 대한 특수교육법」이 제정되기까지는 장애아 부모들에 의한 많은 소송들과 그 판결들이 주요 역할을 해왔다. 1995년 장애아 보육에 관한 지침이 처음 결정된 이래로 최근 20여 년간에 걸쳐 장애인 및 특수교육 관련 법률의 제정이 활발히 이루어져 장애아 보육은 단기간에 급속한 발전을 해오고 있다. 2007년 4월 10일에 「장애인 차별 금지 및 권리구제 등에 관한 법률」(보건복지부, 2007)이 제정됨에 따라 어린이집을 교육기관으로 규정하고, 어린이집은 장애 아동의 해당 기관에의 전학이나 입학을 거부할 수 없을 뿐 아니라 이들의 교육권 및 접근권 보장을 위한 편의시설을 의무적으로 설치하게 되었다. 뒤이어 5월 25일에 제정된 「장애인 등에 대한 특수교육법」(교육인적자원부, 2007)에서는 만 3~5세 장애 아동에 대한 의무교육 실시 근거 규정을 마련하고 어린이집에서도 이의 시행을 인정하는 등 장애아 보육에 있어 법제적 환경의 변화가 일어났다(조윤경, 2009).

또한 2011년 제정된 「장애아동복지지원법」 및 2015년 개정된 「영유아보육법」 등을 포함하여 법적인 측면에서 장애아 보육의 당위성이 인정되고 있으며, 장애 영유아 보육에 대한 체계적인 교육과 지원의 필요성은 지속적으로 강조되고 있다(김진호, 차재경, 2017). 우리나라 장애 아동 관련 주요 법과 그 변화를 살펴보고자 한다.

1) 장애인 등에 대한 특수교육법(2007)

이 법은 「특수교육진흥법」(1994)이 특수교육 현장에 배치된 장애 학생들에게 충분한 교육적 지원을 제공하지 못하는 점을 개선하기 위하여 제정되었다. 만 3~5세 장애 유아를 의무교육대상자로 규정하고 있으며, 장애 유아의 교육 수혜율을 높이고 질적으로 우수한 교육을 제공하고자 하는 의지와 유아특수교육대상자의 교육에 대한 국가적 책무성을 실행하기 위한 제도적 장치로 볼 수 있다. 이 법의 주요 목적은 다음과 같다. ① 특수교육에 있어서 유치원 및 고등학교 과정의 의무교육을 도입하고 ② 장애의 조기발견체제를 구축하면서 장애영아교육은 무상으로 하여 조기교육의 기회를 부여하며 ③ 대학의 장에게 장애학생지원센터의 설치와 편의제공을 의무화하고 ④ 국가 및 지방자치단체 등이 장애성인평생교육시설을 설치하여 장애인에 대한 생애주기별 교육지원 체계를 확립하여야 한다. ⑤ 특수학교의 학급 및 일반 학교의 특수학급당 학생 수를 현행보다 대폭 낮추어 이를 법률에 명시함으로써 특수교육의 질을 높이고 ⑥ 특수교육대상자에 대하여 가족지원, 치료지원, 보조인력 지원 등 관련 서비스의 제공을 의무화함으로써 장애인의 교육권을 실질적으로 보장한다.

「장애인 등에 대한 특수교육법」(2021. 일부 개정)에서 특히 장애 영유아와 관련 있는 조항을 기술하면 다음과 같다.

제3조(의무교육 등) ① 특수교육대상자에 대하여는 「교육기본법」 제8조에도 불구하고 유치원·초등학교·중학교 및 고등학교 과정의 교육은 의무교육으로 하고, 제 24조에 따른 전공과와 만 3세 미만의 장애영아교육은 무상으로 한다.
② 만 3세부터 만 17세까지의 특수교육대상자는 제1항에 따른 의무교육을 받을 권리를 가진다. 다만, 출석일수의 부족 등으로 인하여 진급 또는 졸업을 하지 못하거나, 제19조 제3항에 따라 취학의무를 유예하거나 면제받은 사람이 다시 취학할 때의 그 학년이 취학의무를 면제 또는 유예받지 아니하고 계속 취학하였을 때의 학년과 차이가 있는 경우에는 그 해당 연수(年數)를 더한 연령까지 의무교육을 받을 권리를 가진다.
③ 제1항에 따른 의무교육 및 무상교육에 드는 비용은 대통령령이 정하는 바에 따라 국가 또는 지방자치단체가 부담한다.
제14조(장애의 조기발견 등) ① 교육장 또는 교육감은 영유아의 장애 및 장애 가능성을 조기에 발견하기 위하여 지역주민과 관련 기관을 대상으로 홍보를 실시하고, 해당 지역 내 보건소와 병원 또는 의원(醫院)에서 선별검사를 무상으로 실시하여야 한다.
② 교육장 또는 교육감은 제1항에 따른 선별검사를 효율적으로 실시하기 위하여 지방자치단체 및 보건소와 병·의원 간에 긴밀한 협조체제를 구축하여야 한다.
③ 보호자 또는 각급 학교의 장은 제15조 제1항 각 호에 따른 장애를 가지고 있거나 장애를 가지고 있다고 의심되는 영유아 및 학생을 발견한 때에는 교육장 또는 교육감에게 진단·평가를 의뢰하여야 한다. 다만, 각급 학교의 장이 진단평가를 의뢰하는 경우에는 보호자의 사전 동의를 받아야 한다.
④ 교육장 또는 교육감은 제3항에 따라 진단·평가를 의뢰받은 경우 즉시 특수교육지원센터에 회부하여 진단·평가를 실시하고, 그 진단·평가의 결과를 해당 영유아 및 학생의 보호자에게 통보하여야 한다.

⑤ 제1항의 선별검사의 절차와 내용, 그 밖에 검사에 필요한 사항과 제3항의 사전 동의 절차 및 제4항에 따른 통보 절차에 필요한 사항은 대통령령으로 정한다.

제18조(장애영아의 교육 지원) ① 만 3세 미만의 장애영아의 보호자는 조기교육이 필요한 경우 교육장에게 교육을 요구할 수 있다.

② 제1항에 따른 요구를 받은 교육장은 특수교육지원센터의 진단·평가결과를 기초로 만 3세 미만의 장애영아를 특수학교의 유치원과정, 영아학급 또는 특수교육지원센터에 배치할 수 있다.

③ 제2항에 따라 배치된 장애영아가 의료기관, 복지시설 또는 가정 등에 있을 경우에는 특수교육교원 및 특수교육 관련서비스 담당 인력 등으로 하여금 순회교육을 제공하도록 할 수 있다.

④ 국가 및 지방자치단체는 장애영아를 위한 교육여건을 개선하고 설비를 정비하기 위하여 노력하여야 한다.

⑤ 그 밖에 장애영아의 교육지원에 필요한 사항은 대통령령으로 정한다.

제19조(보호자의 의무 등) ① 특수교육대상자의 보호자는 그 보호하는 자녀에 대하여 제3조 제1항에 따른 의무교육의 기회를 보호하고 존중하여야 한다.

② 부득이한 사유로 취학이 불가능한 의무교육대상자에 대하여는 대통령령으로 정하는 바에 따라 제1항에 따른 취학의무를 면제하거나 유예할 수 있다. 다만, 만 3세부터 만 5세까지의 특수교육대상자가 「영유아보육법」에 따라 설치된 어린이집 중 대통령령으로 정하는 일정한 교육 요건을 갖춘 어린이집을 이용하는 경우에는 제1항에서 정하는 유치원 의무교육을 받고 있는 것으로 본다.

③ 제2항에 따라 취학의무를 면제 또는 유예 받은 사람이 다시 취학하고자 하는 경우에는 대통령령으로 정하는 바에 따라 취학하게 할 수 있다.

제20조(교육과정의 운영 등) ① 특수교육기관의 유치원·초등학교·중학교·고등학교 과정의 교육과정은 장애의 유형 및 정도를 고려하여 국가교육위원회가 정하고, 영아교육과정과 전공과의 교육과정은 교육감의 승인을 받아 학교장이 정한다.

② 특수교육기관의 장 및 특수교육대상자가 배치된 일반학교의 장은 제1항에 따른 교육과정의 범위 안에서 특수교육대상자 개인의 장애유형과 정도, 연령, 현재 및 미래의 교육요구 등을 고려하여 교육과정의 내용을 조정하여 운영할 수 있다.

③ 특수학교의 장은 교육감의 승인을 받아 유치원 · 초등학교 · 중학교 · 고등학교과정을 통합하여 운영할 수 있다.

제22조(개별화 교육) ① 각급 학교의 장은 특수교육대상자의 교육적 요구에 적합한 교육을 제공하기 위하여 보호자, 특수교육교원, 일반교육교원, 진로 및 직업교육 담당 교원, 특수교육 관련서비스 담당 인력 등으로 개별화교육지원팀을 구성한다.

② 개별화교육지원팀은 매 학기마다 특수교육대상자에 대한 개별화교육계획을 작성하여야 한다.

③ 특수교육대상자가 다른 학교로 전학할 경우 또는 상급학교로 진학할 경우에는 전출학교는 전입학교에 개별화교육계획을 14일 이내에 송부하여야 한다.

④ 특수교육교원은 제1항부터 제3항까지의 규정에 따른 업무를 수행하기 위하여 각 업무를 지원하고 조정한다.

⑤ 제1항에 따른 개별화교육지원팀의 구성, 제2항에 따른 개별화교육계획의 수립 · 실시 등에 관하여 필요한 사항은 교육부령으로 정한다.

제26조(방과 후 과정을 운영하는 유치원 과정의 교육기관) ① 「유아교육법」 제2조 제6호에 따른 방과 후 과정을 운영하는 유치원 과정의 교육기관에 특수교육대상자가 배치되는 경우 해당 각 급 학교의 장은 특수교육대상자에 대한 방과 후 과정 운영을 담당할 인력을 학급당 1인 이상 추가로 배치할 수 있다.

② 제1항에 따른 방과 후 과정 담당 인력의 자격기준, 운영방법 등에 관하여 필요한 사항은 대통령령으로 정한다.

제27조(특수학교의 학급 및 각급학교의 특수학급 설치 기준) ① 특수학교와 각급학교의 장은 다음 각 호의 기준에 따라 학급 및 특수학급을 설치하여야 한다.

1. 유치원 과정의 경우 : 특수교육대상자가 1인 이상 4인 이하인 경우 1학급을 설치하고, 4인을 초과하는 경우 2개 이상의 학급을 설치한다.

② 교육감은 제1항에도 불구하고 두 가지 이상의 장애를 지니면서 장애의 정도가 심한 특수교육대상자가 배치된 학급의 경우에는 2분의 1의 범위에서 학급 설치 기준을 하향 조정할 수 있으며, 순회교육의 경우 장애의 정도와 유형에 따라 학급 설치 기준을 하향 조정할 수 있다.

제28조(특수교육 관련서비스) ① 교육감은 특수교육대상자와 그 가족에 대하여 가족

상담, 부모교육 등 가족지원을 제공하여야 한다.
② 교육감은 특수교육대상자에게 필요한 경우 물리치료, 작업치료 등 치료지원을 제공하여야 한다. 이 경우 특수교육대상자의 장애유형과 장애정도를 고려한 맞춤형 치료지원이 제공될 수 있도록 하여야 한다.
③ 교육감은 각급학교의 장이 특수교육대상자를 위하여 필요한 경우 지원인력을 제공할 수 있도록 지원하여야 한다.
④ 각급학교의 장은 특수교육대상자의 교육을 위하여 필요한 장애인용 각종 교구, 각종 학습보조기, 보조공학기기 등의 설비를 제공하여야 한다.
⑤ 각급학교의 장은 특수교육대상자의 취학 편의를 위하여 통학차량 지원, 통학비 지원, 통학 지원인력의 배치 등 통학 지원 대책을 마련하여야 한다.

2) 장애아동복지지원법(2011)

2011년 8월에 제정되어 2012년 8월부터 시행된 「장애아동복지지원법」은 국가와 지방자치단체가 장애 아동의 특별한 복지적 욕구에 적합한 지원을 통합적으로 제공함으로써 장애 아동이 안정된 가정생활 속에서 건강하게 성장하고 사회에 활발하게 참여할 수 있도록 하며, 장애 아동 가족의 부담을 줄이는 것을 목적으로 하고 있다. 이 법은 저소득층 위주의 선별적 복지를 지양하고 복지지원 전달체계와 연계협력체계의 보완, 장애 아동과 그 가족에 대한 종합적인 지원 대책 수립이 주요 내용이다. 장애아동복지지원법 제32조 제7항에 따라 시행규칙에서 장애 영유아를 위한 어린이집의 설치 기준, 지정, 세부 유형(장애아 전문 어린이집, 장애아 통합 어린이집) 등을 규정하였다는 점에서 눈여겨볼 만하다.

또한 통합적이고 연계적인 장애아보육지원이 실행되도록 중앙장애아동지원센터와 지역장애아동지원센터를 설치·운영하여 관계 기관 또는 단체와의 연계 협력 체계를 갖추는 내용을 포함하고 있다.

「장애아동복지지원법」(2021. 일부 개정)에서 장애 영유아와 관련 있는 조항을 기술하면 다음과 같다.

제12조(장애아 조기 발견) ① 특별자치시장 · 특별자치도지사 · 시장 · 군수 · 구청장은 「국민건강보험법」 제52조, 「의료급여법」 제14조 및 「모자보건법」 제10조 제1항에 따라 영유아에 대하여 정기적인 건강검진 · 예방접종을 실시하는 경우 장애의 유무를 조기에 발견하기 위하여 선별검사를 실시할 수 있다.

제22조(보육지원) ① 국가와 지방자치단체는 「영유아보육법」 제27조에 따른 어린이집 이용대상이 되는 장애아동에 대하여 같은 법 제34조에 따라 보육료 등을 지원하여야 한다.

② 국가 및 지방자치단체는 「영유아보육법」 제10조에 따른 어린이집 또는 「유아교육법」 제2조제2호에 따른 유치원을 이용하지 아니하는 장애영유아에게 「영유아보육법」 제34조의2에 따라 양육수당을 지급할 수 있다.

③ 제32조에 따른 장애영유아를 위한 어린이집은 장애영유아에 대한 체계적인 보육지원과 원활한 취학을 위한 보육계획을 수립 · 실시하여야 하며 대통령령으로 정하는 자격을 가진 특수교사와 장애영유아를 위한 보육교사 등을 배치하여야 한다.

④ 제3항에 따른 특수교사와 장애영유아를 위한 보육교사의 자격 및 배치는 국가와 지방자치단체의 재정 및 교원수급여건을 고려하여 대통령령으로 정하는 바에 따라 순차적으로 실시한다.

제27조(취약가정 복지지원 우선제공) 국가와 지방자치단체는 다음 각 호의 어느 하나에 해당하는 장애아동과 그 가족(이하 "취약가정"이라 한다)에 대하여는 이 법에서 정하는 복지지원을 우선적으로 제공할 수 있다. 다만, 제22조에 따른 보육지원은 「영유아보육법」 제28조에 따른다.

1. 장애아동의 부 또는 모가 「장애인복지법」 제2조의 장애인인 경우
2. 한 가정에 장애아동이 2명 이상인 경우
3. 장애아동이 「한부모가족지원법」 제4조제2호의 한부모가족의 자녀인 경우
4. 장애아동이 부모와 떨어져 조부 또는 조모가 세대주이거나 세대원을 사실상 부양하는 경우
5. 장애아동이 「다문화가족지원법」 제2조제1호의 다문화가족의 자녀인 경우
6. 장애아동이 「도서 · 벽지 교육진흥법」 제2조의 도서 · 벽지에 거주하는 경우
7. 그 밖에 보건복지부장관이 우선하여 지원할 필요가 있다고 인정하는 경우

제32조(장애영유아 어린이집) ① 국가와 지방자치단체는 지역별로 적절한 균형을 이루도록 장애영유아를 위한 어린이집을 확보하기 위하여 노력하여야 한다.
② 특별자치시장 · 특별자치도지사 · 시장 · 군수 · 구청장은 「영유아보육법」 제10조에 따른 어린이집이 다음 각 호의 요건을 갖추어 신청하는 경우 장애영유아를 위한 어린이집으로 지정할 수 있다.
1. 「영유아보육법」 제30조의 어린이집 평가인증을 받을 것
2. 「장애인 · 노인 · 임산부 등의 편의증진보장에 관한 법률」에 따른 편의시설을 설치할 것
3. 보건복지부령으로 정하는 설치기준을 갖출 것
③ 제2항에 따라 지정받은 어린이집의 원장은 매년 어린이집 운영에 관한 사업계획서를 특별자치시장 · 특별자치도지사 · 시장 · 군수 · 구청장에게 제출하여야 한다.

3) 장애인복지법(1999)

이 법은 장애인의 복지에 관한 사항을 종합적으로 추진하기 위한 법률로, 장애인의 인간다운 삶과 권리보장을 위해 국가와 지방자치단체 등의 책임을 명백히 하며, 장애 발생의 예방과 장애인의 의료, 교육직업재활, 생활환경개선 등에 관한 사업을 정함으로써 장애인복지대책의 종합적 추진을 도모하고, 장애인의 자립, 보호 및 수당의 지급 등에 관하여 필요한 사항을 정함으로써 장애인의 생활 안정에 기여하는 등 장애인의 복지 증진 및 사회활동 참여 증진에 기여함을 목적으로 하고 있다.

4) 장애인, 노인, 임산부를 위한 편의증진보장에 관한 법률(1997)

이 법(2021. 일부 개정)은 장애인, 노인, 임산부 등이 일상생활에서 안전하고 편리하게 시설과 설비(공원, 공공건물 및 공중이용시설, 공동주택, 통신시설, 점자 안내 책자, 휠체

어, 보청기기, 장애인용 쇼핑카트 등)를 이용하고 정보에 접근할 수 있도록 보장함으로써 이들의 사회활동 참여와 복지 증진에 이바지함을 목적으로 한다.

5) 장애인 고용 촉진 및 직업재활법(2000)

이 법(2021. 일부 개정)은 장애인의 고용 촉진 및 직업재활을 도모하기 위한 법으로 장애인의 직업재활에 관한 전반적인 것을 규정하고 있는 특별법(전체 6장, 87조 및 부칙으로 구성)이다. 노동시장에서 자유로이 결정되어야 할 고용상황에 국가가 일정 보호적 성격으로 개입함으로써 직업적 제한을 가지는 장애인의 인간다운 생활을 할 기본권과 행복 추구권 및 평등권을 보장하려는 데 목적이 있다. 특히 제5조의 2에서 장애인에 대한 직장 내 편견을 제거함으로써 장애인 근로자의 안정적인 근무 여건을 조성하고 장애인 근로자 채용이 확대될 수 있도록 장애인 인식개선 교육 실시와 관련한 내용(내용, 강사, 결과 보고)이 보다 강화되었다.

6) 영유아보육법(2004) 내 장애아 보육 관련 규정

현재 영유아보육법(2021. 일부 개정) 내 장애아 보육과 관련된 규정들을 추출하면 다음과 같다.

무상보육(제34조) 조항에는 12세 이하의 장애 아동이 어린이집에서 보육될 경우에는 무상으로 하도록 명시하고 있다. 취약보육 우선제공 의무(제26조)로 국공립 및 사회복지법인 그 밖의 비영리법인이 설치한 어린이집의 장은 장애아에 대한 보육을 우선적으로 실시하며, 제28조 제1항에도 장애 정도가 심한 장애영유아가 우선적으로 어린이집을 이용하도록 해야 한다고 규정하고 있다. 영유아보육법 시행규칙 제10조 보육교직원의 배치기준에 따르면, 장애아 보육은 장애아 3명당 보육교사 1명을 원칙으로 하되, 장애아 9명당 1명은 특수교사 자격소지자로 하도록 규정하고 있다.

특수교육연차보고서(2021)에서 유치원 및 교육요건을 갖춘 어린이집 현황을 보면 총 4,231개 기관으로 매년 증가추세에 있다. 그러나 2020년 12월 기준 어린이집에 배치된 장애 유아는 장애아전문, 장애아통합, 일반 어린이집에 각각 6,206명, 4,959명, 1,064명으로 총 12,229명이다(보육통계, 2020). 이에 반해 2021년 4월 기준 교육부 관할의 유아특수교육기관에 배치된 영유아는 7,566명(특수교육연차보고서, 2021)이다. 장애영유아 인원수로 볼 때 어린이집에 재원하고 있는 장애영유아 수가 많다.

장애 유아에 관한 의무교육 관련 법적 규정은 「장애인 등에 대한 특수교육법」에 근거하고 있고, 이러한 법적 근거는 교육부에 기반하고 있으므로 원론적으로 볼 때 장애 유아와 관련된 교육은 원칙적으로 교육부가 책임을 져야 한다는 입장이다. 동법에서 어린이집을 의무교육 기관으로 간주하고 어린이집에서 보육받고 있는 장애 유아도 의무교육을 받고 있는 것으로 간주하나 법적 근거는 교육부에 있다고 본다. 이러한 맥락에서 볼 때 어린이집에 재원하는 장애 유아가 유치원에 재원하는 장애 유아와 동일한 의무교육대상자로 동일한 서비스를 받아야 한다. 「장애아동복지지원법」에 규정되어 있는 유아특수교사 배치 관련 기준을 준수하여야 한다. 이를 준수하기 위해서는 교육부에서 인정하고 있는 「초중등교육법」 제21조 제2항에 따른 특수학교 유치원교사 자격증 소지자를 채용해야 한다. 유치원에서 장애 유아를 유아특수교사가 담당하고 있는 것과 마찬가지로 어린이집에 재원하고 있는 장애 유아의 질적인 보육을 제공하기 위해서는 유아특수교사와 관련하여 제정된 법적 기준을 그대로 준수해야 한다. 교육부는 유치원뿐만 아니라 어린이집에 재원하고 있는 장애 유아까지도 책임을 져야 하는 것이 마땅하므로 적극적으로 개입할 것이 요구된다.

반면, 교육부 발령 유아특수교사 자격 소지자를 어린이집에 배치한다는 것은 다소 현실적으로 무리가 있을 수 있으므로 현실적으로 해결 가능한 입장을 모색해야 한다는 주장이 있다. 유아특수교사 배치 규정을 삭제하고 장애 영유아를 위한 보육교사가 유아특수교사를 대체하자는 방안이 제안되고 있다. 「장애아동복지지원법」

이 시행되고 있는 현 시점에서 특수교사 수급이 어려운 어린이집에 대하여 현실적으로 너무 많은 부담을 주는 것보다 현장에서의 요구도를 반영하여 「장애아동복지지원법」 시행을 연기하거나 관련 내용을 변경하는 것이 요구된다. 장애 영유아 보육의 질적 저하를 우려하여 절충안이 제안되기도 하였다. 장기적으로 어린이집의 유아특수교사 배치가 이루어져야 하나, 현실적으로는 유아특수교사 수급이 어려운 상황이므로 관련 법 기준 적용을 한시적으로 연기하되, 연기 기간 동안 유아특수교사 수급 방안을 체계적으로 준비하자는 방안이 제기되기도 하였다(이정림, 2018).

「장애인 등에 대한 특수교육법」에 의거하여 모든 만 3~5세 장애 유아는 의무교육대상자이므로 법적 규정에 알맞은 제도적 지원이 요구된다. 특히 「장애아동복지지원법」 시행령에 따라 직접적으로 영향을 받는 어린이집 보육교직원들은 교사 자격 및 수급체계에 우려를 표명하고 있다. 장애 영유아의 보육의 질 제고를 위하여 유치원뿐만 아니라 어린이집에서의 유아특수교사 및 장애 영유아를 위한 보육교사 수급에 대한 국가 차원에서의 구체적인 장기 계획 수립이 필요하다. 이 밖에도 개별 유아에게 적합한 개별화된 교육이 이루어지기 위해서는 현행 장애 유아 대 교사의 비율 3:1에서 2:1로 조정되어야 하며 전달체계 기능을 활성화하여 장애 영유아를 위해 질적인 서비스를 제공하도록 해야 한다.

생각해보기

- 2020년 통계청 자료에 따르면, 어린이집에 재원 중인 장애 영유아 수는 12,229명이며, 특수연차보고서에서 밝힌 유치원이나 특수학교 유치원에 재원하는 장애 영유아 수는 7,566명입니다. 법조문에 규정된 바와 같이 질 높은 장애 영유아 교육 실현을 위해서라면 어떠한 개선책과 지원방법이 좋을지 생각해보세요.

Chapter 03

통 합 교 육

장애 영유아를 위한 교육 프로그램의 가장 큰 목표는 무엇일까? 장애 영유아에게 영유아기에 가장 먼저 알려주고 이끌어주어야 할 것은 어떤 것일까를 생각할 때, 가장 큰 목표는 장애 영유아가 자신의 놀이 생활의 모든 것을 독립적으로 스스로 할 수 있게 모든 상황에 적절한 행동을 할 수 있도록 이끄는 것을 의미한다. 3장에서는 통합교육의 의미와 통합교육을 이끄는 교사의 자세 및 통합교육을 성공적으로 이끄는 요인을 알아보고자 한다.

1. 통합교육의 정의

통합교육은 장애 영유아를 분리시켜 교육하는 방법이 아닌 장애를 지니지 않은 또래들과 함께 어울려 동일한 환경에 배치되어, 일반교육 환경에 참여하고 통합되는 것을 의미한다. 즉, 일반교육 과정에 장애 영유아를 포함시키는 것이다.

최근 통합교육은 장애 영유아와 비장애 영유아들이 함께 놀이하고 배우고 같은 교실에서 교육을 받는 것으로 이전의 분리되어 하나로 합쳐지는 과정에서 벗어나 처음부터 서로 포함되어 있는 하나의 집단으로 인식하고 교육해야 한다는 개념으로 발전되어 가고 있다. 장애 영유아를 포함하는 모든 영유아를 일반 학급에 전일제에 배치하는 완전통합(full inclusion), 일반교육체계 내에서 일반과 특수교육체계를 통합하는 일반교육주도(regular education initiative) 등의 통합개념이 통합교육의 개념들로 사용되고 있다(조윤경, 김수진, 2010).

우리나라 「장애인 등에 대한 특수교육법」(2007)(개정 2021.3.23)에서 통합교육은 "특수교육대상자가 일반학교에서 장애유형, 장애 정도에 따라 차별받지 않고 또래와 함께 개개인의 교육적 요구에 적합한 교육을 받는 것을 말한다"고 정의하였다.

통합교육은 장애 영유아와 비장애 영유아가 사회적 활동이나 놀이, 교수활동 다양한 측면에서 의미있는 상호작용을 하며 근본적으로 동일한 소속감을 지니고 동등한 가치를 인정받으며 선택의 자유를 누리는 것으로, 장애 영유아의 교육을 비장애 영유아와 같이 할 수 있도록 하되 교육목표, 교육내용, 교육방법은 장애 영유아의 장애 유형 및 특성에 따라 알맞게 실시하는 것이다.

통합교육이 성공적으로 이루어지기 위해 물리적, 사회적, 교육적 통합이 전제되어야 한다(Kauffman, Gottlieb, Agard, & Kukic, 1975). 물리적 통합이란 한 공간 속에 장애 영유아와 비장애 영유아가 함께 머무르는 것을 의미하여 모든 장소가 장애 영유아를 수용할 수 있어야 한다는 의미가 된다. 교육적 통합은 통합된 교육환경에서의 장애 영유아의 독특한 교육적 요구가 충족되기 위해 별도의 교육프로그램과 교육자료를 제공하며 교수방법에서도 장애 영유아를 위한 교육적 배려가 있어야 한다. 마지막으로 사회적 통합으로서의 장애 영유아와 비장애 영유아의 상호작용이 잘 이루어져야 하며, 이러한 상호작용은 계획적인 중재 하에 활발히 일어날 수 있다(서경희, 1995). 진정한 통합교육은 물리적, 사회적, 교육적 통합 안에서 장애 영유아와 비장애 영유아의 상호교류가 활발히 이루어지는 것이라고 할 수 있다.

통합교육은 장애 영유아가 영유아교육기관인 유치원이나 어린이집에서 장애유형이나 정도에 따라 차별받지 않고 또래와 함께 개개인의 교육적 요구에 적합한 교육을 받는 것이다(김정미, 2018). 이것은 장애 영유아에게 장애유형과 특성에 적절한 교육환경이 제공되는 것을 의미하며 또래와 함께 장애 영유아가 다양하게 참여할 수 있도록 적절한 교육과 특수한 서비스가 제공되어 교육받는 것을 말한다.

2. 통합교육의 배경

통합교육의 배경은 철학적 믿음의 정상화(normalization)의 원리, 사회적인 움직임의 탈시설 수용화(deinstitutionalization) 원리, 법률제정의 최소제한환경(least restrictive environment) 등이 통합교육의 성장에 큰 역할을 했다고 볼 수 있다(Hallahan & Kauffman, 2003).

1960년대에 분리교육에 대한 도덕성과 윤리성에 대한 비판으로 통합교육에 대한 논의가 고조되었다. 특수학급과 같은 분리교육에 대해 던(Dunn, 1968)은 의문을 제기하면서 분리교육에 대한 법정논란 이후 장애 영유아와 비장애 영유아를 분리시켜 교육하는 것은 불평등한 교육을 증가시키고 장애 영유아를 사회적으로 고립시켜 특수교육이 인정적 편견, 교육적 비효과, 심리적 및 사회적 손상의 이유로 정당하지 못하다고 주장하면서 통합교육의 필요성을 주장하였다(이미정, 2008). 이러한 주장은 스칸디나비아에서 처음으로 주창된 정상화의 원리에 근거하여 더욱 강조된 개념이라고 할 수 있다. 정상화의 원리는 장애인의 사회 통합을 향한 움직임의 가장 기본 원리로, 문화적으로 정상적인 수단을 사용해야 한다는 철학적 믿음이다(조윤경, 김수진, 2010). 정상화의 과정에서 모든 사회가 추구하고 있는 것은 장애인들 모두가 사회, 경제, 문화, 여가 생활에 비장애인과 함께 적극적으로 참여하는 것이며, 장애를 등급화하여 사회적으로 낙인을 찍지 못하도록 하는 것으로 정상화의 궁극적인 목표는 모든 장애인들이 정상적으로 건전하게 사회에 참여하고 적응할 수 있는 기회와 방법을 극대화시키는 데 있다. 즉, 장애인들이 가능한한 정상적인 사회로 통합되어져야 함을 의미한다(조윤경, 홍은주, 2003).

1970년대 들어와서야 장애 영유아와 비장애 영유아를 통합해서 교류하려는 움직임이 본격적으로 나타났으며, 1975년에는 공법 94-142인 전(全)장애아동교육법(Education for All Handicapped Children Act, EHA)이 통과되어 통합교육의 실현을 위한 제도적인 근거를 마련하게 되었다(정길정, 2002). 이것은 모든 영유아가 자신의 장애종류 및 정도에 관계없이 적절한 무상공립교육을 받을 권리가 있다고 명시하는 법이며, '최소제한환경의 원리'를 규정하여 모든 장애와 장애 정도와 상관없이 정상적인 환경으로부터 제외시키지 않으면서 장애 영유아 요구에 적합한 교육을 받도록 하자는 것으로 법이 제정된 이후 일반공립학교 체제에 빠르게 적용되었다(Stainback & Stainback, 1996). 이 법이 제정된 지 10년이 지난 1985년에는 이것을 비판하고 새로운 원리를 강조하게 되었는데 새로 강조된 원리가 일반교육주도이다. 이것은 학교 밖에 있는 특수교육프로그램을 일반학교 안으로 이끌어 일반교사들이 특수교육 역할까지 맡아서 하는 일반교육이 주도하는 특수교육을 실시해야 한다는 새로운 교육과정이 대두되어 새로운 통합교육의 방향이 제시되었다(이미정, 2008). 이러한 현상은 일반교육 환경에 장애 영유아와 함께 교육하고 장애 영유아의 교육적 요구에 따라 필요한 부분만 특수교육을 지원하는 것이 가장 바람직하다는 완전통합교육으로 발전하게 되었다.

우리나라의 통합교육의 배경은 1949년 교육법이 제정된 이후, 1962년 경북 영주 초등학교에서 경도장애 영유아를 위한 특수학급을 설치하여 일반학급에서도 통합교육에 관심을 갖게 되었다(김승국, 1999). 1980년부터는 사설 조기교육시설과 복지관 등이 생기기 시작했고 1981년 특수학교에 유치부과정이 인가되었고, 1989년에 특수학교 유치부 교육과정이 제정되었다(한재향, 1998). 1994년 개정된 특수교육 진흥법은 장애 영유아의 조기교육 중 조기중재에 관한 구체적인 법으로, 특수교육을 필요로 하는 사람에게 국가 및 지방자치단체가 적절하고 공평한 교육기회를 제공하고 자주적인 생활능력을 기르게 함으로써 그들의 생활안정과 사회참여에 기여함을 목적으로 제정되었다(정길정, 2002).

이후 「장애인 등에 대한 특수교육법」(2007)에서는 유치원 · 초등학교 · 중학교 및 고등학교 과정의 교육을 의무교육으로 명시하였다. 개정된 「장애인 등에 대한 특수교육법」(개정 2021.3.23.)에서 각급 학교의 장은 통합교육의 이념을 실현하기 위하여 노력해야 하고, 특수교육 대상자를 배치받은 일반 학교의 장은 교육과정의 조정, 지원인력의 배치, 학습 보조기기의 지원, 교원연수 등을 포함한 통합교육계획을 수립 · 시행해야 함을 명시하였다. 또한 통합교육을 실시하는 일반 학교의 장은 법령이 정한 특수학급 설치기준에 따라 특수학급을 설치 · 운영하고 시설 · 설비 및 교재 · 교구를 갖추어야 함을 규정하고 있다.

3. 통합교육의 필요성

장애 영유아와 비장애 영유아가 함께 생활하고 교육받아야 하는 가장 근본적인 필요성은 그들이 이 사회에서 서로를 이해하고 받아들이며 편견 없이 상호 협조하는 공동체를 형성할 수 있는 능력을 길러 나가는데 있다(김성애, 1997).

통합교육의 필요성에 관해 법적 측면과 사회 윤리적인 측면 및 교육성과적 측면에서 살펴볼 수 있다. 법적 측면에서는 장애 영유아와 비장애 영유아와의 통합은

'최소제한환경에서의 적절한 교육'을 제공하는 것으로 장애 영유아를 또래, 가정, 사회로부터 가능한 최소한으로 분리시켜야 한다. 사회 윤리적인 측면에서 통합교육은 정상화의 원리와 주류화의 원리를 근거로 한다. 장애 영유아들이 생활에 제한되거나 분리되어서는 안 되며 비장애 영유아와 동등한 사회인으로서 존중되어야 한다는 사회적 가치를 강조한다.

즉, 통합교육을 통해 장애 영유아도 비장애 영유아와 같은 높은 질의 교육을 받아야 하며, 분리교육으로 인한 장애 영유아에게 미칠 수 있는 부정적인 영향을 막을 수 있어야 한다는 것이다. 마지막으로 교육성과적 측면에서 장애 영유아는 비장애 영유아와의 상호교류를 통해 생활연령에 맞는 바람직한 행동을 배울 수 있으며, 통합교육을 통해 가장 중요한 교육적 해택인 사회적인 발달이 촉진될 수 있다는 측면에서 통합교육의 필요성은 강조되고 있다(최선미, 2014).

모건과 요크(Morgan & York, 1981)는 장애 영유아들과 비장애 영유아들이 긍정적인 초기 경험을 할 때 인간은 개인차가 있다는 것을 알고 수용하는 태도를 보이며 적절히 도와주는 방법을 배운다고 하였으며, 통합교육은 장애 영유아의 전반적인 성장발달에 특히, 인지발달에 도움을 준다고 주장하였다. 통합된 환경에서 비장애 영유아는 자신의 연령에 맞는 사회적, 인지적 모델이 되며, 장애 영유아는 사회, 인지적 발달은 물론 학업적 기술의 발달에도 긍정적인 영향을 받게 된다(정길정, 2002).

통합교육의 중요성에 대해 한재향(1998)은 장애 영유아에게 있어 조기에 교육을 받음으로써 이차적인 장애를 예방할 수 있으며, 행동발달을 보다 정상화할 수 있고, 사회적응능력을 발달시킬 수 있게 된다고 강조하였다. 특히 장애 영유아는 그가 가지고 있는 장애로 인해 충분한 경험을 하지 못하게 되므로 영유아기에 교육을 시작함으로써 신체적, 정신적, 사회적 발달을 촉진시켜 장애 영유아와 비장애 영유아 간의 사회적 상호작용으로 사회성이 발달하게 될 것이다.

통합교육은 또한 장애 영유아 가정의 복지에 있어서도 중요하다. 장애 영유아가 태어남으로 인해 부모 및 가족 구성원 모두는 치료비, 양육 등의 문제로 어려움을 겪게 된다(구본권, 1999). 통합교육은 장애 영유아를 위한 교육기관 및 값비싼 사설기관의 교육 한계에 부딪치는 장애 영유아 가정의 경제적 · 육체적 · 심리적인 다양한 어려움을 경감시켜 줄 수 있으며 지역사회에 적응하는데 큰 도움을 줄 수 있다. 통합교육은 비장애 영유아의 장애인식을 개선할 수 있는 것에도 큰 도움을 준다. 비장애 영유아는 장애 영유아와 함께 생활함으로써 장애에 대한 편견이 없어질 수 있으며, 다른 사람의 특수한 상황을 이해하고 그대로 인정하는 함께 사는 공동체 의식을 배울 수 있게 된다.

최근 장애통합교육은 점차 정상화의 이념에 따라 변화하고 있으며 통합교육 시설 또한 확충되고 있다. 이제 우리는 장애 영유아도 비장애 영유아와 같이 자연스럽게 존중받으며 성장할 수 있도록 영유아기 때부터 통합교육의 필요성을 깨닫고, 장애인에 대한 인식을 변화시켜 장애 영유아와 비장애 영유아가 자연스럽게 함께 성장할 수 있도록 관심을 가지고 통합교육의 발전에 관한 다양한 시도에 관심을 가져야 한다.

4. 통합교육의 효과

통합교육의 목적은 영유아들의 생활과 놀이 속의 통합으로 일상생활에서 모두가 더불어 사는 통합된 사회를 추구한다. 통합교육의 시기는 발달 정도의 차이가 적은 조기에 통합교육이 실시될 때 더 큰 효과를 기대할 수 있다. 영유아 시기에 통합교육이 이루어질 때 장애 영유아, 비장애 영유아, 교사, 부모 모두에게 통합의 효과를 기대할 수 있고 긍정적 영향을 기대할 수 있다(백지혜, 2011).

1) 장애 영유아에게 미치는 효과

장애 영유아는 또래들과 함께 정상적인 교육활동에 참여하는 통합교육을 통해 장애에 대한 부정적인 영향을 줄이고, 나이에 알맞은 행동을 관찰하고 또래와의 상호작용을 통해 사회성, 놀이발달, 언어발달을 이룰 수 있다(이금주, 2010).

사회성 발달 측면에서 통합이 장애 영유아의 사회정서적인 성장에 미치는 영향은 다양한 친구 선택의 기회를 제공하고, 비장애 영유아들이 사용하는 교구, 놀잇감을 활용함으로써 잠재적 능력을 개발할 수 있는 기회를 갖고, 기관에서 장애 영유아가 비장애 영유아의 긍정적인 행동을 모방하여 사회성 발달과 모방을 통한 긍정적인 효과가 나타난다(남혜영, 2018). 비장애 영유아들의 행동을 관찰하고 모방하여 장애 영유아는 자신의 경험을 확대시키고 비장애 영유아와 바람직한 상호작용을 함으로써 공정된 행동패턴이나 문제행동을 감소시켜 사회적으로 수용될 수 있는 다양한 행동목록을 향상시킬 수 있게 된다(조경희, 2010).

통합교육은 장애 영유아의 사회성 발달뿐만 아니라 여러 가지 다른 발달 영역에서도 긍정적 영향을 미칠 수 있다. 장애 영유아에게 자연스럽게 스스로 놀이를 통해 학습해 가는 비장애 영유아의 교육환경을 통해 인지 및 언어발달을 자연스럽게 촉진시키고, 관찰학습을 하게 된다(최선미, 2015). 장애 영유아들은 분리되어 교육된 환경보다 통합된 환경에서 또래와 관련된 사회적 행동에 더 많이 참여할 수 있고 구조적인 놀이 또한 모방으로 더 잘 수행할 수 있다. 결과적으로 통합된 장애 영유아는 높은 수준의 놀이와 긍정적인 상호작용이 일어나고(이영애, 2003), 규칙적인 행동을 하게 되어 생활습관 또한 좋아질 수 있다.

통합교육은 장애 영유아의 언어발달, 사회성 발달, 성취도, 인지능력의 발달 등에 긍정적 영향을 미칠 뿐만 아니라 비장애 영유아와 함께 구성원으로서의 소속감을 가질 수 있게 된다. 즉, 비장애 영유아와의 상호작용을 통해 연령에 적합한 행동을 모방하고, 바람직한 행동이 증가하고 사회 구성원으로 살아갈 사회성 기초를 형성하는 선순환적인 긍정적인 자아정체감을 갖게 되어 더 진보적인 긍정적 효과를 얻게 된다(박세주, 2014). 통합교육을 통해 장애 영유아는 또래집단의 행동을 모방하여 발달을 촉진하고, 생활 경험의 폭을 넓히고 자립심을 기르고 잠재되어 있는 능력 및 잔존능력을 발전하는 긍정적인 기회를 갖게 되는 것이다(김정자, 2001).

2) 비장애 영유아에게 미치는 효과

통합교육은 비장애 영유아에게 장애 영유아에 대한 올바른 인식과 긍정적인 수용을 하고 남에게 도움을 주는 것에 대해 배울 수 있는 기회를 제공한다. 자신과 다른 여러 가지 발달적 상황을 가진 장애 영유아들을 놀이상황에서 자연스럽게 만나게 되므로 장애 영유아에 대한 부정적인 인식과 편견을 없애고 장애 영유아를 더 이해할 수 있게 되는 것이다(임현수, 2016). 통합교육에서 비장애 영유아들이 장애 영유아와 함께 도움을 주면서, 사회적 친숙함을 느끼고 상호 간 호의적인 태도를 가질 수 있고 장애 영유아를 사회의 한 구성원으로 인식하고 자연스럽게 수용할 수 있는 환경이 만들어질 수 있다(김윤정, 2004).

통합교육은 비장애 영유아들이 성장하면서 성인기의 통합을 위한 기초로 장애 영유아를 자연스럽게 접촉함으로써 사회 구성원의 한 사람으로 인식하고 배려하는 긍정적 유대감을 경험할 수 있게 된다. 즉, 일반적인 놀이상황에서 장애 영유아의 어려움을 공감하고 보살펴 줌으로써 타인을 배려하는 사회적 능력이 증가될 수 있다(이소현, 박은혜, 2006). 발달적인 측면에서도 비장애 영유아는 장애 영유아가 사용하는 말에 귀를 기울이고 적절한 언어로 바꾸어 사용할 수 있도록 도와주는 과정을 통해 자신의 언어발달도 향상된다(구본권, 2001). 비장애 영유아가 장애 영유아의 사회적 성숙을 돕는 과정을 통해 모방과 전달 등의 인지발달을 이룰 수 있는 것이다(김지헌, 조용태, 2008).

통합교육에서 비장애 영유아에게 미치는 효과는 비장애 영유아, 장애 영유아 사이에서 조기 경험을 함으로써 인간은 개인차가 있다는 것을 알 수 있고, 도와주고 돌봐주는 경험을 할 수 있으며 적절하게 돕는 방법을 배우게 된다. 장애 영유아와 비장애 영유아가 서로를 존중하고 다양성에 관해 생각하게 되며 서로에 대한 신중한 배려로 인해 자신과 타인에 대한 차이를 이해하는 정도가 크게 향상된다는 것을 알 수 있다(이금주, 2010).

3) 일반교사에게 미치는 효과

통합교육에서 교사는 가장 중요한 역할을 한다. 통합교육을 담당하는 교사는 영유아에게 가장 큰 영향을 미치는 중요한 요인이 되기 때문이다. 통합교육을 통해 교사는 장애 영유아에 대한 다양한 정보를 얻고, 장애 영유아를 바르게 이해하고 더 잘 수용하므로 특수교사나 일반교사 모두 통합교육을 통해 상대 학문을 이해함으로써 전문적 지식과 더불어 한쪽으로 편향되지 않는 교육관을 갖게 되어 전문가로서 더욱 발전하는 기회를 갖게 된다(이소현, 2004). 통합학급을 운영하면서 교사는 단기적으로 장애 영유아에 대한 더 많은 정보를 얻을 수 있고 장애 영유아를 더욱 친숙하게 수용할 수 있게 되는 긍정적인 효과가 있으며 장기적으로 통합학급 교사는 새로운 역할에서 긍지와 책임감, 교사 간의 협력, 사명감이 더 높아진다(구본권, 2001).

통합교육을 경험한 교사들은 다양한 영유아들을 접하면서 능력, 인성이 다양한 영유아들을 관찰할 기회를 갖게 되고 다양한 학습전략을 배울 수 있게 된다(김지은, 1997). 장애 영유아에 대한 관용과 인식을 더 많은 영유아들에게 제공하게 되고, 장애 영유아에게 필요한 것이 무엇인지 생각해봄으로써 영유아에 대한 세심한 관찰력과 지도기술이 향상되어 교육에 대한 개별화에 대한 지식이 증가하게 된다.

4) 부모에게 미치는 효과

통합교육에서 부모들에게 나타나는 효과는 장애 영유아의 부모뿐 아니라 비장애 영유아의 부모에게도 찾아볼 수 있는데, 가장 큰 변화는 통합교육을 통해 부모들의 긍정적인 인식과 태도의 변화를 가져올 수 있다는 것이다. 장애 영유아의 부모는 비장애 영유아의 발달과정에 대한 정보를 얻게 되고 적절한 행동발달을 촉진시키고, 부모 자신의 긍정적인 자아 인식을 돕는다(최애경, 2012).

장애 영유아 부모들은 통합교육을 통해 정서적 공감을 얻고, 자녀의 양육과 관련하여 직면하는 문제 해결에 필요한 정보나 아이디어를 공유하게 된다. 가장 큰 효과는 장애 영유아 부모가 자녀를 독립적인 관계로 인정하고, 비장애 영유아의 학부모와의 교류를 통해 교육에 자신감을 얻을 수 있게 된다(구본권, 1999).

비장애 영유아의 부모들은 장애 영유아 부모와 상호작용하면서 자신의 양육태도를 점검하고 자극을 얻게 되며 장애 영유아와 그 가족을 접하고 이해하게 되므로 장애에 대한 잘못된 편견을 버릴 수 있게 된다. 그러나 비장애 영유아의 부모는 장애 영유아로부터 비장애 영유아들이 잘못된 행동을 배우거나 교사에게 더 많은 관심을 갖지 못할까 걱정할 수도 있다. 그것은 일시적인 현상에 지나지 않으며 자연스럽게 잘못된 행동은 소거된다.

성공적인 통합교육을 위해서 부모교육을 통해 부정적인 태도를 개선하고 교사, 부모 모두 통합교육 환경에서 체계적인 교육경험을 할 수 있도록 모두가 노력해야 할 것이다.

5. 효과적인 통합교육을 위한 요인

효과적인 통합교육을 위해서는 통합교육의 주요 요소들이 상호 협력의 관계 속에서 각자의 역할을 효율적으로 해 나가야 한다. 통합교육의 요소는 교사, 교육환경, 장애 영유아와 비장애 영유아를 말한다.

1) 통합적 교육과정

효과적인 통합교육을 위해서 장애 영유아와 비장애 영유아의 전반적인 발달을 촉진시키며 영유아들의 개별적 요구를 충족시킬 수 있는 계획이 마련되어야 한다(이금주, 2010).

통합적 교육과정은 장애 영유아 개개인의 특성에 맞는 개별화교육계획이 바탕이 되어야 한다. 장애 영유아의 치료적인 교육과정이 첨가된 개별화교육계획이 제공되어 모든 영유아들의 통합을 촉진할 수 있는 내용이 교육과정에 포함되어야 하며 개별성을 근거로 적절한 교육을 받기 위해서는 특수교육의 연속적 서비스가 병행되어야 한다(Janney & Snell, 2000).

개별화교육계획은 영유아의 참여를 촉진하기 위해 진행 중인 활동이나 교재를 변경하는 것으로 영유아 연령에 적합하고 의미있는 활동이 되도록 방해 요소를 최소화하여 실행하여야 한다. 통합교육의 효과를 극대화하기 위해 교육현장에서 교육과정 수정이 다양한 유형과 방법으로 이루어져야 한다(박재국, 강대옥, 2005). 개별화는 교사와 영유아가 일 대 일로 교수하는 상황을 의미하는 것이 아닌 각 영유아가 활동에 참여하고 상호작용의 계획과 조정을 교사가 중재하는 것을 말한다(김화룩, 2012). 통합적 교육과정은 영유아의 일과를 중심으로 지원이 이루어지는 교육적 경험이 포함되어야 하고, 통합 교실에서는 교육과정을 계획할 때 장애 영유아의 개별화교육계획의 목표가 진행되는 교실에서 적용될 수 있게 계획되어야 한다(김민석, 2010). 개별화교육계획은 장애 영유아의 교육적 욕구와 매일의 계획, 활동이 반영되어야 하며 교사들은 개별화교육계획을 어떠한 방법으로 어디에 적용할지 구체적인 계획을 세워 통합환경이 영유아들의 특별한 욕구에 어떻게 적절히 맞춰 수정될지에 대한 교수활동의 계획, 실행, 평가적 구체적 지침을 가지고 있어야 한다(Dinnebeli & McInerney, 2000).

교육과정의 개별화는 기초적 기능 지원, 놀이와 학습 지원, 사회화를 위한 지원으로 나눌 수 있는데 기초적 지원은 영유아의 건강, 안전, 자세, 이동, 의사소통을 지원하는 것이며, 놀이나 학습 지원은 동기유발 촉진을 위한 놀잇감, 도서, 의사소통지원, 자료 및 일과에 변화를 주는 것을 포함한다(백지혜, 2011). 사회화를 위한 지원은 좋아하는 친구 옆에 자리를 배치해 주거나 놀이가 가능한 놀잇감을 배치하여 상호작용이 증가할 수 있도록 기회를 제공하여 한 가지의 기능에 치우치지 않고 균형있게 교육받을 수 있도록 돕는 활동이 포함된다.

교수활동의 계획은 영유아별로 계획된 개별화교육계획의 목표가 일과 중에 활동 안에서 구체화되어야 한다. 필요한 기술의 현재 수준을 파악하고 교수활동의 내용을 구체적으로 계획하고 보완하며 준비해야 한다. 활동에 따른 시간을 같은 교실의 교사, 부모 등 다양한 원에서의 관련자와 협의를 통해 연계 계획을 수립하여 개별적인 반응과 유의점에 대해 충분한 논의가 있어야 하며 교수활동의 실행에서 영유아 중심의 활동과 교사 중심의 활동이 적절히 통합되고 정적, 동적 활동이 균형을 이루어 영유아의 개별적인 반응에 융통성을 두어야 한다. 계획에서만 국한될 것이 아니라 교사와 영유아의 전체적 상호작용 흐름, 반응을 고려한 다양한 형태의 집단을 장애 영유아들이 경험할 수 있어야 한다.

효과적인 통합교육을 위한 개별화교육계획은 계획부터 평가까지 전체 과정이 장애 영유아가 일반교육과정에 적절하게 참여하기 위해 수정되고 장애 영유아가 비장애 영유아와 함께 일반교육과정에 적절하게 참여하고 접근할 수 있도록 다양한 지원계획을 준비하는 지원이라고 할 수 있다(김민석, 2010).

2) 교사

통합교육에 있어서 무엇보다 중요한 역할을 하는 교사는 교육내용과 방법에 대한 적절한 적용과 효과적 지도를 담당해야 하는 교육의 질과 교육의 성패를 가름하는 큰 역할을 한다.

효과적인 통합교육을 위해서는 교사의 자질이 가장 중요하며 지식, 기술, 태도의 측면이 강조된다. 교사가 개별 장애 영유아의 요구와 교육목표들이 일과 중에 잘 실현될 수 있도록 장애 영유아에게 적합한 개별화교육계획을 실행, 평가할 수 있어야 한다. 각각의 장애 영유아에게 맞는 수정된 지도방법을 적용하여 개별화교육계획의 장기목적과 단기목표가 잘 달성될 수 있도록 영유아들의 적응과 발달을 지원하여야 한다.

교사는 장애를 이해하는 기초가 되는 장애 영유아의 발달과 행동에 대한 지식을 갖추고 있어야 한다(정희영, 1996). 또한 교사는 통합교육의 실제상황에서 장애 영유아를 지도하는데 필요한 교수기술과 장애 영유아 지도를 위해 동원되는 자료 및 설비 활용을 위한 기술을 지니고 있어야 한다(양소연, 2003). 장애발달 특성에 따른 필요한 보조 서비스(예: 작업치료, 언어치료, 물리치료 등) 여부를 파악하여 가장 적절한 전문기관과 연계하고 장애 영유아에게 필요한 보조도구의 구입 여부를 결정하여 일반 학급 현장과 가정에서의 사용방법을 부모와 영유아에게 지도할 수 있어야 한다.

교사는 장애 영유아와 비장애 영유아가 적절히 상호작용할 수 있게 도와야 한다. 교사가 두 영유아 사이에 적절한 상호작용이 일어나도록 적절하게 중재역할을 해주어야 한다는 것이다. 놀이활동 시 장애 영유아가 자신감을 가질 수 있도록 수정된 전략을 사용하되 비장애 영유아가 적절히 도와 자연스러운 상호작용이 일어나도록 활동내용과 상호작용 방법들을 고민해야 한다.

또한 통합교육에 대한 연수의 다양화가 이루어져서 교사들이 통합교육과 장애 영유아를 이해할 수 있는 기회를 부여하여야 한다(허민자, 2006). 통합교육의 효과를 위해 교사뿐만 아니라 원장의 인식과 태도, 법적인 제도가 마련되어 기관과 교육청의 다양한 연수 지원으로 일반교사와 특수교사 간의 인사교류, 재정적 지원의 확대 등 교사교육이 우선되어야 한다.

이러한 교사들의 역할보다 중요한 것은 모든 영유아를 수용하는 긍정적인 인식과 태도라고 할 수 있다. 교사의 장애 영유아에 대한 태도가 학급 내의 장애 영유아에게 긍정적으로 보였을 때, 장애 영유아에 대한 비장애 영유아들의 태도는 긍정적으로 나타나며, 부정적이었을 때는 통합교육의 개별교육을 적용하는데 많은 어려움을 겪게 된다(윤혜경, 1991).

영유아들과 함께 생활하고 상호작용하는 교사의 인식과 태도는 장애 영유아와 비장애 영유아 모두에게 긍정적 영향을 미칠 수 있으며 효과적인 통합교육을 위한 가장 중요한 열쇠가 된다고 할 수 있다.

3) 교육환경

통합교육을 위한 교육환경은 상호작용이 활발히 이루어질 수 있게 장애 영유아들이 교육받는데 불편함이 없도록 교실시설이나 치료교육, 설비 등이 다양하게 구성될 때 효과적인 교육이 일어날 수 있다.

장애 영유아들은 지적인 활동이 분화되지 못해 추상, 통합, 판단, 추리 등이 비장애 영유아에 비해 상대적으로 어려움이 있다. 장애 영유아에게는 통합교육 안에서 장애 정도의 특성에 맞는 실제적인 교재와 교구, 치료프로그램이 다양하게 제공되어야 한다(김정권, 1997). 교실의 환경 또한 통합교육을 성공적으로 이끄는 데 큰 역할을 한다. 교실의 넓이는 영유아와 교사 간에 심리적 관계 형성에 영향을 주어 너무 작으면 압박감을 주게 되고 너무 넓으면 소원한 느낌을 줄 수 있다(차혜영, 2006). 장애 영유아는 환경 변화에 민감하고 부정적 문제행동을 보일 수 있으므로 시청각적, 물리적 혼란스러움을 제한해 주어야 한다. 각 영역을 융통성있게 교구장으로 구분하여 장애 영유아와 비장애 영유아 사이의 상호작용을 돕고 교사와의 관계가 증진될 수 있도록 융통성 있게 교실환경을 구성해야 한다.

실외환경은 장애 영유아의 신체적 성장과 건강, 사회성을 위해 자연과 접하고 탐구심, 호기심 자극을 위해 직접 만져보고 눈으로 보고 들으면서 생활 경험을 넓혀 나갈 수 있어야 한다. 가장 좋은 방법은 동물과 식물의 자라는 과정을 직접 살필 수 있도록 사육장과 텃밭이 있으면 좋다(김민석, 2010). 실외놀이의 미끄럼틀과 같은 협동적인 또래 상호작용을 일으키는 놀이기구는 미끄럼틀을 타기 위해 줄을 서고, 기다려야 하는 과정에서 사회적 상호작용이 일어나고 이러한 실외활동이 어려운 영유아들을 위해서는 실내 운동기구를 마련해 준다. 청각장애가 있다면 시각적인 자극을 강조하고, 지체부자유 영유아가 통합된 경우에는 영유아가 사용할 수 있는 충분한 높이의 탁자를 제공해야 한다(이윤경, 최석란, 신은수, 1997).

효과적인 통합교육을 위해 장애 영유아는 최소한의 조건으로 제한 없는 환경을 누려야 한다. 제한 없는 환경은 물리, 교육, 사회적 환경 모두 장애 영유아의 통합을 방해하지 않도록 제한 없는 환경이 제공되어야 할 것이다.

4) 또래관계

통합교육은 장애 영유아가 교사의 중재로 비장애 영유아의 교육에 참여하는 것이 아니라 장애 영유아와 비장애 영유아가 서로의 다양성과 차이를 인정하고 받아들여 함께 놀이하고 생활해 나가는 것을 의미한다. 효과적인 통합교육을 위해서는 장애 영유아와 비장애 영유아간 수용과 이해, 적극적인 협조가 있어야 한다(김경옥, 2003).

통합교육의 가장 중요한 시작인 비장애 영유아의 편견을 깨고 장애 영유아에 대한 긍정적인 태도를 기를 수 있게 하기 위해서는 통합환경에서의 다양한 활동과 교구나 교재 등의 자료가 중요하다. 또한 비장애 영유아들이 통합교육의 환경에서 장애 영유아에 대한 구체적인 정보와 도울 수 있는 기회와 협동의 기회를 교사가 적극적으로 중재한다면 비장애 영유아의 긍정적인 태도를 형성하는 데 큰 도움을 줄 것이다.

생각해보기

1. 통합교육의 의미와 필요성에 대해 생각해보세요.
2. 교사로서 통합교육을 이끌기 위해 어떤 자세를 가져야 할까 생각해보세요.
3. 통합교육의 가장 큰 목표로 가져야 할 것은 무엇일지 생각해보세요.

Chapter 04

장애원인에 대한 이해

임신 전, 임신 중, 출산 이후 장애를 유발하는 원인들이 많다. 4장에서는 임신하기 전과 임신 중에 임산부가 삼가야 할 사항들을 알아보며, 출산 이후 장애를 일으키는 질환이나 사고 등의 여러 원인들을 살펴보고 장애를 예방할 수 있는 방법을 알아본다.

1. 임신 전 장애원인과 예방

임신 전 태아의 장애를 유발하는 여러 원인들을 살펴보고 예방할 수 있는 방법을 알아본다.

1) 임신 전 건강진단

임신을 앞둔 부부들은 서로 건강진단을 하여 사전에 문제의 요인을 예방해야 한다. 기본 검사로는 혈액검사, 소변검사, 간염검사, 혈청검사, 흉부 X－선 검사는 필수적이다. 월경이 불규칙한 여성의 경우라면 호르몬 검사를 비롯한 산부인과 검진을 추가하여 받아보는 것도 좋다. 검진 결과, 이상 질환이 발견되면 빠른 시일 내에 치료를 받아야 한다. 매독, 임질 등의 성병과 결핵과 같은 전염병은 완치 후에 결혼하는 것이 좋다. 당뇨병, 고혈압, 심장 질환, 갑상선 질환도 사전에 발견하여 치료를 받아야 태아의 장애를 예방할 수 있다.

2) 유전 상담

유전성 질환으로 인하여 발생하는 장애는 태아에게 전달되지 않도록 조치를 한다면 줄일 수 있다. 가족 중에 유전병이나 선천성 기형이 있거나, 이미 태어난 아기에게 신체 행동 및 정신발육지연이 있다거나, 임산부가 35세 이상이거나 약물복용이나 기형 유발 및 돌연변이 유발 물질에 장기간 노출됐거나 조기 신생아 사망, 습관성 유산이나 불임증이 있었던 경우는 유전 상담이 필요하다.

유전 상담을 통하여 유전 질환을 확진하거나 임신했을 경우 태아에게 유전성 질환이 전달되었는지를 판단하고 이에 대해 적절한 대책을 마련하는 조치가 이루어지므로, 유전 상담은 장애 발생 예방 측면에서 매우 중요하다.

3) 혈액의 Rh 인자 검사

대부분 사람의 혈액에는 Rh 인자가 있다. 이 경우 Rh 양성(Rh^{+})이라고 부르며, Rh 인자를 갖고 있지 않은 사람의 경우를 Rh 음성(Rh^{-})이라고 한다. Rh^{+} 인자를 지닌 남성과 Rh^{-}인 여성 사이에서 임신이 되면 태아에게 심각한 영향을 끼칠 수 있다. 산모의 체내에 특수한 항체가 형성되어 태아에게 전달되면 혈액에 용혈(적혈구의 세포막이 파괴되어 그 안의 헤모글로빈이 혈구 밖으로 나오는 현상)을 일으키게 된다. 일반적으로 첫 번째 유산이나 출산 후 그 다음에 낳는 아가에게서 문제가 일어나게 된다. 이 경우 항 D 면역 글로불린(globulin)을 임신 28주~32주와 첫 아기 출산 후 72시간 이내 산모에게 주입하여 산모 체내에 특이 항체가 형성되는 것을 막을 수 있다.

4) 기타 임신 전 장애 예방

가임 여성은 최소 임신하기 3개월 전에 풍진 예방주사를 접종해야 한다. 백내장, 소두증, 정신지체 등 여러 가지 장애를 발생시키는 선천성 풍진을 막아야 한다. 그리고 3~6개월 전부터는 술, 담배, 커피, 차, 콜라 등 카페인이 들어있는 기호식품, 아스피린, 중금속 물질의 섭취도 피하도록 한다.

5) 태아에게 영향을 미치는 임산부 질환들

(1) 전염성 질환

임산부가 결핵을 앓게 되면 온몸이 약해지고 태아의 발육이 지연되어 저체중아를 분만할 수 있다. 임신 중 결핵을 확진받게 되면 결핵약을 복용해야 한다. 만일 임신 말기까지 결핵균이 활동하고 있다면 분만 후 신생아를 격리시켜 전염을 막아야 하며, 이미 아기에게 감염이 되었다고 의심이 된다면 투베르쿨린 반응 검사(결핵균에서 얻은 적은 양의 투베르쿨린을 피부 또는 점막의 일부에 투여하고 일정한 시간 뒤에 그 부위에 일어나는 반응을 관찰하여 결핵 감염 여부를 판정하는 검사)와 흉부 X선 사진 촬영을 한 후 절차에 따라 치료를 실시해야 한다.

임산부가 간염에 걸린 경우 태아가 기형아가 되거나 감염되진 않으나, 조산되는 비율이 높다. 임산부가 간염에 감염이 되었을 경우 치료를 받아야 하며 안정을 취해야 한다. 분만 시 신생아에게 간염이 전염되거나, 혹은 모유 수유 시 전염될 위험성이 있을 수도 있으므로, 간염이 치유될 때까지는 가능하면 모유 수유를 하지 않는 것이 좋다. 산모가 간염 보균자인 경우 신생아 출산 직후 간염예방주사를 접종하도록 한다.

성병 중 임질, 헤르페스 감염증, 매독균은 태아에게 위험한 영향을 미친다. 임질은 출산 시 아이가 산도를 통과할 때 눈으로 전염되어 결막염이 발생하여 실명을 야기할 수 있다. 또한 신생아로부터 임질성 감염을 유발할 수 있기 때문에 발견 즉시 치료해야 한다. 임질은 감염이 되었더라도 증상이 나타나지 않기 때문에 임산부는 자궁경 내막 배양검사를 실시해야 하며 고위험도 환자의 경우 임신 후반기에 재검사를 받도록 해야 한다. 만일 임신 말기에도 산모의 임질이 치료되지 않았다면 제왕절개로 출산해야 한다.

헤르페스(단순 포진 바이러스) 감염증은 임산부의 하부 생식기관에 있던 바이러스가 자궁 속으로 들어가 태아에게 침입하거나 분만 중에 태아에게 직접 감염될 수 있다. 태아 또는 신생아가 헤르페스에 감염되면 사망률이 60%에 달하며, 생존자의 절반에서 눈과 중추신경계의 손상이 동반된다고 보고되었다. 양수가 터진 후 4시간 이내인 경우 제왕절개로 분만하고, 4시간 이상이 경과한 경우에는 이미 감염된 것으로 보고 자연분만 직후 신생아를 치료해야 한다.

매독균은 임신 어느 시기에서나 태아에게 감염될 수 있다. 특히 태반 융모막의 란그한씨층이 위축되기 시작하는 임신 6개월부터 균이 태아에게 감염되어 선천성 매독을 야기한다. 매독은 임신 6개월 이전에 치료를 받아야 하며, 매독에 걸린 임산부가 치료하지 않을 경우 태아의 80% 이상이 사산되거나 미숙아로 사망하거나 여러 가지 선천성 장애를 나타내게 된다.

(2) 내분비 질환

당뇨병은 임산부나 태아에게 나쁜 영향을 주기 때문에 조기에 발견하고 철저한 관리를 해야 한다. 임신 초기에 당뇨병 진단을 받고 적절한 치료를 실시한다면 정상아를 분만할 기회는 많다. 갑상선 질환 특히 갑상선 기능저하증 여성의 경우 월경 장애가 있고 불임 또는 반복 유산의 가능성이 있으며 치료를 받지 않을 경우 아기는 선천성 갑상선 질환에 걸릴 위험이 있다.

(3) 만성 질환

임신 중 고혈압은 임산부에게서 흔히 볼 수 있는 합병증 중의 하나이다. 특히 사망의 주요 원인이 되기도 한다. 임산부가 만성 고혈압이 있는 경우 태아는 발육 지연과 자궁 내 사망 등의 위험이 있으며 여러 가지 합병증을 유발할 수 있다. 고혈압 임산부는 임신 중독증을 일으킬 수 있으므로 반드시 정기적으로 검진을 받아야 한다.

심장병이 있는 경우 임신을 하게 되면 신부전증을 유발하거나 분만 후 위험한 경우가 일어날 수 있으므로 임신 전에 내과 전문의와 상담을 해야 한다.

2. 임신 중 장애원인과 예방

임신 중에 태아의 장애를 유발하는 태내 감염질환들을 살펴보고 임산부가 삼가야 할 사항과 예방 방법을 알아본다.

1) 태아에게 장애를 발생시키는 태내 감염질환

바이러스, 박테리아, 진균, 기생충 등은 태반을 통하여 태아에 감염되거나 분만 도중에 감염될 수 있다. 임신 중에 감염이 되는 몇몇 감염 질환은 선천성 기형 혹은 태아 발육상의 문제를 일으킬 수 있다. 풍진, 매독, 임질, 톡소플라스마증, 거대세포봉입체병, 단순포진 바이러스 등이다.

(1) 풍진

임신 첫 3개월 이내, 특히 임신 첫 달에 임산부가 풍진에 감염되면 태아에게도 감염되어 선천성 기형 즉, 백내장, 심장질환, 청각장애 및 심한 지능지체를 동반하는 소두증 등이 발생하는 경우가 많다. 가임 연령의 여성들은 임신하기 최소 3개월 전에는 반드시 풍진 예방주사를 맞아야 한다.

(2) 톡소플라스마 감염

임산부가 톡소플라스마 곤디(toxoplasma gondii)라는 기생충에 감염되면 이 기생충이 태반을 통해 태아도 감염시킬 수 있다. 태아에게 신체 · 운동 기능장애, 청각장애, 경련, 발작 등이 발생하며, 또한 정도가 심한 경우에는 유산이 되거나 사산되기도 한다. 숙주는 고양이이므로 고양이를 자주 목욕시켜 청결케 하고, 구충제를 먹여 기생충을 없애 주어야 한다. 고기는 충분히 익혀먹고 채소는 깨끗이 씻어 먹도록 한다.

(3) 볼거리

임신 초기에 임산부에게 발병되었을 때는 유산이나 조산이 될 수 있으며, 태아 기형을 일으킬 수도 있고, 임신 후기에 발병되면 태아가 사망하여 사산될 수도 있으므로 항상 유의해야 한다.

(4) 거대세포 바이러스 감염

태아 감염 중 가장 흔한 원인으로, 바이러스가 태아의 장기나 세포에 침입하여 정상세포의 10배 정도 되는 독특한 거대세포를 생성하여 뇌성마비, 정신지체, 시각장애, 청각장애 등을 일으킬 수 있다.

(5) 인플루엔자 감염

인플루엔자 바이러스 A · B형 등은 유행성 호흡기 질환을 일으키는데, 임신 초기에 산모가 인플루엔자에 감염되면 사산아를 낳게 되며, 특히 3개월 내에 감염될 경우 심한 태아 기형을 발생할 수도 있다.

(6) 매독

임산부가 매독 감염 시 임신 중 어느 때나 태아에게 감염이 가능하며 사산이나 태아의 피부, 치아, 뼈, 뇌신경, 눈, 장기 등에 침범하여 여러 가지 장애를 유발한다. 임산부는 임신 3개월 이내 및 분만 전에 매독 검사를 하여 치료받아야 한다.

(7) 헤르페스(단순포진 바이러스) 감염

태아 감염 시 중추신경계, 피부, 안구, 구강 등에 침범하여 심각한 기형을 일으킨다. 산모 감염 시 약물로 치료하고 치료가 되지 않은 경우, 양수가 터진 이후의 경과 시간에 따라 제왕절개로 분만하거나 자연분만 후 신생아를 치료한다.

2) 임산부가 삼갈 사항

(1) 흡연

임신 중 흡연은 체중미달의 태아를 출산하게 되는 요인이 된다. 임산부가 담배 한 개비를 피울 때마다 태아의 몸무게는 11g씩 줄어들며, 출산 시 사망률이 증가하게 된다. 출산 시 사망률이 증가하는 원인은 일산화탄소에 의해 태아와 모체의 혈색소가 비동화(非同化)되고, 니코틴 때문에 혈관 수축이 증가하여 태반 혈류량이 감소되고 식욕감퇴로 칼로리 섭취량이 감소되기 때문이다.

(2) 음주

임산부가 과음하거나 만성 알코올 중독인 경우 태아 알코올 증후군을 발생하여 산전 및 산후에 태아의 성장장애를 일으키며, 심장 및 순환기, 사지(四肢), 두부(頭部), 안면의 기형을 가져온다. 출산 시 사망률이 17% 되며, 아이의 약 5%는 7세가 되어도 지능이 80 이하의 지능을 갖게 된다. 임신 중에는 반드시 금주해야 해야 한다. 금주를 하면 음주에 따른 임신장애가 쉽게 없어진다.

(3) 습관성 마약

습관적인 마약 복용은 태아의 성장을 느리게 하고 체중이 늘지 않으며 기형유발 가능성을 높인다. 출생 후 바로 금단 증상이 나타나 매우 위험한 상태를 일으키기도 한다. 마약중독자는 임신, 분만 및 신생아 관리가 매우 곤란하기 때문에 임신 전에 반드시 치료해야 한다.

(4) 약물복용 및 주사

약품은 모체를 통해 태아에게 전달된다. 약품의 상당수는 태아에게 유해하므로 부득이한 경우에만 의사와 상의한 후 약품을 사용한다. 대부분의 태아 기형은 임신 3~8주 사이에 발생하므로 이 시기에는 어떠한 약물도 복용하지 않는 것이 좋다. 태아의 신체 형성이 충분히 이루어진 임신 12주 이후에는 약물에 따라 의사의 처방을 받고 사용할 수 있다.

태아에게 영향을 주는 약물과 증상은 다음과 같다.

- 설파제: 빈혈

- 메티마졸(갑상선약): 갑상선 기능저하증
- 알코올: 기형아
- 여성호르몬제: 심장기형, 중추신경계기형
- 암페타민: 유산
- 스트렙토마이신: 청각장애
- 클로르라인: 안구이상
- 테라마이신: 기형아, 백내장
- 카페인: 자연유산, 사산, 조산아 출산
- 비타민 D: 심장판막증

(5) 과로와 과격한 운동

임신 중에는 과로나 과격한 운동을 피하는 것이 좋다. 임신 중 일상에서 주의해야 할 사항을 구체적으로 살펴보면, 하복부에 진동이나 무리한 힘을 가하지 않고, 한 가지 일을 오래 하지 않으며, 산책 등 적당한 운동을 계속 하고, 피로하면 쉬고 무리하지 않으며, 가능한 한 목욕을 자주 하나 사우나 또는 열탕 목욕은 피한다.

3. 출산 후 장애원인과 예방

출산 후 장애를 일으키는 질환이나 사고 등의 여러 원인들을 살펴보고 예방할 수 있는 방법을 알아본다.

1) 조기 발견과 치료

조기 발견은 장애 예방에서 중요한 사항이다. 영유아의 발달과 발육상태를 직접적으로 관찰할 수 있는 사람은 부모들이기 때문에 조기 발견에서 이들의 역할은 중요하다. 장애의 조기 발견을 위해서는 정기적으로 소아과 진단을 받아야 한다. 일반적으로 볼 때 정상아는 처음 2개월까지는 매월 한 번씩, 6개월까지는 2개월에 한 번씩, 이후 18개월까지는 3개월에 한 번씩, 2세부터는 1년에 한 번씩 건강진단 받는 것을 권장한다. 이때 부모들은 자녀가 정상적으로 발달하고 있는가를 알기 위해서는 정상발달에 관한 지식을 갖고 있어야 한다. 정기검진 과정에서 장애가 발견되거나 부모들이 자녀가 조금이라도 이상한 증상을 보인다고 판단될 경우에 즉시 소아과나 재활의학과 전문의에게 진단을 받아야 한다.

2) 신생아 및 영유아 질환

(1) 선천성 대사 이상 질환

선천성 대사 이상은 태어날 때부터 어느 종류의 효소가 없어 그 효소에 의해 대사되어야 할 물질이 그대로 신체에 축적되고, 그 축적물이 독성이 있을 경우 뇌나 신체에 유독작용을 일으킨다. 이로 인하여 특히 뇌가 장애를 받기 쉬우며 대뇌뿐만 아니라 간·콩팥·안구 등의 장기에 돌이킬 수 없는 손상을 일으키는 질환이다. 대사 이상 질환의 원인은 열성으로 유전되는 질환으로, 부모로부터 모두 돌연변이가 된 유전자만을 받을 경우 발생한다.

신생아 시기에는 아무런 증상이 나타나지 않기 때문에 대부분 건강해 보인다. 그러나 2017년 우리나라 전체 신생아 36만 1,594명 중에서 447명(신생아 809명당 1명)이 선천성대사질환 진단을 받았다(경향신문, 2018.11.16.).

선천성 대사 이상 질환으로, 신체가 섭취한 단백질을 대사하는데 이상이 생기는 질병인 페닐케톤뇨증은 구토, 습진, 담갈색 모발과 흰 피부색, 땀과 소변에서 곰팡이 또는 쥐소변 냄새가 나는 것이 특징이다. 단풍당뇨증은 연쇄 아미노산 대사장애의 일종으로 소변과 땀에서 단풍당밀의 냄새가 나며 경련, 경직, 혼수상태 등이 나타나 생후 2개월 이내에 사망하기도 한다. 호모시스틴뇨증은 효소의 장애에 의한 질환으로 기능장애 경련, 보행장애 등의 정신신경 증산, 수정체 탈구, 시력장애, 근시 등의 안(眼)증상을 나타낸다. 이 밖에도 갈락토스를 포도당으로 변환시킬 수 없게 되어 황달, 복수, 간경변, 뇌손상 등을 일으키는 갈락토스혈증 등이 있다.

선천성 대사 이상 질환은 생후 6개월부터 여러 증상이 생긴다. 이때부터 치료를 하더라도 그 동안 손상받은 뇌세포가 치유되지 않아 지능은 좋아지지 않으므로 평생을 지능이 낮은 정신지체아로 살아야 한다. 생후 1개월 이내에 조기 발견하여 치료하면 충분히 비장애인으로 성장할 수 있다. 치료방법으로는, 정밀검사 결과 후 선천성 대사 이상아로 확인되면 질환의 종류에 따라 필요한 호르몬제나 특수 조제분유를 먹이도록 하여 정상아로 성장할 수 있게 해야 한다.

1997년부터 모든 신생아에 대해 정부 지원으로 페닐케톤뇨증과 선천성 갑상선 기능 저하증 대사이상 검사를 무상으로 시행했고, 2006년부터는 6종의 검사(단풍단뇨증, 호모시스틴뇨증, 갈락토스혈증 및 선천성 부신과형성증 추가)를 모든 신생아에게 무료로 지원하고 있다. 2018년 10월부터는 건강보험 보장성 강화 대책 사업으로 모든 신생아들이 6종 외 50여 종의 항목에 대한 '탠덤매쓰' 검사까지 신생아 선별검사에 대한 무상 지원이 확대가 되었다. 발생률이 높은 검사부터 신생아 선별검사에 도입하여 조기에 진단·치료해야 하며, 조기 진단 지원을 시작으로 특수식품·치료·정기검사 지원 등의 사후관리에도 관심이 필요하다(경향신문, 2018.11.16.).

(2) 선천성 갑상선 기능 저하증

선천성 갑상선 기능 저하증은 신생아 3,000~5,000명당 1명의 빈도로 발생한다. 갑상선 형성부전이 가장 흔한 원인으로 약 80%를 차지한다. 생후 1개월 이내에 발견하여 치료하지 않으면 지능저하를 초래할 수 있다. 출생 시 체중 및 신장은 대부분 정상이고, 출생 시 임상 증세를 보이는 경우는 5%에 불과하다. 모체의 갑상선 호르몬이 출생 때까지는 태아에게 어느 정도 공급되므로, 생후 2~3개월까지도 임상증상이 잘 나타나지 않을 수 있다. 남아보다 여아에게서 약 2배 많이 발생한다.

생후 일주일 이내 부종, 복부팽만 등의 증상을 보이고 생후 1개월쯤부터 활력이 줄어들고 근육의 힘이 없고 변비가 되면서 성장발육이 떨어진다. 이 밖에도 영아기에서 가장 흔한 증상으로는 장기간 계속되는 황달, 항상 입을 벌린 채 내민 두터운 혀, 낮은 체온, 느린 심장박동, 배꼽 탈장, 얼룩덜룩하고 건조하고 두껍고 찬 피부, 멍한 표정, 부스러지기 쉽고 거친 머리카락 등이 나타난다. 3~4개월이 되면 전문의는 첫눈에 진단이 가능할 만큼 우둔한 갑상선 기능 저하증 질환 특유의 모습을 띄지만 어머니는 이 증세를 못 느껴 아기가 순하고 잘 보채지 않아 좋다고 생각하기 쉬우며, 아기가 잘 먹지 않고 멍하니 있거나 잠을 많이 잔다.

영아기 이후에는 성장발달의 지연증상이 뚜렷해져 작은 키, 짧은 사지와 목, 두꺼운 손과 짧은 손가락 등이 나타난다. 발육이 늦어 뒤치기, 앉기, 일어서기, 걸음마도 늦어진다.

출생 직후 시행하는 신생아 선별검사로도 선천성 갑상선 기능 저하증 환자의 10%는 발견하지 못하는 것으로 알려져 있다. 아기의 성장발육이 늦어지고 생기가 없고 활동력이 다른 아이보다 처지는 것으로 보이면 무심하게 지나치기보다는 종합병원에서 갑상선 기능검사를 받아야 한다. 갑상선 기능 저하증은 갑상선제재를 계속 복용하면 손쉽게 치료할 수 있다.

(3) 핵 황달

신생아에게 가장 흔하게 나타나는 질환이다. 생후 첫 주 내에 만삭아의 약 60%, 미숙아의 약 80%에서 황달이 관찰된다. 간이 미숙하여 적혈구가 파괴될 때 나오는 물질에 의해 발생하는데, 이는 생리적인 현상으로서 대부분 생후 10일 이후에 자연히 없어지기도 하나 정도가 심각할 땐 치료가 필요한 경우도 있다. 신생아 황달의 원인은 산모와 아이의 RH 혈액형과 ABO 혈액형의 부적합으로 인해 적혈구를 파괴하여 빈혈과 황달을 초래하는 경우가 가장 많다.

초기에는 특별한 증상이 없어 다른 질병과 구별하기 힘든 경우가 많다. 하지만 며칠이 지나면 아기가 축 처져 건드려도 잘 반응하지 않고 젖을 잘 빨지 않거나 울고 열이 나는 증상을 보이며 경련을 함께 보이기도 한다. 정상적인 신경 반사가 나타나지 않고 점점 근육의 힘이 떨어지는 증상이 나타나며 조금 더 지나면 목과 등의 근육이 긴장하여 활처럼 휜 자세가 나타나게 되고 의식 또한 나빠진다.

시간이 지나면서 피부에 색소가 침착되어 눈의 흰자위가 노란색으로 바뀌는데, 보통 얼굴부터 시작해서 가슴으로 내려가 복부까지 도달한 후 팔과 다리로 퍼진다. 핵 황달이 진행되면서 근육 경련, 째지는 듯한 울음 등 신경질적인 반응을 나타내며, 만약 신경 증상이 나타나면 대부분 사망하지만 생존하더라도 뇌성마비, 경련, 지능 장애, 청력 소실 등 심한 후유증을 남기게 된다.

황달의 원인과 심한 정도를 알기 위하여 혈액 검사를 실시한다. 핵 황달을 예방하기 위해서 빨리 광선 요법과 교환 수혈로 치료해야 그로 인한 장애를 예방할 수 있다. 또한 모든 산모는 산전에 ABO 및 Rh 혈액형과 항체 스크린을 실시하며 병원 신생아실에서는 아이가 태어난 후 24~36시간 내에 나타나는 황달을 주의 깊게 관찰해야 하며, 부모는 퇴원 후에도 신생아의 심한 황달의 위험성에 대해 미리 알고 핵 황달의 증상이 보이기 전에 병원을 방문해야 한다.

(4) 선천성 기형

선천성 기형은 출산 전후 사망의 주요 원인 중 하나이다. 국내 기형아 출산이 갈수록 늘고 있다고 보도된 바 있다. 그림 4-1과 같이, 2008년만 해도 100명당 3.4명에 그쳤던 기형아 출산이 2014년에는 5.6명으로 6년 동안 1.6배 이상으로, 2008~2014년 조사 기간 동안 67%가 증가했다.

선천성 기형을 종류별로 보면 좌우 양 심방 사이의 벽에 구멍이 생기는 '심방중격결손'이 2008년 인구 1만명당 82.2명에서 2014년 2.7배인 188.9명으로 늘었다.

또한 선천성 엉덩이관절 탈구(41.8→103.7명), 신장에 물혹이 있는 낭성신장(0.43→2.0명), 고환이 음낭으로 완전히 내려오지 못한 잠복고환(45.6→74.3명) 등도 같은 기간 동안 유병률이 크게 높아졌다.

비뇨 생식기계 이상이 있는 아이의 출산이 증가한 이유로는 생활주변의 환경호르몬이 나쁜 영향을 미쳤을 가능성 때문이라는 지적이 있다. 연구진에 따르면 신생아 사망의 주요 원인으로 꼽히는 선천성 결함 유병률이 해를 거듭할수록 증가하고 있으므로 선천성 기형의 위험요인을 찾고 예방활동을 평가하기 위해 향후 선천성 결함에 대한 전국적 감시 시스템을 수립할 필요가 있다. 선천성 기형은 외형뿐만 아니라 이로 인한 기능장애가 발생되므로 가능한 조기에 기형을 교정해주어야 한다.

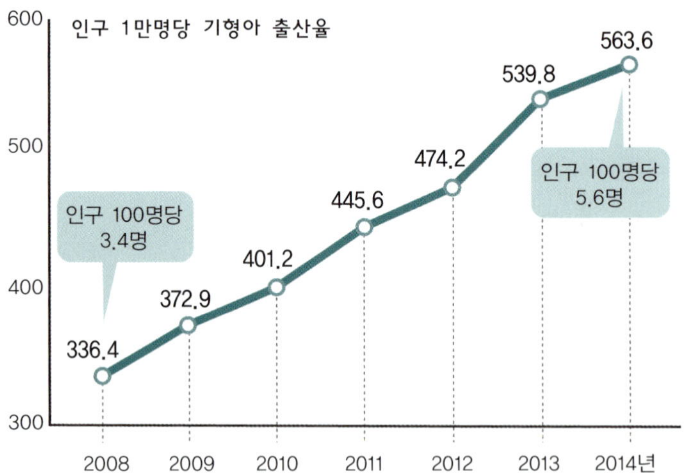

그림 4-1 선천성 기형아 출산율 추이

출처: 연합뉴스. 2018.05.23.

(5) 감염성 질환

전염력이 강한 감염성 질환, 즉 결핵, 볼거리, 풍진, 홍역, 파상풍 등에 의해서도 여러 가지 장애가 발생한다. 신생아와 영유아들은 예방접종을 철저히 해야 한다.

3) 영양

아기가 정상적으로 성장하기 위해서는 출산 이후 아기의 영양 공급이 매우 중요하다. 기본적으로 출산 3일 이후부터 1주일간 초유를 꼭 먹이고 모유수유를 하는 엄마들은 출산 후 4~6개월이 지나면 이유식으로 영양 보충을 해야 한다. 생후 6개월 이후 모유수유만 단독으로 하게 되면 아기에게 철 결핍성 빈혈 등 성장에 좋지 않은 영향을 끼친다는 여러 학자들의 보고가 있으므로 유의해야 한다. 단백질, 탄수화물, 지방 등의 3대 영양소 이외에도 비타민 및 무기질도 균형 있게 섭취하도록 제공한다. 특히 중요한 성장기의 아기는 철분과 아연이 풍부한 음식, 영양 보충제 등으로 충분히 섭취하도록 하며 비타민 D 보충제도 영아기에 권장된다.

4) 각종 사고 및 예방

생후 1년이 지난 영아의 사망 원인의 제1위가 사고이다. 영유아를 보호하는 성인은 각 연령의 발달특성을 이해하고 각종 사고가 발생할 가능성이 있는 장소와 사건을 숙지하여 상당 부분을 예방할 수 있도록 노력해야 한다.

(1) 연령에 따른 각종 사고와 예방

월령 · 연령별에 따른 발달적 특성과 발생할 수 있는 각종 사고 그리고 예방방법을 정리하면 다음 표 4-1과 같다.

표 4-1 연령에 따른 각종 사고와 예방

연령	발달적 특성	각종 사고	예방 방법
출생~4개월	• 먹고, 자고, 운다.	• 화상 • 추락 • 삼키는 사고 • 질식	• 팔꿈치로 목욕물의 온도를 재어본다. • 보호울타리가 없는 침대나 탁자 위에 혼자 있게 하지 않는다. • 삼킬 수 없는 커다란 장난감을 선택한다. 또한 독성이 없으며 모서리가 날카롭지 않은 것이어야 한다. • 핀이나 날카로운 물체들을 영아 가까이에 놓지 않는다. • 얇은 비닐, 비닐봉지, 끈, 베개 등에 의하여 질식되거나 목이 졸릴 수 있으므로 주의한다. 침대 매트리스나 요는 단단한 것으로 깔아준다.
4~12개월	• 물체를 손에 움켜쥐며, 입에 넣는다.	• 추락 • 화상 • 삼키는 사고 • 질식	• 항상 성인이 바라보는 안전한 장소에 있게 한다. • 욕조 마개 가까이에 영아가 있게 하지 않고 잠시라도 욕실에 영아 혼자 있게 해서는 안 된다. • 모서리가 날카롭지 않고, 독성이 없는 나무나 플라스틱 종류의 장난감을 선택한다. • 단추, 구슬, 동전 등 작은 물체는 항상 주의하여 보관한다. • 계단이나 현관에 안전 울타리를 설치한다. • 난방기구 주변에 보호막을 설치한다. 뜨거운 음식, 물, 기구 등을 영아 가까이에 놓지 않는다. 뜨거운 증기를 주의한다.
1~2세	• 걷고, 기어오르고, 탐색한다. • 문과 서랍 등을 열고 닫아보며, 놀기를 좋아한다.	• 화상 • 물 • 약물 및 독성물질 사고	• 도로에 접한 문은 항상 닫아 둔다. 계단, 복도 등에 안전대를 설치한다. • 실내에 있는 전기포트, 토스터 등의 전기코드를 모두 치워둔다. • 욕조, 물 주변에 영아 혼자 있게 하지 않는다. • 약품, 소독제 등은 장 안에 넣고 잠근다. • 화장품, 청소용품 등 가정에서 항상 사용하는 것들도 영아의 손에 닿지 않는 곳에 보관한다.
2~3세	• 끊임없이 움직인다. • 혼자서 하고 싶어 한다. • 모방행동과 탐색	• 교통사고 • 화상 • 베임 • 약물 및 독성물질 사고	• 길가나 도로에 혼자 나가지 않도록 보호 울타리를 친다. 위험에 대해 이야기해주고, 혼자 가서는 안 되는 곳을 구분지어 준다. • 얕은 물에서도 성인의 보호 하에 놀게 한다. • 날카로운 모서리가 없는 견고한 장난감을 선택한다.

연령	발달적 특성	각종 사고	예방 방법
2~3세	활동을 한다.		• 성냥이나 라이터를 유아 가까이에 두지 않는다. 불이 얼마나 위험한 것인지를 가르쳐 준다. 잠시라도 집에 혼자 있지 않게 한다. • 약품, 소독제, 식물재배용 비료 등을 잠금장치가 된 장에 보관한다. 가위 등을 안전하게 사용할 수 있는 방법을 가르친다. • 2세아는 방망이, 단단한 공, 자전거 등에 의한 사고를 많이 당하므로 주의한다.
3~6세	• 동네나 이웃까지 행동범위가 확대된다. • 자전거를 즐겨 타고, 기어오르거나 뛰어오르는 대근육활동을 즐긴다. • 모방놀이가 확장된다.	• 베임 • 화상 • 추락 • 물놀이 사고 • 교통사고	• 가정에서 사용하는 위험한 도구는 잠금장치가 된 장에 보관한다. 가위, 칼 등을 안전하게 사용할 수 있는 방법을 가르친다. • 약품, 청소용 약품 등은 장에 보관한다. • 무독성의 미술자료를 제공한다. • 폐기된 냉장고, 쓰레기더미, 오래된 건물, 건축 장소 등에서 놀지 않게 한다. • 물의 위험을 알려주고, 수영지도를 한다. • 교통규칙을 가르쳐주고 지키도록 한다. 교통사고의 위험도 알려준다.

출처: 이기숙, 장영희, 윤선화, 정미라(2014). 영유아를 위한 안전교육. 양서원.

(2) 가정에서의 사고

한국소비자원이 소비자위해감시시스템을 통해 수집한 어린이 안전사고 건수를 분석한 결과 1~3세 걸음마기 때 가장 많이 다치는 것으로 나타났다(한국소비자원, 2016). 연령대별로 보면 1~3세 걸음마기가 어린이 사고의 절반 이상을 차지하였으며, 사고가 가장 많이 발생하는 곳은 가정이었다.

가정에서의 사고의 결과가 가져오는 장애의 위험 측면을 예측해 볼 때 가정 내 환경 개선 및 보호자의 주의가 각별히 요구된다. 영아는 위험에 대한 인식이 없으므로 안전한 행동과 위험한 행동을 구별하지 못한다. 무엇보다도 영유아기의 안전사고를 줄이기 위해서는 부모가 일찍부터 영유아에게 집안에서 어떤 장소나 행동이 위험하며, 사고를 예방하기 위해 생활에서 필요한 안전규칙과 행동에 대해 설명해 주어야 한다. 특히 다음의 표 4-2와 같이 가정에서 사고가 빈번히 발생할 장소와 사항을 예측하여서 사전에 미리 안전 수칙을 숙지한다면 사고를 예방할 수 있다.

한편 2020년 기준 맞벌이 가구 비율이 46%로(통계청, 2020) 많은 영유아들이 어린이집에 다니고 있다. 가정보다 오랜 시간 동안 어린이집에서 생활하는 영유아를 위해 교사들도 어린이집 장소별 안전 수칙을 유의하여 안전사고로 인한 장애 발생을 방지하도록 힘써야 할 것이다.

표 4-2 사고 예방을 위한 가정에서의 장소별 안전 수칙

방, 거실
• 벽에 무거운 물건을 걸지 않는다. 특히 영유아의 손이 닿는 곳에는 아무것도 걸지 않으며 벽에 물건을 걸었을 경우에는 안전하게 걸려 있는지 항상 확인한다. • 쉽게 움직일 수 있는 물건은 영유아의 머리 위에 떨어질 수 있기 때문에 테이블 위에 놓지 않는다. • 영유아가 가구를 끌고 다녀 다칠 수 있기 때문에 영유아 방에는 가벼운 가구를 두지 않는다. • 이층 침대는 되도록 사용하지 않으며, 침대의 높이는 영유아가 혼자서 오르내릴 수 있을 정도가 적당하다. 또한 보조난간을 설치하고 모서리가 둥근 것을 선택한다. • 창문의 모양에 따라 안전고리를 설치하고 안전망이나 난간을 설치한다. • 영유아가 딛고 올라갈 수 있으므로 창문 옆에는 침대나 가구를 두지 않는다. • 창틀 위에 영유아의 호기심을 자극하는 장난감이나 물건을 올려놓지 않는다. • 가전제품의 뒷부분이나 전기콘센트, 난방기구 등을 만질 수 없도록 설치하고 장난을 치지 않도록 지도한다. 특히 젖은 손으로 전기선을 만지지 않도록 한다. • 콘센트를 사용하지 않을 경우에는 안전 덮개로 덮어준다. • 침대, 소파, 가구 등에 올라가지 않도록 지도한다. • 장롱 안에 들어가지 않도록 지도한다. • 의약품이나 화학제품 등은 영유아의 손이 닿지 않는 곳에 둔다.
욕실, 화장실
• 세면대 혹은 변기의 윗부분에 유리컵이나 화장품 등을 얹어 놓지 않는다. • 세면대에 매달리거나 변기 뚜껑을 밟고 위에 올라가지 않도록 지도한다. • 욕실 앞 깔개는 뒷면에 미끄럼 방지 처리가 된 것을 선택한다. • 욕실의 벽이나 욕조 바로 옆에 손잡이 봉을 부착하여 미끄러질 때 잡을 수 있도록 한다. • 바닥에 고무매트나 안전발판 같은 미끄럼 방지 도구를 깔아둔다. • 영유아가 욕실 바닥에 물건을 늘어놓고 장난을 하지 않도록 주의시킨다.

- 세면대가 아이의 키에 맞지 않는 경우에는 받침대를 줄 수 있으나, 받침대가 미끄러질 위험이 있으므로 세숫대야에 물을 받아 바닥에서 사용하도록 한다.
- 영유아가 비누조각이나 샴푸 등에 미끄러지기 쉬우므로 사용한 후에는 반드시 비누는 비누곽에 넣고 샴푸는 즉시 마개를 닫아둔다.
- 비누, 치약, 샴푸는 쓰고 난 뒤에 제자리에 두고 세제는 영유아의 손이 닿지 않는 곳에 보관한다.
- 화장실 세탁세제나 변기를 청소하는 솔 등은 변기 위에 놓지 말고 벽장 속에 넣어 잠가둔다.
- 전기면도기나 헤어드라이어 등을 욕실에서 젖은 손으로 만지고 장난치지 못하도록 지도한다.
- 모든 전기제품은 욕실 밖에 두는 것이 가장 안전하다. 욕실 안에서 사용해야 하는 경우에는 욕조나 변기, 세면기 등에 떨어지지 않도록 잘 보관한다. 반드시 물기가 마른 상태에서 사용해야 하며, 사용하지 않을 때에는 전원 플러그를 뽑아 놓는다.
- 영유아가 목욕할 때는 항상 물의 온도를 확인하고 수도꼭지에 머리를 부딪치지 않도록 주의하며 뜨거운 수도꼭지를 영유아가 만지지 못하도록 주의한다.
- 만 3세 미만의 영유아는 욕조에서 익사할 우려가 있으므로 혼자 욕실에 두지 않는다.
- 세탁기 안에 들어가지 않도록 지도한다.
- 욕실이나 화장실에서는 뛰거나 장난치지 않도록 지도한다.

주방

- 뜨거운 국이나 물이 담겨있는 냄비를 만지지 않도록 지도한다.
- 뜨거운 물을 사용할 때는 항상 주의한다.
- 냉장고 문이 잘 닫혀있는지 항상 확인한다.
- 부엌바닥은 미끄럽지 않도록 가능한 왁스칠을 하지 말고, 물기가 있을 때는 즉시 닦는다.
- 싱크대 문을 열고 닫을 때 아이의 손가락이 문에 끼지 않도록 모든 찬장과 서랍은 잠금장치를 하거나 손쉽게 열 수 없도록 버튼용 개폐방지 손잡이를 부착한다.
- 칼이나 가위와 같은 날카로운 물건은 영유아의 손이 닿지 않는 곳에 보관하고 위험한 물건임을 알려주어 만지지 않도록 지도한다.
- 영유아가 가스레인지를 만지지 않도록 하며 항상 중간 밸브를 잠그고 가스누설 자동 차단 장치를 반드시 설치한다.
- 튀김요리를 할 때는 영유아의 접근을 막으며 기름을 식힐 때는 장소를 잘 선정하여 화상사고를 미연에 방지한다. 특히 튀김용 냄비 등을 바닥에 아무렇게나 두지 않는다.
- 취사 중에는 영유아가 부엌에 오지 못하게 하고 증기로 인한 화상사고가 발생하지 않도록 주의한다.
- 영유아가 쓰레기통을 뒤질 수 있으므로 뚜껑 있는 쓰레기통을 사용하며 날카로운 물건을 버릴 때는 조심한다.
- 엄마가 일하는 곳과 멀리 떨어진 곳에 영유아의 놀이 장소를 마련하되 영유아도 엄마를 마주볼 수 있고 엄마도 일하면서 영유아를 살펴볼 수 있는 장소를 선택한다.
- 냉장고 안에 들어가지 않도록 지도한다.
- 식탁보를 당기면 식탁 위의 물건이 떨어질 위험이 있으므로 식탁보를 깔지 않는다.

창문, 베란다
• 방충망으로는 안전하지 못하므로 창문, 베란다에는 창문보호대나 난간을 반드시 설치한다. • 문이나 창문에는 잠금 장치를 하여 영유아가 혼자서 창문을 열 수 없도록 한다. • 영유아가 창문 밖으로 상체를 내밀거나 베란다 난간에 기대어 서지 않도록 지도한다. • 창문 가까이 가구나 영유아의 시선을 끄는 물건을 두지 않는다. • 베란다에는 영유아가 딛고 올라설 수 있는 의자나 상자 등을 치운다. • 베란다에서는 가급적 영유아가 혼자 놀지 않도록 한다.
계단
• 표면이 미끄러운 건축자재를 사용하지 않으며 계단 하나하나에 미끄럼방지틀을 설치한다. • 되도록이면 왁스칠을 하지 않으며 왁스칠을 할 경우 미끄러지지 않도록 미리 주의를 준다. • 계단에는 충분한 높이의 튼튼한 난간을 양쪽에 설치한다. • 난간은 계단이 끝나는 지점까지 설치하고 수시로 점검한다. • 계단은 항상 밝게 조명되어야 하며 불필요한 물체나 물기가 없도록 한다. • 계단 옆의 벽에는 영유아의 시선을 끌 수 있는 그림이나 사진을 걸지 않는다. • 영유아가 계단을 올라갈 때 보호자는 반드시 아래쪽에서 걸어간다. • 계단에 날카로운 부위 등 위험이 없는지 수시로 점검한다.

5) 장애의 예방적 차원

만혼과 환경적 요인으로 인하여 난임 부부, 저체중아, 선천성 이상아 등 임신·출산 관련 장애가 증가하고 있다. 장애 예방을 위해서는 영유아의 사전 예방적 건강관리가 중요하다.

장애 원인 중에서 출생 전 원인이 6.9%, 출생 시 원인이 3.0%로, 약 10%가 직접적으로 모자보건 임산부 관리에 속하는 문제이며, 장애 발생 시기 면에서도 모자보건 대상 연령층에서의 장애 발생 빈도가 약 40%를 넘고 있다고 밝혔다. 특히 지적장애의 경우 90%를 상회하고 있어 모자보건사업과 관련된 장애발생 예방이 얼마나 중요한지를 언급한 바 있다. 정부에서는 모자보건사업을 적극 실시하며 신생아의 선천성 장애 조기 검진과 미숙아 및 선천성 이상아 등의 의료비 지원을 통한 장애 발생 예방으로 건강한 성장 발달을 도모해 가고 있다(모자보건사업안내, 2021).

미숙아, 선천성이상아, 선천성 대사이상아, 선천성 난청아로 판명받은 신생아는 조기에 발견하고 치료를 하는 것이 중요하다. 미숙아 및 선천성이상아는 과다한 의료비 지출로 인한 치료 포기 등으로 적기에 치료를 받지 못할 경우 장애가 발생할 우려가 높거나 영아 사망을 초래할 수 있다. 정부에서 무료로 실시하는 페닐케톤뇨증, 갑상선 기능 저하증, 호모시스틴뇨증, 단풍당뇨증, 갈락토스혈증, 선천성 부신과형성증 6종의 선천성대사이상 검사를 받아 선천성대사이상의 유무를 조기에 발견 · 치료함으로써 장애발생을 사전에 예방하는 것이 필요하다. 선천성 대사이상으로 진단받은 환아는 특수 식이 신청을 위하여 '선천성대사이상 환아관리 정보시스템'에서 접속하여 특수조제분유 및 저단백식품을 지원받고, 희귀난치성 질환 중 크론병 및 단장증후군 환아는 특수 조제 분유를 지원받아 꾸준한 관리가 이루어져야 한다.

특히 선천성 난청은 선천성 질환 중 발생률이 높은 질환 중의 하나이며 언어 및 학습장애를 초래한다. 신생아 1,000명당 1~3명이 선천성 난청(양측 고도난청)으로 원인불명의 선천성 난청이 약 50%를 차지하고 있다. 출생 후 최소한 24시간 지난 후, 신생아 청각선별검사를 통해 선천성 난청을 조기에 발견하고 재활치료(보청기 착용, 인공와우이식 등 포함)를 연계하면 언어 · 지능 장애를 최소화할 수 있다. 이에 보건소와 난청환아관리팀에서는 2021년부터 난청 환아에게 양측 보청기를 지원하고 있다(모자보건사업안내, 2021). 또한 시각장애 예방 차원에서 영유아 건강검진 결과 이상 소견이 나온 유아들은 정밀검진을 통해 눈 질환의 조기 발견과 치료로 실명을 예방해야 한다.

6세 미만의 영유아를 둔 가정에서는 거주 지역 보건소에서 실시하고 있는 다음 표 4-3과 같은 영유아 무료 건강검진을 받아야 한다. 이를 통해 영유아의 건강증진은 물론 장애를 조기 발견할 수 있다. 이 밖에도 보건소에서 제공하는 영유아 관련 서비스는 해당 지역의 보건소 온라인 사이트에서 상세히 검색해볼 수 있다.

표 4-3 영유아 건강검진 시기 및 항목

<table>
<tr><th colspan="3" rowspan="2">검진주기
검진항목</th><th>1차</th><th>2차</th><th>3차</th><th>4차</th><th>5차</th><th>6차</th><th>7차</th><th>8차</th></tr>
<tr><th>14-35일</th><th>4~6개월</th><th>9~12개월</th><th>18~29개월</th><th>30~36개월</th><th>42~53개월</th><th>54~65개월</th><th>66~71개월</th></tr>
<tr><td rowspan="15">건강검진</td><td colspan="2">문진 및 진찰</td><td>○</td><td>○</td><td>○</td><td>○</td><td>○</td><td>○</td><td>○</td><td>○</td></tr>
<tr><td colspan="2">신체계측</td><td>○</td><td>○</td><td>○</td><td>○</td><td>○</td><td>○</td><td>○</td><td>○</td></tr>
<tr><td colspan="2">시력검사</td><td></td><td></td><td></td><td></td><td>○</td><td>○</td><td>○</td><td>○</td></tr>
<tr><td colspan="2">발달선별검사 및 평가</td><td></td><td></td><td>○</td><td>○</td><td>○</td><td>○</td><td>○</td><td>○</td></tr>
<tr><td rowspan="11">건강교육</td><td>안전사고 예방</td><td>○</td><td>○</td><td>○</td><td>○</td><td></td><td>○</td><td>○</td><td>○</td></tr>
<tr><td>영양</td><td>○</td><td>○</td><td>○</td><td>○</td><td>○</td><td>○</td><td>○</td><td>○</td></tr>
<tr><td>수면</td><td>○</td><td>○</td><td></td><td></td><td></td><td></td><td></td><td></td></tr>
<tr><td>구강</td><td></td><td></td><td>○</td><td></td><td></td><td></td><td></td><td></td></tr>
<tr><td>대소변가리기</td><td></td><td></td><td></td><td>○</td><td>○</td><td></td><td></td><td></td></tr>
<tr><td>전자미디어노출</td><td></td><td>○</td><td></td><td>○</td><td></td><td></td><td>○</td><td></td></tr>
<tr><td>정서 및 사회성</td><td></td><td></td><td>○</td><td></td><td>○</td><td></td><td></td><td></td></tr>
<tr><td>개인위생</td><td></td><td></td><td></td><td>○</td><td></td><td></td><td></td><td></td></tr>
<tr><td>취학 전 준비교육</td><td></td><td></td><td></td><td></td><td>○</td><td></td><td></td><td>○</td></tr>
<tr><td rowspan="2">구강검진</td><td colspan="2">구강문진 및 진찰</td><td></td><td></td><td></td><td>○</td><td></td><td>○</td><td>○</td><td></td></tr>
<tr><td colspan="2">구강보건교육</td><td></td><td></td><td></td><td>○</td><td></td><td>○</td><td>○</td><td></td></tr>
</table>

출처: 국민건강보험공단, https://www.nhis.or.kr/nhis/healthin/retrieveInfntExmdDtInq.do, 자료인출 2022년 1월 2일

생각해보기

- 출생 후 영유아들은 가정보다 오랜 시간을 유아교육기관에서 생활합니다. 유아교육기관 내 장소별 장애 발생을 방지할 수 있는 안전 수칙에 대해 모둠별로 토의해보세요.

Chapter 05

특수아동의 이해

교사가 이해하고 있는 장애아의 특징, 태도는 비장애아에게 그대로 전달된다. 5장에서는 성공적인 장애아통합교육을 위해 교사가 알고 있어야 하는 장애아의 특성과 지도방법에 대해 알아보고자 한다. 장애인등에 대한 특수교육법에서의 특수교육대상자는 시각장애, 청각장애, 지적장애, 지체장애, 정서·행동장애, 자폐성장애, 의사소통장애, 학습장애, 건강장애, 발달지체, 그 밖에 대통령령으로 정하는 장애에 해당하는 사람으로 특수교육이 필요한 사람으로 진단·평가된 사람을 말한다.

1. 시각장애

1) 시각장애 정의 및 특성

「장애인 등에 대한 특수교육법」에서는 시각장애를 "시각계의 손상이 심하여 시각 기능을 전혀 이용하지 못하거나 보조공학기기의 지원을 받아야 시각적 과제를 수행할 수 있는 사람으로서 시각에 의한 학습이 곤란하여 특정의 광학기구 · 학습매체 등을 통하여 학습하거나 촉각 또는 청각을 학습의 주요 수단으로 사용하는 사람"으로 정의하고 있다.

먼저 시각과 관련된 용어인 시력, 시야, 시기능에 대해 알아보자. 사람이 볼 수 있는 명료도를 시력이라고 한다. 시야는 눈으로 정면의 한 점을 주시하고 있을 때 그 눈에 보이는 범위를 말한다. 다음으로 시기능이 있는데 시기능은 영유아가 갖고 있는 동기, 욕구, 태도, 훈련, 경험 등과 관련하여 갖고 있는 시력을 어떻게 사

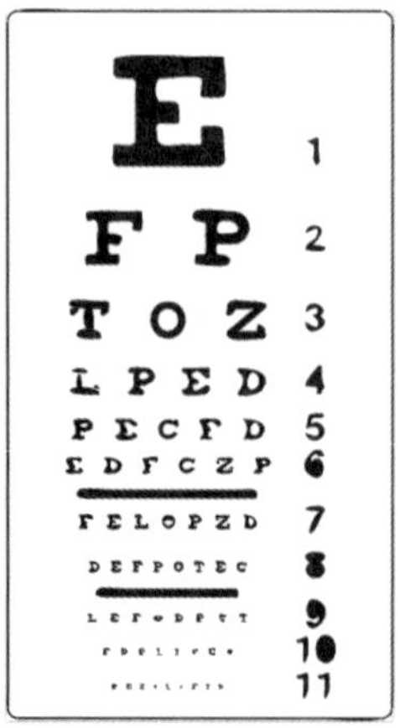

시력

시야

그림 5-1 시력과 시야

용하는가의 여부를 말한다. 이와 같이 시력, 시야, 시기능 등의 문제로 시각장애가 발생된다.

시각장애의 경우 완전히 안 보이는 맹과 잔존시력이 남아있는 저시력으로 분류된다. 맹의 경우 시각이 아닌 촉각이나 청각을 교육을 위한 매체로 사용하고, 저시력은 확대경 등을 사용하여 인쇄물을 읽을 수 있는 경우를 말한다.

잔존시력이 남아 있는 저시력

전혀 안 보이는 맹

그림 5-2 저시력과 맹

시각장애의 원인은 매우 다양하며 명확하지 않다. 시각장애의 진단은 시력 검사를 통해 이루어진다. 다른 장애와 함께 시각장애가 동반되는 경우 또는 시각장애와 동반되는 다른 문제가 있는지를 확인하기 위해 인지능력검사, 사회적응능력검사 등도 함께 실시되기도 한다.

(1) 발생원인

가. 굴절이상

굴절이상으로 인한 시각장애이다. 시각장애뿐만 아니라 안경을 착용하는 대부분의 사람이 굴절이상의 문제를 갖고 있다.

근시는 눈에 들어온 빛이 망막보다 앞쪽에 초점을 맺어 가까이 있는 것은 잘 보이나 먼 곳에 있는 것이 안 보이는 것을 말한다. 원시는 근시와 반대로 망막보다 뒤쪽에 초점을 맺어 멀리 있는 물체는 잘 보이나 가까이에 있는 것이 안 보이는 것을 말한다. 난시는 눈에 들어온 빛이 각막에서 굴절되면서 한 점에서 초점을 맺지 못하고, 2개 이상의 여러 초점을 갖는 눈의 굴절을 말한다.

굴절이상의 경우 안경, 렌즈 등의 보조공학의 도움을 받아 시력을 확보하는데, 이와 같은 교정 후에도 굴절이상의 문제로 정상적인 학업성취가 어려울 경우, 굴절이상에 따른 시각장애라고 말한다.

나. 선천성 백내장

백내장은 눈 속 수정체가 뿌옇게 혼탁해져서 장애가 발생하는 것을 말한다. 수정체가 혼탁해지면 빛이 망막에 도달하지 못하게 되어 시각적 상이 왜곡되고 희미하게 보이게 된다. 백내장의 원인으로는 유전적인 원인, 임신 초기 풍진 감염, 노화, 외상 등 다양하나 선천성 백내장의 경우 유전적인 원인, 임신 초기 풍진 감염 등이 그 원인이 된다.

다. 선천성 녹내장

녹내장은 눈에서 받아들인 시각정보를 뇌로 전달하는 데에 있어 중요한 역할을 하는 시신경 및 신경섬유층이 손상되어 시야가 점점 좁아지는 질환을 말한다. 녹내장 역시 발생원인은 매우 다양하다.

라. 안구백색증

신체 전반의 색소가 부족하거나 없는 병으로 유전적인 요인이 많으며 남자에게서 더 많이 발생한다. 이와 같은 경우 시력이 저하되며, 난시, 안구진탕증의 문제를 보인다.

이외에도 망막이 맥락막으로부터 떨어져 망막의 감각기능이 저하되어 시각장애를 초래하는 경우, 망막색소변성 등 많은 요인으로 시각장애의 문제가 동반된다.

발생원인이 다양한 만큼 무엇보다도 예방과 조기발견이 중요하다. 따라서 교사는 영유아기의 시력의 문제를 빨리 확인하여야 한다. 교사가 시력의 문제가 있음을 발견할 수 있는 증상으로는 표 5-1과 같다. 아래의 증상은 시각장애를 발견하기 위한 증상뿐만 아니라 시력 저하 시 발생되는 문제까지를 포함하는 내용이다.

표 5-1 교사가 발견할 수 있는 시력 저하 및 시각장애 문제를 가진 아동의 증상

- 눈의 충혈과 눈물의 흐름
- 눈물이 흐르거나 충혈됨
- 눈의 통증 또는 따끔따끔함
- 잦은 두통이나 어지러움 또는 메스꺼움
- 눈동자의 움직임이 부드럽지 않거나 사시
- 낯선 환경에서의 이동이나 걷는 모습이 부자연스러움
- 글자나 사물을 볼 때 너무 가까이 다가와서 보거나 머리의 위치가 바르지 않음
- 사람들이나 사물과 자주 부딪힘
- 눈을 자주 비빔
- 눈과 손의 협응이 요구되는 과제 수행에 어려움을 보임

(2) 특성

가. 운동발달

시력의 문제로 인하여 감각운동기에서 운동발달의 지연을 보인다. 걸을 때 자세와 보행패턴이 어색하다. 이와 같은 문제를 해결하기 위해서는 다양한 유형의 자극을 통해 운동발달을 촉진시켜야 하며, 나아가 자연스러운 보행기술을 지도해야 한다.

나. 인지적 특성

생후 이른 시기에 시력의 문제가 있다면, 시각을 통한 경험이 부족하여 인지발달에 어려움을 보인다. 특히 시각을 통해 정보를 필요로 하는 대상영속성, 인과관계, 목적과 수단에 대한 개념 습득이 늦어진다. 시각정보 부족에 따라 인지능력 발

달이 늦어지는 것과 같은 모습을 보이나 실제로 정상 인지능력을 갖고 있는 시각장애 영유아가 대다수이다.

다. 언어적 특성

시각장애 영유아의 경우 표정, 제스처와 같은 비언어적 의사소통을 볼 수 없기 때문에 본인 역시 사용할 수 없다. 또한 시각정보 경험이 없거나 제한적이기 때문에 정확한 의미를 모르고 사용하는 언어가 많다. 따라서 어휘수가 많고 추상적인 언어묘사를 과도하게 사용하는 모습을 보인다.[1] 비장애 영유아보다 크고 느리게 말하는 경향이 있으며, 억양의 변화가 거의 없다.

라. 사회적 특성

시각정보가 없기 때문에 다른 사람과 관계를 형성하고 상호작용하는 데에 있어 오류가 발생할 수 있다. 말하던 사람이 잠깐 문자를 보아도 그와 같은 것을 알지 못하고 혼자 계속 말하는 것을 그 예로 볼 수 있다. 따라서 대화를 적절하게 시작하거나 종료하는 것에 어려움이 있다. 대화 시 너무 가까이 오거나 너무 멀리서 이야기 하는 것과 같이 적절한 거리를 유지하는 것에도 어려움이 있다. 또한 몸을 앞뒤, 좌우로 움직이는 경향도 있다.

2) 지도방법

(1) 촉감교육

시각장애 영유아의 경우 학습 및 다른 사람과 소통하기 위해 점자를 익혀야 한

1) '사과의 모양'과 '슬픔'을 다른 사람에게 설명할 때 대부분의 사람은 '사과의 모양'보다 '슬픔'을 설명하는 것을 더 어려워 할 것이다. 왜냐하면 '사과의 모양'은 눈으로 볼 수 있고 대부분의 사람들도 그 모양을 알고 있지만 '슬픔'의 경우는 눈으로 볼 수 없는 추상적인 개념이기 때문이다. 시각장애인은 시각을 활용할 수 없기 때문에 모든 사물을 추상적인 개념으로 받아들이게 되고 그 개념을 설명하기 위하여 추상적이며 과도한 어휘를 사용하게 되는 것이다.

다. 누리과정에 기초한 비장애 영유아의 초등학교 입학 전 언어교육의 목표는 한글을 읽고 쓰는 것을 완성하는 것이 아니라 한글 읽기와 쓰기에 관심 갖도록 하는 것이다.

동일한 원리로 시각장애 영유아를 위한 점자교육의 목표는 점자 읽기를 완성하는 것이 아니다. 시각장애 영유아를 위한 점자교육은 점자구조에 관심을 갖고 점자를 읽을 수 있도록 촉감에 예민해지도록 지도하고, 손가락 협응능력 발달을 지원하는 것이다.

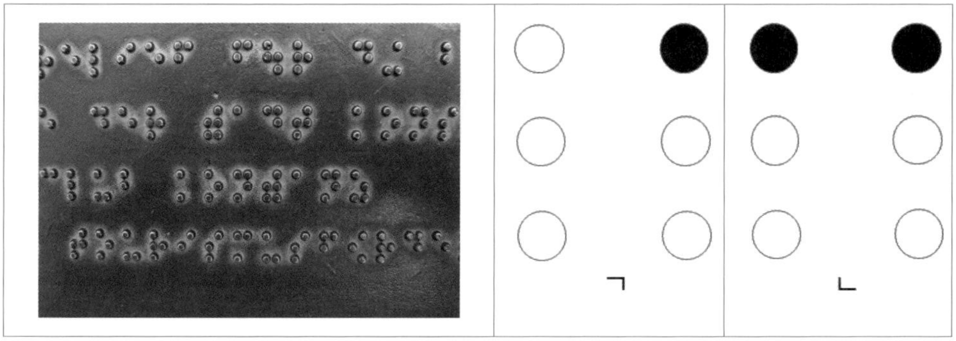

점자 6개의 점으로 이루어진 점자의 구조

그림 5-3 **점자와 점자의 구조**

(2) 바른 보행기술 지도

시각장애 영유아의 경우 근긴장도가 낮고 신체공간감각이 낮아 자세와 보행이 어색하다. 따라서 시각장애 영유아가 바른 자세로 걸을 수 있도록 지도해야 한다. 바른 보행기술이란 장애물은 피하고, 어느 방향으로 갈 것인지를 확인하여 바른 자세로 이동하는 것을 말한다. 비장애인의 경우 장애물을 피하고, 어느 방향으로 갈 것인지를 정하기 위해 시력을 활용한다. 그러나 시각장애인의 경우 시력을 사용할 수 없기 때문에 보이지 않는 상태에서 어디로 갈 것인지를 정해야 한다. 이와 같이 앞이 보이지 않는 시각장애인이 어느 쪽으로 이동할 것인지를 결정하는 능력을 정신적 방향정위라고 한다. 정신적 방향정위 발달은 시각장애인의 보행을 위해 필수적인 능력이며, 이와 같은 능력이 발달되어야만 성인이 되어서 안내견을 사용할 수도 있다. 정신적 방향정위의 발달을 돕기 위하여 영유아 시기부터 흰 지팡이를 사용하는 것이 중요하다.

어느 쪽으로 이동할 것인지를 결정한 다음에는 결정한 방향으로 이동하는데 이것을 신체이동이라 한다. 근긴장도가 낮은 시각장애 영유아가 바른 자세로 신체이동 하도록 돕기 위해서 축구와 같이 격렬한 신체활동에 참여하는 것도 필요하다.

정신적 방향정위와 신체이동의 내용은 아래의 표 5-2와 같다.

표 5-2 시각장애 영유아 보행의 2가지 요인

정신적 방향정위	신체이동
• 시각 이외의 남아 있는 다른 감각을 통해 자신의 공간적 관계를 인식 • 환경 속에서 자신의 위치를 확인	• 물리적 환경에서 안전하고 독립적으로 다닐 수 있는 능력

(3) 교실에서의 지원 내용

시각장애 영유아의 인지능력이 비장애 영유아와 비교하여 떨어지지 않는다면 비장애 영유아를 위한 교육목표를 새롭게 만들지 않아도 된다. 비장애 영유아와 동일한 교육목표와 교육방법으로 지도하며 꼭 필요한 경우에만 교수방법의 수정을 실시한다. 토끼 모양 색칠하기 활동을 예로 들어 생각해보자. 교사는 토끼 모양 색칠하기를 통해 영유아의 소근육 발달을 높이는 것을 목표로 하고 있다. 이 경우 시각장애 영유아를 위해 교육목표와 교육방법이 변경될 필요는 없다. 그러나 비장애 영유아에게는 토끼 모양을 그림으로 그려 제시하였다면, 시각장애 영유아에게는 토끼 모양을 굵은 털실로 테두리를 만들어 제공하는 것과 같은 교수방법의 수정이 요구된다. 또한 시각장애 영유아에게도 대근육활동 및 신체활동에도 적극 참여할 수 있도록 지도한다.

2. 청각장애

1) 청각장애 정의 및 특성

「장애인 등에 대한 특수교육법」에서는 청각장애를 "청력 손실이 심하여 보청기를 착용해도 청각을 통한 의사소통이 불가능 또는 곤란한 상태이거나, 청력이 남아 있어도 보청기를 착용해야 청각을 통한 의사소통이 가능하여 청각에 의한 교육적 성취가 어려운 사람"으로 정의하고 있다.

청각장애의 경우 완전히 안 들리는 농과 약간의 잔존 청력이 남아 있는 난청이 존재한다. 아래의 그림 5-4에서 보면 중이까지의 문제로 발생된 청각장애를 전음성 청각장애라 하고, 내이에 문제가 있는 경우 감음성 청각장애라 한다.

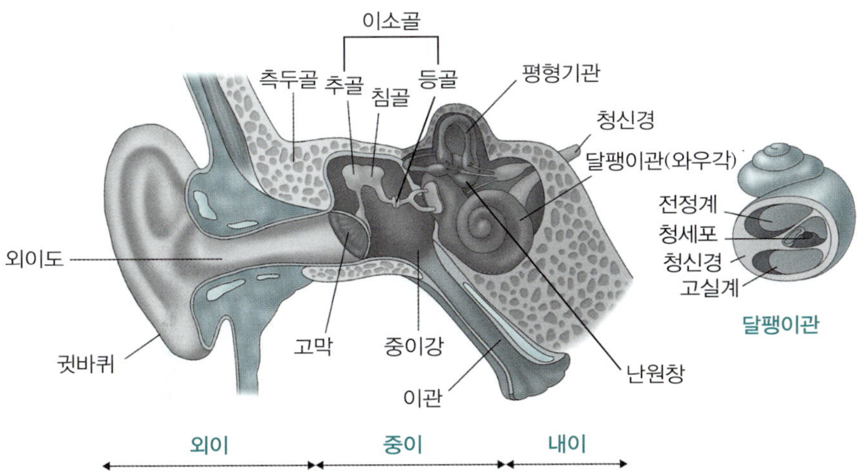

그림 5-4 귀의 구조

출처: 김이영(2017). 영유아발달. 양성원.

표 5-3에 제시된 것과 같이 청각장애의 발생원인이 매우 다양하며 그 원인 역시 정확하지 않다. 청각장애 진단을 위하여 청력검사를 실시하게 되며 청력검사는 순

음청력검사와 어음청력검사로 분류된다.

표 5-3 청각장애의 발생원인

청각장애 구분	귀의 구조		발생원인
전음성 청각장애	외이	귓바퀴, 외이도	선천성 기형, 고막파열 등
	중이	고막, 이소골, 난원창	중이염 등
감음성 청각장애	내이	와우각, 코르티기관	유전, 뇌막염, 풍진, 모자혈액 부적합 등
		청신경 및 청각 중추	뇌의 기질적인 문제 등

청각장애 아동의 인지능력은 정상 분포를 나타낸다. 하지만 듣지 못하기 때문에 많은 청각장애 영유아는 언어발달에 어려움을 갖고 있으며, 이는 학습에도 부정적인 영향을 미치게 된다. 이와 같은 문제로 청각장애 영유아의 경우 낮은 학업성취도를 보이는 경우가 많다. 특히 비장애아가 사용하는 말이 중심이 되는 구화교육을 받을 때 이와 같은 문제는 더욱 커질 수 있다.

청각장애인의 사회정서발달은 비장애인과 유사하다. 어린 연령의 영유아기에는 언어가 또래관계에 크게 영향을 미치지 않는다. 따라서 청각장애 영유아와 비장애 영유아가 서로 잘 어울려 생활하지만, 연령이 올라갈수록 비장애 영유아와 친밀한 관계를 맺기 어려워진다.

나아가 청각장애인들은 '수화'라는 자신들만의 언어를 사용하게 되면서 친밀한 유대관계를 형성하게 된다. 이와 같은 청각장애인들만의 문화를 청각장애인 문화 또는 농문화(deaf culture)라고 한다. 농문화는 '수화'라는 공통 언어만을 사용하는 것이 아니라 자신들만의 행동규범과 가치관을 형성하고, 서로를 지원할 수 있는 자발적인 단체들과 지원망을 구축하는 것까지를 포함한다.

2) 지도방법

(1) 의사소통 지도

청각장애인들은 의사소통 기술을 발달시켜 학업 성취를 높이며, 나아가 사회 구성원이 되기 위하여 교육을 받게 된다. 청각장애인들은 구화, 수화, 지문자 등을 활용하여 의사소통을 할 수 있다.

구화는 비장애인이 말하는 입모양을 보고 말소리를 변별하여 의사소통하는 방법이다. 구화를 사용하기 위하여 청각장애인은 사람의 입모양을 보고 무슨 말을 하는지 변별하는 독화교육을 학습하였다. 또한 다른 사람이 말하는 소리를 듣기 위해 보청기와 같은 보조도구를 사용하며, 부족한 부분은 청능훈련을 통하여 보완하여 실시하는 의사소통방법을 말한다.

수화교육은 청각장애인들만이 사용하는 수화를 익히는 것을 말한다. 지문자는 수화의 한 종류로 한글의 초성, 중성, 종성을 조합하여 사용하는 것을 말한다. 수화교육과 지문자의 차이를 비교한 내용은 아래의 그림 5-5와 같다.

 ㅇ ㅏ	아	오른 주먹의 5자를 펴서 끝 바닥으로 배를 스쳐 내리며 5자 바닥이 보이도록 손목을 돌린다. 아들
지문자		수화

그림 5-5 **지문자와 수화의 예**

청각장애인들을 위한 의사소통 교육은 시대에 따라 변화가 있다. 초기에는 구화교육이 강조되었고 이 시기에는 수화와 같은 다른 의사소통방법의 사용을 허용하지 않았다. 따라서 어린시기부터 청능훈련과 독화교육을 강조하던 시기이다.

구화교육이 강조되었던 시기를 지나면서부터 이중언어-이중문화교육이 강조되었다. 이중언어는 수화와 그 문화권의 비장애인이 사용하는 모국어를 말한다. 즉, 이중언어-이중문화교육에서는 수화와 비장애인이 사용하는 모국어를 사용하여 의사소통 할 수 있도록 교육한 시기이다.

최근에는 종합적 의사소통법이 강조되고 있다. 수화, 구화 등 특정 의사소통방법을 강조하거나 학습하는 것이 아니라 청각장애인이 의사소통을 원활하게 하기 위해서 모든 방법을 사용하는 것을 말한다. 따라서 교사는 청각장애 영유아에게 한 가지 의사소통방법을 지도하기보다는 자신의 생각을 다양하게 표현하고 다른 사람과 의사소통할 수 있도록 지원해야 할 것이다.

(2) 보청기와 인공와우

청각장애 영유아가 들을 수 있도록 도와주는 대표적인 보조기기로 보청기와 인공와우가 있다.

보청기는 소리를 증폭시켜 주는 보조도구이다. 보청기는 귀걸이형, 귀속형, 고막형 등의 다양한 종류가 있다. 영유아 시기에는 보청기의 착용을 매우 불편하게 느껴 보청기를 빼는 경우가 많다. 따라서 교사는 보청기 착용방법을 이해하여 보청기를 뺀 영유아의 보청기를 다시 끼워주어야 한다. 보청기는 콘택트렌즈와 같이 좌우구분이 있다. 따라서 보청기를 착용할 때에는 전원을 끈 상태에서 좌우를 구분하여 끼워주고 다시 보청기의 전원을 켜 주어야 한다. 보청기를 켠 상태에서 청각장애 영유아가 소리를 들을 수 있는지 확인한다.

인공와우는 소리를 전기신호로 바꾸어 청신경을 자극하여 듣게 해주는 기기이다. 특히 인공와우 수술을 결정할 때에는 인공와우 수술로 영유아가 바로 말하게 되는 것은 아니라는 점을 정확하게 인식할 필요가 있다. 또한 영유아의 언어발달 정도를 고려하여 앞으로의 언어습득 정도를 예상할 수 있어야 한다.

보청기와 인공와우 모두 소리를 듣게 해주는 도구이지 말을 하게 해주는 도구는 아니다. 따라서 인공와우와 보청기를 사용하여 소리를 들을 수 있게 된 이후, 반드시 말을 배워 의사소통하는 기술을 발달시켜 줘야 한다.

3. 지적장애

1) 지적장애 정의 및 특성

「장애인 등에 대한 특수교육법」에서는 지적장애를 "지적 기능과 적응행동상의 어려움이 함께 존재하여 교육적 성취에 어려움이 있는 사람"으로 정의하고 있다. 염색체 이상, 대사장애 등 여러 가지 원인으로 발생될 수 있다. 발생원인 역시 정확하지 않다. 통합교육현장에서 만나는 다운 증후군, 윌리엄스 증후군, 약체 X 증후군이 지적장애 유아에 포함된다. 그림 5-6과 같이 지적장애아는 지적 능력의 제한과 함께 사회적응 능력의 어려움이 함께 동반될 때 지적장애아라고 말할 수 있다.

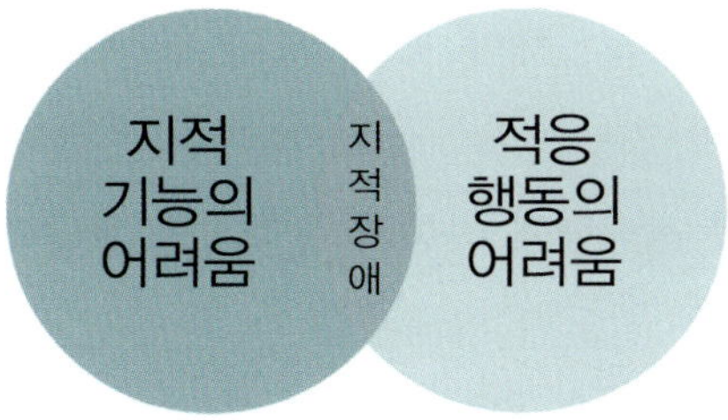

그림 5-6 지적장애 정의

따라서 지적장애를 진단하기 위해서는 지적 기능과 함께 적응행동 검사를 실시하여야 한다. 지적 기능과 적응행동의 능력이 모두 제한될 때 지적장애로 진단된다. 지적장애 진단을 위한 검사도구는 표 5-4와 같다.

표 5-4 지적장애 진단을 위한 검사도구

지적능력	적응행동 검사
• 웩슬러시리즈[2)] • 카우프만 아동지능검사 (Kaufman Assessment Battery for Children: K-ABC)	• 바인랜드 사회성숙도 검사 (Vineland Social Maturity Scale) • 사회성숙도 검사 (김승국, 김옥기) • 적응행동 검사 (K-ABS, 김승국) • 국립특수교육원 적응행동 검사 (KISE-SAB 검사)

지적장애의 진단을 위한 지능지수는 70 이하이다. 앞서 살펴본 것과 같이 지적장애를 진단내리기 위해서는 인지능력과 함께 적응행동능력이 모두 떨어져야 한다. 예를 들어 지능지수가 70 이하지만 적응행동상의 어려움이 없다면 지적장애로 진단내리지 않는다. 실제 적응행동에 어려움이 동반되어야 하는데 적응행동에 포함되는 내용에는 의사소통, 자기관리, 사회성 기술, 지역사회 활동, 자기지시, 건강과 안전, 기능적 학업교과, 여가, 직업기술 등이 포함된다(송준만, 강경숙, 김미선, 김은주, 김정효, 2012).

지적장애아는 말 또는 언어와 관련된 문제가 흔하게 동반된다. 지적능력과 언어능력은 밀접한 관계가 있기 때문이다. 교사는 지적장애아의 의사소통 능력[3)]이 구체적으로 어떠한 문제인지 확인해야 하다. 또한 청각에 문제가 없는지를 함께 관찰하여야 한다.

의사소통 능력과 함께 지적장애 아동의 운동기능 발달 역시 지체되는데 인지능력이 떨어질수록 운동기능 발달이 지체된다. 이는 인지능력과 운동능력이 서로 연결되어 있음을 보여주는 예이다. 따라서 영아의 운동능력 발달지체에 관심 가져야 한다. 왜냐하면 언어가 발달되지 않아 영아기에는 운동능력 발달지체를 관찰하여

2) 웩슬러 지능검사는 성인용(Wechsler Adult Intelligence Scale, WAIS), 아동용(Wechsler Intelli- gence Scale for Children, WISC), 유아용(Wechsler Preschool and Primary Scale of Intelligence, WPPSI)이 있다. 웩슬러 유아지능검사를 한국 실정에 맞게 표준화한 검사도구가 있다. 한국 웩슬러 유아 지능검사의 약자는 K-WPPSI로 만 3세 0개월에서 만 7세 3개월의 아동을 대상으로 한다. 한국 웩슬러 아동 지능검사의 약자는 K-WISC로 만 6세 0개월에서 만 16세 11개월까지의 아동을 대상으로 한다.

3) 의사소통장애는 다음의 내용에서 소개되는 의사소통장애에서 그 구체적인 내용을 확인할 수 있다.

인지능력의 지체를 의심하거나 발견할 수 있기 때문이다. 인지능력과 운동능력이 서로 관계가 있는 것을 인지하고 있어야 한다. 교사는 어린 연령의 영유아 인지능력 발달에 도움을 주기 위해서 다양한 신체활동, 운동기능 신장 활동을 계획하여 지적장애 아동에게 적절한 자극을 제공해야 한다.

지적장애아는 비장애아 또는 다른 영역의 지체를 보이는 장애아보다 질병에 걸리기 쉽다. 따라서 기본생활습관, 건강한 생활 지도를 하여 영유아가 건강한 기관생활을 할 수 있도록 지원해야 할 것이다.

다양한 요인으로 지적장애가 나타나게 된다. 다양할 뿐만 아니라 발생원인 역시 정확하지 않기 때문에 예방이 무엇보다 중요하다. 지적장애가 동반될 수 있는 여러 가지 요인을 분류하여 주요 내용을 제시하면 아래의 표 5-5와 같다.

표 5-5 지적장애 발생요인

시기	생의학적 요인	사회적 요인	행동적 요인
출생 전	• 염색체 이상 • 대사장애 • 부모의 연령 등	• 빈곤 • 산모의 영양실조 • 가정폭력	• 부모의 음주 • 부모의 흡연 • 부모 될 준비 부족
출생 시	• 조산 • 출생 시 손상 • 신생아 질환	• 출산 관리 부족	• 부모의 방임
출생 후	• 여러 가지 요인으로 인한 뇌손상 • 발작	• 부적절한 양육 • 빈곤	• 아동학대 • 가정폭력 • 까다로운 기질

(1) 다운 증후군(Down Syndrome)

전체 지적장애인 중 5~6%에 해당되는 다운 증후군의 경우 한 쌍을 이루어야 하는 21번째 염색체가 3개로 47개의 염색체를 갖고 있는 경우를 말한다.

이들은 공통적인 외모 특성을 보이는데 작은 키, 평평하고 넓은 얼굴, 작은 귀와 코를 갖고 있다. 또한 작은 입과 낮은 입천장, 두꺼운 혀를 갖고 있어 발음상의 문제를 갖게 되며, 혀가 밖으로 나와 있는 경우가 많다. 영유아기에는 다운 증후군 아동이 혀를 밖으로 내밀지 않도록 지도해야 한다.

다운 증후군 아동의 지적기능은 매우 다양하다. 다운 증후군인의 공통적인 외모가 아니라면 지적장애를 의심하지 않을 높은 수준의 지적기능부터 지적기능이 매우 낮고, 일상생활과 사회생활에 어려움이 있는 경우까지 매우 다양하게 분포되어 있다. 이와 같이 다양한 지적기능을 갖고 있기 때문에 다운 증후군 영유아를 지도하는 것에 교사는 어려움을 보인다. 하지만 다운 증후군 영유아의 경우 다른 사람에게 친근감을 보이는 사회적 특성을 갖고 있으며, 이것을 강점으로 삼아 지도할 수 있다.

(2) 윌리엄스 증후군(Williams Syndrome)

1961년 뉴질랜드의 심장전문의인 윌리엄스가 발견하여 윌리엄스 증후군이라는 명명을 갖게 되었다. 윌리엄스 증후군의 증상을 나타내는 원인은 7번 염색체상에 엘라스틴 단백질을 생산하는 유전자가 결핍된 상태로 태어나기 때문이다. 그 부족한 정도는 윌리엄스 증후군을 보이는 사람마다 다양하다. 윌리엄스 증후군의 특징으로는 심장질환, 요정처럼 보이는 외모(치켜 올라간 코, 작은 턱)가 있다.

윌리엄스 증후군의 경우 일반인에 비해 지능지수가 낮으며, 보통 경도 또는 중등도의 지적장애 진단을 받고 있다. 언어를 유창하게 구사하지만 항상 의미 있는 의사소통이 가능한 것은 아니다. 과제에 집중하는 시간이 짧고, 악보를 읽을 수는 없지만 음악을 잘 듣고 멜로디를 기억할 수 있으며 악기연주도 잘한다. 음악에 관심을 보이는 윌리엄스 증후군 영유아의 특징을 강점으로 삼아 지도에 활용할 수 있다.

(3) 성염색체 이상

남성의 성염색체는 XY이며, 여성은 XX로 한 쌍의 성염색체를 갖고 있다. 클라인펠터 증후군(Klinefelter Syndrome)은 한 쌍의 염색체가 아닌 XXY로 구성되어 있다. 보통 사춘기 이전에는 진단되지 않으며, 여성특성을 갖고 있으며 정소기능부전이 주된 특징으로 나타난다. 또한 경미한 지적기능 저하를 보인다. 터너 증후군(Turner Syndrome)은 X염색체가 1개(XO)이며 난소가 발육되지 않는 특징을 보인다. 키가 작고, 감각신경성 난청을 보이며 경도지적장애를 보인다.

(4) 약체 X 증후군(Fragile X Syndrome)

X염색체에 위치한 FMR-1 유전자의 CGG 삼핵산 반복(trinucleotide repeat) 수가 비정상적으로 증가하여 발생하는 증후군이다. 큰 귀, 길고 뾰족한 얼굴의 외모적 특성을 보인다. 주의집중력이 결핍되어 있으며, 시선을 회피하고, 반복 상투적 행동을 보이는 것과 같은 행동적 특성으로 자폐증으로 오인되기도 한다. 약체 X 증후군의 경우 지능의 범위는 경도부터 매우 다양하게 나타나며, 여성보다는 남성에게서 보다 많이 나타나는 특성을 보인다.

(5) 프레더 윌리 증후군(Prader-Willi Syndrome)

프레더 윌리 증후군의 경우 15번째 염색체의 일부가 삭제되어 발생하는 증후군이다. 낮은 인지기능과 함께 배부름을 느끼지 못하기 때문에 끊임없이 먹는 행동적인 특성을 보이며 이와 같은 문제로 인하여 비만이 동반되는 문제를 보인다. 또한 작은 키, 성기의 발육부전을 보인다. 또한 공격적 행동, 강박적 행동, 충동적 행동, 떼쓰기와 같은 행동적 특성을 보인다.

2) 지도방법

지적장애아의 경우 낮은 지적능력으로 학업을 수행하는 속도가 느리며, 학습에 어려움을 보인다. 또한 실패를 반복하여 경험하기 때문에, 그 결과 무엇인가 새로운 것을 하려는 시도를 하지 않는다. 낮은 동기수준을 보이며 자기는 잘 못할 것이라는 학습된 무기력을 갖게 되는 특징을 보인다.

따라서 교사는 지도해야 할 내용을 구체적으로 알려주고, 지속적인 반복과 연습으로 학습한 내용을 장기기억으로 저장할 수 있도록 지도해야 한다. 또한 성공 경험을 높여주어 영유아 스스로 학업에 참여할 수 있도록 아동의 수준을 고려하여 그에 맞는 지도를 해주는 것이 필요하다. 유아교육기관에서 지적장애 영유아를 지도할 때에는 영유아의 수준에 맞게 과제를 제시하여 지적장애 영유아의 성공 경험을 높여줄 필요가 있다.

(1) 인지영역 지도

동그란 얼굴, 갸름한 얼굴의 영유아가 있듯이 지적장애 영유아는 인지능력과 사회적응능력이 떨어지는 영유아이다. 교사가 영유아의 얼굴형을 바꿀 수 없듯이 교사가 아무리 노력을 한다고 하여도 지적장애아의 인지능력을 비장애아와 똑같이 만들 수 없다.

지적기능을 정상으로 돌릴 수 없다고 하여, 지적장애아를 그대로 두는 것을 교육이라고 볼 수 있을까? 따라서 지적장애아의 인지발달 지도에 있어서 가장 관심을 갖고 지도해야 하는 것은 영유아의 실제 생활과 관련된 내용, 꼭 필요한 내용을 중심으로 지도하여야 한다는 것이다. 자신의 이름을 말할 수 없는 영유아에게 색과 관련된 단어를 지도하기보다는 자신의 이름을 먼저 알려주는 것이 실제 생활 중심 인지영역 지도의 예이다.

(2) 동기적 특성 지도

지적장애아의 경우 문제 해결에 있어 스스로의 힘에 의존하기보다는 상황적 혹은 외부 단서들을 길잡이로 삼는다. 또한 실패에 대한 경험이 누적되어 실망스러운 상황을 피하기 위하여 비장애 영유아보다 낮은 수준의 욕구와 목표를 설정한다. 이와 같은 결과는 모두 반복된 실패가 가져 온 악영향이다. 지적장애아가 갖는 동기적 특성을 정리하면 표 5-6과 같다.

표 5-6 지적장애 아동의 동기적 특성

외적 통제소재	실패에 대한 예상	외부지향성
자신이 먹는 것, 입는 옷, 친구 사귀기와 같은 많은 일 또는 사건들이 자신의 통제권에서 벗어난 것으로 지각하는 것	실패 경험이 많은 사람은 실망스러운 상황을 피하기 위하여 낮은 수준의 욕구와 목표를 설정하는 것	문제 해결에 있어 스스로의 힘에 의존하기보다는 다른 사람, 상황, 단서를 기반으로 문제를 해결하고자 하는 것

따라서 교사는 성공할 수 있는 과제를 제공할 필요가 있으며, 지적장애아 스스로 실패를 다루는 방법을 배울 수 있도록 지도해야 한다. 즉, 노력을 권장하고 보상하는 상황을 마련해야 한다. 나아가 성공의 경험을 높여 지적장애 영유아가 자신감을 가지고 생활을 할 수 있도록 유도한다.

성공 경험을 높이기 위해 교사가 고려해야 할 내용은 다음과 같다. 첫째, 지적장애아에게 필요한 내용, 이해할 수 있는 내용, 반드시 알아야 할 내용 등 현실적인 목표를 설정해야 한다. 둘째, 지적장애아가 제시된 문제를 해결하였을 경우, 이룬 특정행동에 대하여 즉시 피드백을 제공해야 한다. 셋째, 교사는 지적장애아가 성공할 수 있도록 교육과정 수정과 같이 성공할 수 있도록 상황을 구조화해 주어야 한다.

(3) 사회적인 특성 지도

언어표현이 자유롭지 못하며 교실의 규칙을 이해하는 데 어려움이 있는 지적장애는 비장애아보다 자주 사회적인 갈등 및 문제행동을 보이게 된다. 특히, 지적장애아의 인지기능이 낮을수록 문제행동은 더 많이 보이게 된다. 이때 교사는 무조건 지적장애아를 통제하기보다는 지적장애아의 욕구가 충족되지 않아 더 많은 문제행동을 보이는 것은 아닌지, 지적장애아가 교실의 규칙을 이해하고 있는지 등을 확인하여 적절한 지원을 제공해야 한다.

(4) 학습지도

지적장애아는 과제에 집중하는 주의지속 시간이 짧고, 중요한 자극을 변별하여 집중하는 능력이 떨어지기 때문에 몇 가지 연속적 제시에 따라 주의집중이 유지될 수 있도록 지원해야 한다. 학습지도 상호작용의 예는 표 5-7과 같다.

표 5-7 학습지도를 위한 교사 상호작용의 예

다시 생각해 보아야 할 상호작용	연속적 제시를 포함한 상호작용
교사: 오늘 선생님이 들려 줄 동화는 '커다란 무'입니다. (교사는 동화의 첫 페이지를 넘기며 커다란 무~ 쑥! 이라고 이야기 한다) 지적장애 영유아: 쑥~ 쑥! 커다란 무 어디 갔어?	교사: (개구리 울음 소리를 들려주며) 무슨 소리일까? 오늘은 개구리가 되어 점프를 해 볼 거예요. (중략) 교사: 개구리가 되기 위해 선생님이 개구리 머리띠를 가져왔어요. (중략) 교사: (개구리 손인형을 꺼내) 애들아! 오늘 개구리가 되어 뛰어보니 어떤 점이 좋았니?
커다란 무~ 쑥이! 이라는 동화와 크게 상관 없는 자극을 제시하자, 지적장애 아동은 동화에 집중하지 못하고 '쑥~'이라는 소리에 집중하는 문제를 보이고 있다.	개구리 울음소리, 개구리 머리띠, 개구리 손인형 등 연속적 제시에 따라 지적장애 영유아의 주의를 지속시킨다.

특히 지적장애아의 학습을 지원하기 위해서는 제시되는 주제는 지적장애아에게 익숙한 주제를 선택하는 것이 좋다. 또한 동일한 내용을 반복하여 지도하는데 이를 위해서 동일한 내용을 다양한 활동에서 진행하여 연합하는 것이 좋다. 예를 들어 '사과'라는 단어를 지도하기 위해서 동화책을 읽어주면서도 지도할 수 있고, 간식시간에 나온 사과를 보고 지도할 수도 있으며, 사과와 관련된 새노래 배우기를 통해서 반복하여 지도하는 것이다.

초등학교에 들어가기 위해 지적장애아가 갖추어야 할 기술로는 주의 집중하기, 지시 따르기, 언어발달, 기본생활습관, 또래와의 상호작용 강화 능력이 있다. 무엇보다도 자기결정기술을 높여야 하는데, 부당한 영향이나 간섭으로부터 벗어나 자신의 일을 자기 자신이 선택하고 결정하는 능력을 높여야 한다. 예를 들면, 누구와 놀 것인지, 오늘 어떤 놀이를 할 것인지를 결정하게 하는 것도 자기결정기술 능력을 지도하는 내용에 포함된다. 즉, 다양한 선택기회를 줄 때 지적장애아의 자기결정기술 능력이 높아진다. 이때에도 생활 장면이 교육의 기회가 되어야 한다. 교육기관의 생활주제와 연결하여 지도하는 것도 좋은 방법이다. 특히, 지적장애아 자신의 생활에 필요한 기술을 익혀야 한다.

4. 지체장애

1) 지체장애 정의 및 특성

지체장애는 신체적 장애를 말한다. 「장애인 등에 대한 특수교육법」에서는 지체장애를 "기능·형태상 장애를 가지고 있거나 몸통을 지탱하거나 팔다리의 움직임 등에 어려움을 겪는 신체적 조건이나 상태로 인해 교육적 성취에 어려움이 있는 사람"으로 정의하고 있다.

지체장애는 다양한 유형으로 나타난다. 상지의 기능이 불편한 경우, 하지의 기능이 불편한 경우 등 발생위치뿐만 아니라 그 정도 역시 다양하다.

(1) 유형

신경계에 이상이 있는 경우, 근골격에 이상이 있는 경우, 선천성 기형 등으로 분류되기도 한다. 대표적인 유형은 다음과 같다.

가. 뇌성마비

출생 전, 출생 시, 출생 후 뇌에 손상을 입음으로써 신체 여러 부위의 마비와 자세 및 운동능력에 장애를 가져오는 것을 말한다. 대부분 만 2세 이전에 발생하며, 진행되지는 않는다. 지적장애, 경련(발작), 뇌전증, 감각상실 등 장애가 동반되는 경우가 많다. 바른 자세를 취하도록 지도하는 것이 중요한데, 이때의 바른 자세라는 것은 비장애인과 같은 모습을 취하는 것이 아니다. 바른 자세는 호흡, 듣기, 말하기가 가능한 자세를 말한다. 교사는 한 명 한 명의 뇌성마비아의 인지능력, 신체의 문제 정도가 모두 다르다는 것을 인지해야 한다.

나. 진행성 근위축증

진행성 근위축증은 점차적으로 근육의 힘을 잃어가는 것이다. 정확한 원인을 알지 못하며, 현재 치료할 수 있는 치료법도 없다. 충분한 신체운동과 식습관으로 비만이 되지 않도록 지원한다.

다. 이분척추

척추의 일부분이 선천적 결손으로 완전히 닫히지 않거나 손상을 입은 상태를 말한다. 신경이 손상된 경우 하지마비가 오는 경우가 있으며, 심한 경우 배변을 느끼지 못하거나 조절하는 데 어려움이 있다. 인지능력은 정상발달을 보이는 경우가 많다.

라. 뇌전증

뇌의 전기에너지가 비정상적으로 방출될 때 발생되는 것을 말한다. 과거에는 간질이라는 용어를 사용하였으나 사회적 편견이 심하고, 간질이라는 용어가 주는 사회적 낙인이 심하기 때문에 뇌전증이라는 용어로 변경되었다. 경련의 원인은 뚜렷이 밝혀지지 않은 경우가 대부분이다. 부분발작과 전신발작으로 구분할 수 있다. 경련이 있는 학생을 지도할 때에는 전조 증상을 확인하여 갑자기 쓰러지는 일이 없도록 예방하는 것이 중요하다. 그러나 발작이 시작되었다면 멈추려 하지 말고, 기도 확보와 함께 발작이 멈출 때까지 기다려 주어야 한다. 경련(발작)의 응급처치는 표 5-8과 같다.

표 5-8 경련(발작)의 응급처치

1. 경련(발작)이 시작되었다면 침착하게 대처하고 경련(발작)을 보인 영유아를 안심시킨다.
2. 영유아를 편하게 눕히고, 주변을 치워 다치지 않게 한다.
3. 머리 밑에 무엇인가 받혀 발작 시 머리가 바닥에 부딪히지 않도록 한다.
4. 발작을 멈추기 위해 잡지 않고, 영유아 옆에 대기한다.
5. 영유아의 고개를 옆으로 천천히 돌려 기도를 확보한다. 이때 억지로 영유아의 입을 벌리려고 하거나 무엇인가 넣지 않는다.
6. 경련(발작)이 멈추면 휴식을 취하도록 한다.

마. 외상성 뇌손상

교통사고 등으로 인한 뇌의 손상을 의미한다. 신체적 장애뿐만 아니라 다른 능력에도 문제가 발생할 수 있다. 뿐만 아니라 충동성, 안절부절 못함, 사회적 관계 형성의 어려움을 보이는 것과 같은 행동특성의 문제도 보인다.

(2) 특성

지체장애 역시 예방이 가장 중요하다. 카시트 사용, 아동학대 예방, 산전관리가 필요하다.

가. 학업적 특성

다양한 인지능력의 차이를 보인다. 즉, 정상 인지능력을 갖고 있는 영유아도 있다. 그러나 신체장애로 인해 교육적 경험이 부족하거나, 교수자료 조작능력 또는 반응에 어려움이 있어 학업 성취에 어려움을 보일 수 있다. 또한 신경계통에 장애가 있는 경우 지능 및 지각의 결함을 유발하며 낮은 학업 성취를 보이게 한다.

나. 심리적 특성

교사의 낮은 기대나 과잉보호가 지체장애아를 더욱 위축되게 만들 수 있으며, 의존적 성향을 발달시킬 수 있다. 또한 외모에 대한 불만족 등으로 열등감을 보이기도 한다. 자신의 의도와 달리 낮은 성취의 반복경험으로 학습된 무기력을 형성하기도 한다.

2) 지도방법

잘 하지 못할 것이라고 생각하기보다는 비장애아와는 다른 방법으로 성취한다는 것을 인지하여야 한다. 따라서 교육환경, 교수자료 등의 수정이 필요하다. 교육목표는 지체장애아의 인지능력의 정도에 따라 달라진다. 따라서 개별 아동의 요구 확인과 함께 인지능력, 신체장애 정도 등을 고려하여 관련서비스 및 환경을 수정해야 할 것이다.

(1) 학습자세

대부분의 지체장애아에게 물리치료 및 작업치료가 요구된다. 보행지도, 대근육 운동은 주로 물리치료에서 다루어지며 작업치료의 경우 상지와 소근육 치료로 많이 진행된다. 그리고 무엇보다도 학습자세를 지원하기 위하여 바르게 앉도록 지원해주는 것이 중요하다. 앉기 자세 지원의 구체적인 내용은 표 5-9와 같다.

표 5-9 앉기 자세 지원

1. 골반이 안정되게 고정
2. 팔이 뻗쳐지거나 뜨지 않도록 하며, 띄어져 있는 곳은 받침
3. 몸통에 힘이 없을 경우 몸통을 똑바로 세워지도록 고정
4. 머리에 힘이 없을 경우 머리지지대로 머리를 고정

(2) 물리적 환경

장애아통합교육을 위해 환경을 수정할 때 대부분의 환경 수정은 지체장애아를 위한 수정이다. 영유아의 체격에 맞는 책상과 의자 준비가 필요하다. 휠체어가 다닐 수 있도록 턱이 없고 넓은 문도 필요하다.

(3) 의사소통

지체장애의 문제로 말하기에 어려움이 있는 영유아를 위하여 충분한 시간을 제공해주는 것이 좋으며, 중단 시기를 파악하고 대처하는 것이 필요하다. 적절한 신호체계를 사용하는 것이 필요하며, 필요하다면 대체의사소통수단을 마련한다.

(4) 이동수단

지체장애아의 이동과 움직임을 지원하기 위해서는 물리적 환경의 수정이 요구된다. 또한 다양한 보조공학기기를 필요로 하는데, 이들을 지원하기 위한 보조공학기기와 그 사용법을 확인하여야 한다. 지체장애아 이동 지원을 위한 예는 그림 5-7과 같다.

휠체어 접근 가능 그네

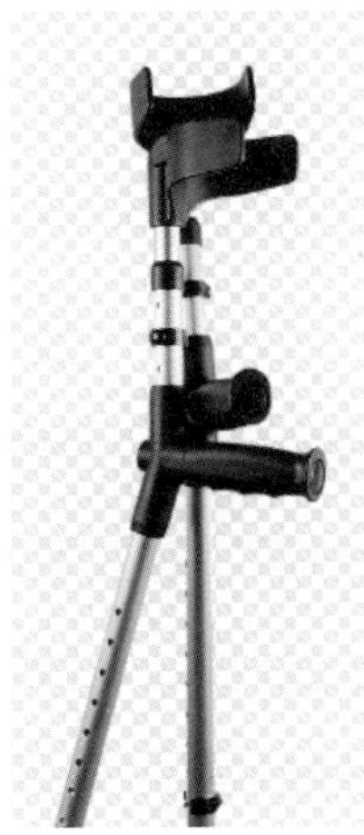

워커

그림 5-7 지체장애아를 위한 이동 지원 보조도구 및 놀이시설

5. 정서·행동장애

1) 정서 · 행동장애 정의 및 특성

정서·행동장애는 정서장애와 행동장애를 말한다. 표 5-10에 제시한 것과 같이 「장애인 등에 대한 특수교육법」에서는 어느 한 가지 내용으로 정의하기보다는 장시간에 걸쳐 다음 5가지 각 내용 중 어느 하나에 해당되며, 특별한 교육적 조치가 필요한 사람으로 정의하고 있다.

표 5-10 「장애인 등에 대한 특수교육법」에서 정의하는 정서·행동장애

1. 지적 · 감각적 · 건강상의 이유로 설명할 수 없는 학습상의 어려움을 겪는 사람
2. 또래나 교사와의 대인관계에 어려움이 있어 학습에 어려움을 겪는 사람
3. 일반적인 상황에서 부적절한 행동이나 감정을 나타내어 학습에 어려움이 있는 사람
4. 전반적인 불행감이나 우울증을 나타내어 학습에 어려움이 있는 사람
5. 학교나 개인 문제에 관련된 신체적인 통증이나 공포를 나타내어 학습에 어려움이 있는 사람

정의에서 볼 수 있는 것과 같이 정서·행동장애의 가장 큰 특징은 진단내리기 어렵다는 것이다. '슬픔' 정서를 본 적이 있는가? 또는 '슬픈 정도'를 숫자로 나타낼 수 있는가? 이와 같이 정서는 객관적으로 관찰, 측정하기 어렵기 때문에 진단내리기 어려운 것이다. 객관적으로 측정하기 어렵기 때문에, 얼마나 지속되어야 하는지, 얼마만큼 나타나야 하는지에 대한 기준제시 또한 모호하기 때문이다. 또한 정서·행동의 문제는 매우 광범위해서 정상과 이상을 가를 수 있는 절대적 기준을 제시하기 어렵기 때문이다.

정서·행동장애의 경우 경력이 많은 교사에 의해 선별된다. 그러나 영유아가 어릴수록 그 문제가 폭력, 산만함과 같이 밖으로 보이지 않고 내재된 문제일수록 조기에 발견되기 어렵다.

(1) 발생원인

정서 · 행동장애의 발생원인 역시 매우 다양하며 정확히 알지 못한다. 그러나 크게 생물학적 요인, 가족요인, 학교요인으로 나누어 생각해볼 수 있다.

가. 생물학적 요인

생물학적 요인에 의한 것으로 추정되는 정서 · 행동장애로는 정신분열증, 뚜렛증후군, ADHD, 일부 우울증 등을 생각해 볼 수 있다. 그러나 언급된 정서 · 행동장애 역시 완전히 생물학적 요인에 기인한 것이라고 말하기에는 어려움이 있다. 약물치료가 언급될 수 있으나 약물치료로 문제가 해결되지는 않는다. 심리적 요인과 환경적 요인에 기인한 부분이 있을 수 있으므로 이에 대한 중재가 함께 들어가야 할 것이다.

나. 가족요인

아동학대, 방임 등의 가족요인이 정서 · 행동장애에 영향을 줄 수 있다. 그러나 가족요인 역시 생물학적 요인과 같이 정서 · 행동장애에 영향을 줄 수 있는 한 가지 요인으로만 보는 것이 바람직하다. 또한 가족요인은 양육자(부모)와 영유아의 상호적 관계이다. 예를 들어 설명하면, 부모로부터 정서적 학대를 받은 한 가정의 모든 자녀가 정서 · 행동장애의 문제를 갖는 것은 아니다. 정서적 학대의 결과로 어떤 자녀는 정서 · 행동장애를 보이지만, 또 다른 자녀는 정상발달을 보일 수도 있다. 즉, 부모가 영유아에게 영향을 미치지만 영유아 요인에 따라서 장애가 발생될 수도 있고, 부모에게 영향을 줄 수도 있음을 인지하여야 한다.

따라서 가족요인에 기인한 정서 · 행동장애 문제인 경우, 영유아 중재만 이루어진다고 문제가 해결되지 않는다. 왜냐하면 변화된 영유아가 가족으로 돌아갈 경우, 또 다시 문제가 발생될 수 있기 때문이다. 따라서 가족요인에 기인한 정서 · 행동장애의 경우 반드시 가족지원이 함께 제공되어야 한다.

다. 학교(기관)요인

학교(기관) 또는 교사 요인으로 정서·행동장애가 나타난 경우는 다음과 같다. 영유아의 개별성에 민감하지 못하거나, 지나친 통제, 일관성 없는 지도, 그리고 문제행동 대신 원하는 바람직한 행동을 제시하지 못하거나 지도하지 못한 경우이다. 가족요인과 동일하게 학교(기관) 및 교사와의 상호성이 더 중요한 요인이다. 따라서 교사는 항상 교사로서 자신에 대한 반성적 사고를 실시하고, 정서·행동장애를 야기할 수 있는 요인을 스스로 점검하고 제공하지 말아야 할 것이다.

(2) 유형

정서·행동장애는 매우 다양하고, 복합적으로 나타나기 때문에 모든 유형을 제시하기에는 어려움이 있다. 몇 가지 유형을 제시하면 다음 표 5-11과 같다. 표에서 볼 수 있는 것과 같이 일부 행동은 비장애아에게서도 쉽게 볼 수 있는 문제이다. 즉, 아래와 같은 특징이 얼마나 자주 또는 지속되어 나타나야 하며, 그 정도는 얼마 만큼인지가 장애와 정상을 구분 짓는 것인데, 그 구분이 매우 모호하다. 따라서 교사는 어린 연령의 영유아에게 주어진 특징적인 장애명에 관심을 갖거나 분류하려고 노력하기보다는 행동적 특성으로 인지하고 중재에 들어가는 것이 필요하다.

표 5-11 정서·행동장애 유형 및 특징

분류	특징
ADHD	주의력과 집중력이 매우 약하고, 충동적이고 과도하게 활동적인 행동
반항장애	부정적, 반항적이며 부모나 교사와 같은 사람들에게 적대적으로 행동
품행장애	사회적 규범과 다른 사람들의 기본적인 권리를 침해하는 행동
이식증	페인트, 머리카락 등의 먹어서는 안 될 것을 지속적으로 먹는 행동
섭식장애	지속적으로 잘 먹지 못하여 체중이 늘지 않거나 줄어들기도 함
뚜렛장애	여러 가지 운동틱과 음성틱이 함께 나타남
틱장애	운동틱 또는 음성틱의 모습으로 나타남
유분증	만 4세가 되었어도 적절하지 않은 곳에 반복적으로 대변을 봄

분류	특징
유뇨증	소변을 가릴 나이가 지났음에도 불구하고, 침구나 옷에 반복적으로 소변 봄 (낮: 주뇨증/ 밤: 야뇨증)
분리불안장애	중요한 애착대상과 헤어질 때 과도한 불안과 공포를 나타냄
과잉불안장애	어린이나 청소년기에 발생하며, 특별한 상황이나 스트레스와 무관하게 지나친 걱정이나 공포 행동을 보임
공포증	특정한 대상, 사람, 또는 상황과 관련된 두려움을 나타냄
선택적 함묵증	다른 상황에서는 말을 잘 하나, 말을 꼭 해야 하는 특정한 사회적 상황에서는 말을 하지 않음
반응성애착장애	애착관계의 실패로 부적절한 사회적 관계형성에 어려움이 있음

(3) 지능과 학업성취

정서・행동장애아의 지능은 매우 다양하지만 대체적으로 낮은 성취를 보이는 것으로 평가된다. 왜냐하면 지능검사를 포함한 많은 검사에서 문제행동을 보이거나 집중하지 못하기 때문에 문제를 잘 이해하지 못하거나, 낮은 평가를 받기 때문이다. 실제로 자신의 정신연령보다 낮은 점수를 받게 되며, 학습에 어려움을 보인다.

(4) 사회정서적 특성

싸우기, 놀리기, 소리지르기, 지시 거부하기와 같은 외현적 문제를 자주 보인다. 물론 이와 같은 문제는 비장애아에게도 많이 보이는데, 특징적인 것은 일반적인 교사의 지도에도 불구하고 문제가 계속되는 것을 말한다. 이와 같이 외현적 문제를 보이는 영유아는 비슷한 모습을 보이는 또래와 친구가 되는 경우가 많으며, 다른 사람의 도움을 부정적으로 인식하는 경우가 많다. 외현적 문제보다 내재적 문제가 더 심각하다. 내재적 문제는 다른 사람과 관계형성에 어려움을 보이며 일상생활 속에서도 자주 압박을 느끼며 수면, 식사, 배설 등에 영향을 받는 경우를 말한다.

교사는 대부분의 외현적 문제는 쉽게 인지하고 중재하나, 내재적 문제는 인지하거나 큰 문제로 인지하지 않는 경우가 많다. 따라서 내재적 문제 발견을 위해 교사는 민감성을 발달시켜야 할 것이다.

2) 지도방법

정서·행동장애아를 지도할 때에는 먼저 정서・행동장애에가 보이는 행동의 의미와 함께 왜 그러한 행동을 보이는지에 관심을 가져야 한다.

그것이 정서・행동장애아 자신의 문제인지, 가족에게서 기인한 것인지, 학교(기관)에서 기인한 것인지를 확인하여야 한다. 특히, 정서・행동장애의 경우 다양한 요인에 의해 문제가 발생할 경우가 많으므로, 정서・행동장애아에 대한 중재와 함께 가족지원, 학교지원도 함께 고려해야 할 것이다. 다음으로 정서・행동장애아가 보이는 문제행동을 없애는 것과 함께 바람직한 행동을 형성하기 위해 노력[4] 해야 한다.

정서・행동장애에서 문제행동에 먼저 관심을 갖지만, 영유아의 또래관계, 하루일과적응과 같은 일상생활에도 관심을 가져야 한다. 정서・행동장애아와 그 가족은 다양한 요구를 가지고 있으며, 다각적인 지원을 필요로 한다. 따라서 교육적인 접근 이외에도 가족지원, 심리치료, 상담, 복지 등 다양한 종합서비스가 제공되어야 할 것이다.

4) 비장애 영유아가 복도에서 뛰고 있다고 생각해보자. 이때, 교사는 '뛰지마.'라고 말하기보다는 '걸어서 가자.'라고 이야기한다. 정서・행동장애 영유아의 경우도 동일하다. 뛰는 것과 같은 문제행동을 없애는 것보다 걷는 것과 같은 바람직한 행동 형성에 교사는 관심을 가져야 한다.

6. 자폐성장애

1) 자폐성장애 정의 및 특성

「장애인 등에 대한 특수교육법」에서는 자폐성장애를 "사회적 상호작용과 의사소통에 결함이 있고, 제한적이고 반복적인 관심과 활동을 보임으로써 교육적 성취 및 일상생활 적응에 도움이 필요한 사람"으로 정의하고 있다. 정신장애진단통계편람 DSM-5에서는 자폐성장애를 자폐스펙트럼장애(Autism Spectrum Disorder, ASD)라는 용어를 공식 진단명으로 사용하였다. 이와 같은 이유는 자폐성장애의 하위유형들이 다양하게 존재하기 때문이다.

발생원인은 정확하지 않으나 유전적 요소, 선천적 요소, 면역학적 연구, 신경학적 요소, 심리학적 요인 등 매우 다양한 가설이 존재한다.

자폐성장애의 장애 양상은 영유아의 연령과 발달수준에 따라 다양하게 나타난다. 자폐성장애 영유아가 보이는 공통적인 특성을 살펴보면 사회적 고립, 낮은 지능, 언어적 결함, 행동장애이다.

(1) 사회적 고립

사회적 고립의 모습을 살펴보면 다른 사람과 관계를 형성하지 않고 무관심한 경우, 다른 사람이 반응을 보일 때만 반응을 보이는 수동적인 경우, 적극적으로 반응을 보이나 일반적이지 않은 경우가 있다.

(2) 지능

자폐성장애아의 지능은 다양하게 나타나나, 낮은 지능을 보이는 경우가 많다.

(3) 언어

자폐성장애아는 언어적 결함을 보이는데, 많은 경우 의사소통이 어렵다. 의사소통을 한다 하더라도 같은 말을 반복하는 반향어를 사용하며, 말투 높낮이가 비장애아와 다른 모습을 보인다.

반향어를 하는 자폐성장애아는 그렇지 않은 자폐성장애아보다 상대적으로 언어발달수준이 높은 것으로 볼 수 있다. 또한 자폐성장애아가 여러 단어로 이루어진 문장형태로 말을 하더라도 실제 자신이 사용하는 모든 단어를 이해하는 것은 아닐 수도 있다.

(4) 행동특성

자폐성장애아는 행동장애를 보이는데 변화에 대한 저항의 모습이 나타나기도 하며 의례적이고 강박적인 행동을 보인다. 또한 비정상적인 대물애착과 감각경험에 대한 비정상적인 반응도 보인다.

이와 같은 공통적인 특성 이외에도 감정표현에 어려움이 있고, 위험에 둔감하거나 기이한 두려움을 느끼기도 하며, 머리잡아당기기, 깨물기 등의 행동이나 상동행동을 보이기도 한다.

2) 지도방법

자폐성장애아를 지도할 때 가장 중요한 것은 조기 발견이며, 가족과의 협력이 중요하다. 교육과 치료에 들어가기 전, 영유아의 지적 능력, 사회성, 언어, 기본생활습관 등의 정보를 충분히 확인하여 개별적인 지원을 해야 한다.

중요한 것은 자폐성장애아의 상동행동 등을 소거하는 것을 교육의 목적으로 하면 안 된다. 교사는 자폐성장애아가 보이는 문제행동이 자폐성장애아가 갖고 있는 특성임을 인지하여야 한다. 또한 교사는 자폐성장애아가 보이는 행동의 목적, 욕구가 무엇인지를 확인하여 사회에서 수용될 수 있는 방법, 위험하지 않은 행동 등으로 바꾸어 주는 것에 관심을 가져야 할 것이다. 3명의 자폐성장애아가 있다. 한 명은 글자에 집착하고, 다른 한 명은 침을 뱉으며, 마지막 한 명은 무엇인가 삐뚤어지거나 밖으로 나가는 것에 강박행동을 보인다. 이 3명의 영유아에게 나비 색칠하기 활동을 지도할 때 모두에게 동일한 방법으로 지도한다면 어려움이 있을 것이다 그렇다면 어떻게 지도하는 것이 필요할까? 그 예는 표 5-12와 같다.

표 5-12 **자폐성장애아를 위한 개별 지도의 예**

	침을 뱉는 자폐성장애아의 경우, 촉감을 즐기는 것이므로 풀그림이나 점토활동으로 대체한다.
	강박적인 행동을 보이는 자폐성장애아의 경우 한 가지 색이나 원하는 색으로 그림을 색칠하도록 한다.
	글자에 집착하는 자폐성장애아의 경우 그림을 글자로 채우도록 지도한다.

또래와 경험을 할 수 있는 기회를 많이 주며, 놀이와 같은 즐거운 경험을 많이 제공하여 의사소통 기술이 발달될 수 있도록 지원해야 한다. 모델링, 대본쓰기와 같은 방법으로 언어발달을 지원해줄 수 있다. 유아교육기관에서 이와 같은 요소들을 갖추고 있는 역할놀이를 적극 활용하는 것이 자폐성장애아의 언어발달과 사회성 발달에 긍정적인 영향을 줄 수 있다.

7. 의사소통장애

1) 의사소통장애 정의 및 특성

「장애인 등에 대한 특수교육법」에서는 의사소통장애를 "언어의 수용 및 표현 능력이 인지능력에 비하여 현저하게 부족한 사람, 조음능력이 현저하게 부족하여 의사소통이 어려운 사람, 말 유창성이 현저하게 부족하여 의사소통이 어려운 사람, 기능적 음성장애가 있어 의사소통이 어려운 사람" 중 어느 하나에 해당하여 특별한 교육적 조치가 필요한 사람으로 규정하고 있다.

의사소통장애의 발생원인으로 구개파열, 안면신경 마비 등의 신체적 원인을 생각할 수 있다. 또한 비장애인도 낯설거나 긴장되는 상황에서 말을 더듬는 것과 같이 심리·환경적 요인 역시 의사소통장애의 원인으로 볼 수 있다. 이와 같이 의사소통장애의 원인 역시 매우 다양하며 정확하지 않다. 하지만 의사소통장애에 많은 관심을 갖게 되는 이유는 다른 장애에 동반되어 의사소통의 문제가 나타나는 경우가 많기 때문일 것이다.

이와 같은 의사소통장애를 이해하기 위해서 먼저 말, 의사소통, 언어의 의미를 생각해봐야 한다. 먼저 말은 음성산출을 의미한다. 다음으로 언어는 생각을 표현하는 신호와 부호가 있으며, 그것을 사용하는 규칙까지가 포함된 것을 의미한다. 마지막으로 의사소통은 구어뿐만 아니라 몸짓, 제스처 등을 포함하여 자신의 생각, 의견, 지식, 감정 등을 교환하는 과정을 말한다. 예를 들면, 어린 아기가 운다면 그것은 말이 될 수도 있고, 의사소통이 될 수도 있다. 그러나 '울음'에는 우리가 사용하는 한글의 신호, 부호 또는 규칙이 포함되어 있지 않기 때문에 언어라고 말하기는 어렵다. 즉, 의사소통장애라는 것은 어떠한 이유로 다른 사람에게 자신의 생각, 의견, 지식, 감정 등을 전달하기 어려운 사람을 말한다.

의사소통장애는 다음 표 5-13과 같이 다시 말장애와 언어장애로 구분한다. 말장애는 조음장애, 유창성 장애, 음성장애를 포함한다. 언어장애는 언어의 형태, 내용, 사용에 어려움을 갖고 있는 것으로, 여기에는 구어의 결여, 질적으로 다른 언어, 지연된 언어발달, 그리고 중단된 언어발달이 해당된다(국립특수교육원, 2009).

표 5-13 **의사소통장애의 유형**

말장애	언어장애
조음장애 유창성장애 음성장애	구어의 결여 질적으로 다른 언어 지연된 언어 중단된 언어발달

(1) 말장애

가. 조음장애

정확하게 조음하기 위한 근육, 신경, 발성기관의 발달 및 기능상의 문제가 있는 경우이다. 어린 연령의 영유아가 '사과'를 '따과', '기린'을 '긴린'이라고 말하는 것을 그 예로 볼 수 있다.

나. 유창성장애

너무 빠르게 말하는 경우 문장의 잘못된 위치에서 쉬거나, 말이 막히거나 하는 것을 그 예로 볼 수 있다. 말을 더듬는 경우, 또는 다른 사람이 알아들을 수 없을 정도로 빠르거나 횡설수설 말하는 것을 그 예로 볼 수 있다.

다. 음성장애

소리의 높낮이, 크기, 질이 의사소통을 방해하는 것을 말한다. 억양의 변화가 없는 경우, 가성으로 말하는 경우, 높낮이에 어려움이 있는 경우로 볼 수 있다. 너무 크거나 작은 목소리는 크기에 문제가 있는 경우이다. 너무 거친 목소리, 심한 콧소리는 질에 문제가 있는 경우로 볼 수 있다.

(2) 언어장애

가. 구어의 결여

3세가 될 때까지 언어를 이해거나 스스로 사용하려는 모습을 보이지 않는 경우를 말한다.

나. 질적으로 다른 언어

장애가 없는 또래와 비교하였을 때 언어가 다르며, 의사소통을 위한 의미와 유용성이 거의 없거나 전혀 없는 경우를 말한다.

다. 지연된 언어

일반적인 언어발달의 모습을 보이기는 하지만, 또래에 비하여 현저하게 느린 경우를 말한다.

라. 중단된 언어발달

전형적인 언어발달을 보이다가 질병 또는 사고에 의해 언어가 중단되는 경우를 말한다.

2) 지도방법

(1) 조기중재

의사소통장애아를 위한 조기중재는 언어가 나타나기 이전부터 관심을 가져야 함을 말한다. 언어는 인지능력에도 상호 영향을 줄 뿐만 아니라 또래관계를 포함한 사회성 발달과도 연결되어 있기 때문에 조기중재는 더욱 강조된다.

특히, 장애아뿐만 아니라 비장애아의 경우에도 언어의 문제를 갖고 있는 경우가 많으므로 교사는 영유아의 언어생활에 관심을 가져야 한다. 하지만 조음의 문제(발음이 부정확함)는 영유아기에 자연스럽게 나타나는 현상이므로 지속적인 관찰을 통해서 그 변화를 관찰해야 한다.

교사가 의사소통장애가 의심되는 영유아를 선발한 다음 전문기관에 의뢰하여 진단받도록 해야 한다. 교사가 의사소통장애를 의심하여 선발하게 되는 증상은 표 5-14와 같다.

표 5-14 교사가 전문기관에 의뢰하게 되는 경우

- 불쾌한 음성
- 부적절한 음성: 연령에 비해 너무 높거나, 낮거나, 커서 시끄러운 경우
- 말의 유연성이 깨짐: 말의 리듬이 순조롭지 못함, 반복하여 말함
- 구어에 문제를 나타냄: 어휘나 문장의 의미를 이해하는데 어려움

교사는 영유아와 가장 많은 시간을 보내는 부모를 포함한 가족과의 협력이 매우 중요하다. 교사는 주 양육자의 언어발달에 관한 이해를 바탕으로 영유아에 대한 충분한 정보를 수집하여 조기중재를 실시하여야 한다.

(2) 언어치료실과의 협력

언어문제는 단기적으로 해결되는 것이 아니며 실제 생활 속에서 반복하여 중재에 들어갈 때 효과적인 결과를 얻을 수 있다. 따라서 교사는 언어치료실에서 이루어지는 중재방법에 관심을 가지고 원에서도 함께 전개될 수 있도록 지도하여야 한다.

특히, 자연적 중재에 관심을 가져야 한다. 자연적 중재란 환경중심 교수전략을 말하며 분리된 환경에서 독립적으로 지도하는 것이 아니라 자연스러운 실제 환경에서 영유아가 활용할 수 있는 중재방법을 실시하는 것을 말한다.

또한 유창성에 문제가 있는 경우 심리적인 문제인 경우가 많으므로 정확한 발음을 유도하거나 분리된 환경에서 반복하여 지도하지 않도록 유의해야 한다.

8. 학습장애

1) 학습장애 정의 및 특성

「장애인 등에 대한 특수교육법」에서는 학습장애를 "개인의 내적 요인으로 인하여 듣기, 말하기, 주의집중, 지각, 기억, 문제 해결 등의 학습기능이나 읽기, 쓰기, 수학 등 학업 성취 영역에서 현저하게 어려움이 있는 사람"으로 정의하고 있다. 학습장애에서 공통점은 평균 이상의 인지기능을 갖고 있으나, 학업에서 그만큼의 성취를 보이지 않는 경우를 말한다. 중요한 것은 학업에서의 성취가 개인이 가진 잠재적 능력과 성취의 불일치를 의미하며, 이것이 사회·경제적·문화적 차이에서 나타난 낮은 성취는 포함하지 않는다(이소현, 2016). 하지만 최근에는 낮은 성취를 보일 때까지 기다리기보다는, 영유아에게 충분한 양질의 학습기회를 제공한 후, 그 결과를 확인하여 학습장애를 진단하는 중재반응 모델에 제시되고 있다. 발생원인 역시 중추신경계의 기능장애, 유전적 요인, 환경적 요인 등 다양하게 제시되고 있다.

(1) 학업 성취

학습장애아는 기억, 지각, 주의집중에 어려움을 보인다. 읽기나 수학과 같은 특정 분야에서 낮은 성취를 보이는 경우도 있다. 그러나 읽기에 어려움이 있다면 다른 교과목 학습에 어려움은 자연스럽게 동반되기 때문에 전반적으로 모든 과목에서 학업 성취에 어려움을 보일 수도 있다. 낮은 학업 성취는 자연스럽게 학습된 무기력을 가져오며, 새로운 학습에 어려움을 보이는 악순환을 보인다.

(2) 사회정서적 특성

낮은 학업 성취로 자존감이 낮아지며, 주변인과의 관계형성에 어려움이 발생하기도 한다. 이로 인해 원만한 대인관계 형성에 어려움을 보이기도 한다.

다른 사람과 대화를 시작하고 단서를 확인하는 것, 다른 사람의 감정을 인식하는 것 등 사회적 인지능력에 있어 결함을 보이기도 한다(조윤경, 김수진, 2015). 이와 같은 문제로 사회정서적 문제가 나타나기도 하며, 이는 또 다시 학업 성취에 부정적인 요인으로 작용한다.

2) 지도방법

우리나라의 학습장애는 일반적으로 2년 정도의 학습이 지체되어야 하기(정동영, 김주영, 김형일, 김희규, 정동일, 2010) 때문에 초등학교 3학년 이전에는 정확한 진단을 받기에 어려움이 있다. 그러나 학습장애의 조기 발견이 강조되고 있으며(조윤경, 김수진, 2015), 초등학교 입학 전이나 초등학교 저학년에서 학습장애 요인을 발견하는 것은 중요하다. 그러나 학습장애아를 위한 최고 또는 단 한 가지의 교육방법은 존재하지 않는다(이미숙, 한민경, 고혜정, 서보순, 2016). 그러나 한 명, 한 명 영유아를 위한 개별적인 지원과 함께, 실제 생활 속에 장면을 중심으로 영유아에게 필요한 구체적인 내용을 제공하는 것이 필요하다. 또한 영유아의 성취 정도와 결과에 대한 구체적인 피드백을 제공해야 할 것이다.

9. 건강장애

1) 건강장애 정의 및 특성

「장애인 등에 대한 특수교육법」에서는 건강장애를 "만성질환으로 인하여 3개월 이상의 장기입원 또는 통원치료 등 계속적인 의료적 지원이 필요하여 학교생활 및 학업 수행에 어려움이 있는 사람"으로 정의하고 있다.

소아암, 신장장애, 소아당뇨, 심장장애, 경련(발작), 에이즈(AIDS), 비만, 태내알코올증후군(FAS) 등이 포함되며, 이들은 신체적 문제로 인한 치료와 입원의 반복으로 학업 성취에 어려움이 있다. 뿐만 아니라 치료과정에서 인지능력에 손상을 입기도 하며, 장기간 병원생활과 치료로 스트레스를 경험하게 된다(김정연, 류신희, 2009). 이와 같은 학교생활 적응에도 어려움을 갖게 되며, 사회정서적 문제도 경험하게 된다(김은주, 2008).

2) 지도방법

교사는 건강장애아의 질병, 신체적 · 인지적 특성을 잘 인지하여야 한다. 이를 위하여 응급조치 계획 및 의료기구 및 특수장치에 대한 정보를 확보해야 한다.

또한 건강장애아가 받고 있는 스트레스 및 정서적 고통도 잘 이해하여 개별 영유아 지원을 실시해야 한다. 이와 같은 지원이 성공적으로 진행되기 위해서 교사는 가족과 지속적인 대화를 해야 한다.

교육기관에 정기적으로 출석이 어렵기 때문에 건강장애아를 위한 교육방법에도 관심을 가져야 한다. 먼저, 병원학교이다. 병원학교는 장기입원이나 지속적인 의료적 지원이 필요한 영유아에게 학습의 기회를 부여하고 또래관계를 유지시켜 주며 학습 및 정서적 지원을 제공하려는 목적으로 운영되고 있는 병원 내에 설치된 파견 학급 형태의 학교이다(국립특수교육원, 2009). 전국병원학교 사이트(http:// www.ice.go.kr/main.do?s=hoschool)에서 전국의 병원학교, 병원학교의 입교와 퇴교절차 등의 내용을 확인할 수 있다. 2021년 4월 기준 건강장애학생 교육지원을 위해 설치 · 운영하는 병원학교는 2121년 33개교로 그 현황은 다음의 표 5-15와 같다.

표 5-15 병원학교 자료

병원명 또는 병원 학교명	서울(9)	국립정신건강센터 참다울학교, 고려대학교구로병원 병원학교, 삼성서울병원 병원학교, 서울대학교병원 어린이병원학교, 서울성모병원 병원학교, 서울아산병원 병원학교, 연세암병원 병원학교, 원자력병원 병원학교, 한양대학교병원 병원학교
	부산(3)	동아대학교 병원학교, 인제대학교 부산백병원학교, 인제대학교 해운대백병원학교
	대구(4)	경북대학교 병원학교, 계명대학교 동산병원, 대동병원, 영남대학교 병원학교
	인천(1)	인하대학교 병원학교
	광주(2)	학마을병원학교
	대전(1)	충남대학교병원학교
	울산(1)	다솜병원학교
	경기(2)	국립암센터(밝은교실), 파주재활병원(한울빛교실)
	강원(1)	강릉아산병원학교
	충북(1)	충북대병원학교
	충남(3)	국립공주병원어울림병원학교, 단국대학교병원학교, 아람메디컬병원학교
	전북(1)	전북대학교병원 병원학교
	전남(2)	느티나무병원학교, 여미사랑병원학교
	경남(2)	경상대학교병원어린이병원학교, 부산대학교어린이병원학교
	제주(1)	제주대학교병원학교

출처: 교육부(2021). 특수교육연차보고서. 교육부.

다음으로 순회교육이다. 순회교육은 특수교사 또는 특수교육 관련 서비스 담당 인력이 각급 학교나 의료기관, 가정 또는 복지시설 등에 있는 특수교육대상자를 직접 방문하여 실시하는 교육이다(국립특수교육원, 2009).

특수교육 연차보고서에 의하면, 학생의 건강 특성, 희망 등을 고려하여 원격수업 운영 방법을 강구하고, 위탁교육의 경우 신학기 이전에 해당 지역 및 기관에 위탁 여부를 통보하도록 되어 있다. 특히, 건강장애학생 교육과정 운영 내실화 및 학교복귀 프로그램 운영을 강화하고 있다(교육부, 2021).

무엇보다 중요한 것은 장기간 학교를 떠나 있던 건강장애 학생이 학교에 성공적으로 복귀하여 적응할 수 있는 지원하는 것이다.

10. 발달지체

1) 발달지체의 정의 및 특수성

우리나라에서는 「장애인 등에 대한 특수교육법」에 처음으로 등장한 용어이다. 「장애인 등에 대한 특수교육법」에서는 발달지체를 "신체, 인지, 의사소통, 사회정서, 적응행동 중 하나 이상의 발달이 또래에 비하여 현저하게 지체되어 특별한 교육적 조치가 필요한 영아 및 9세 미만의 아동"으로 정의하고 있다.

어린 연령의 영유아에게 범주별 장애명을 사용하는 것에는 무리가 있다. 어린 영유아는 충분히 변화 가능성을 가지고 있으며, 개인발달 속도 차가 크며 급격히 이루어지기 때문에, 특정 장애명보다는 발달 정도를 나타내는 발달지체라는 용어를 사용하는 것이 바람직하다.

특수교육연차보고서에 의하면, 2021년 현재 98,154명의 특수교육대상자 중 발달지체 영유아의 수와 배치현황은 아래의 그림 5-8과 같다(교육부, 2021).

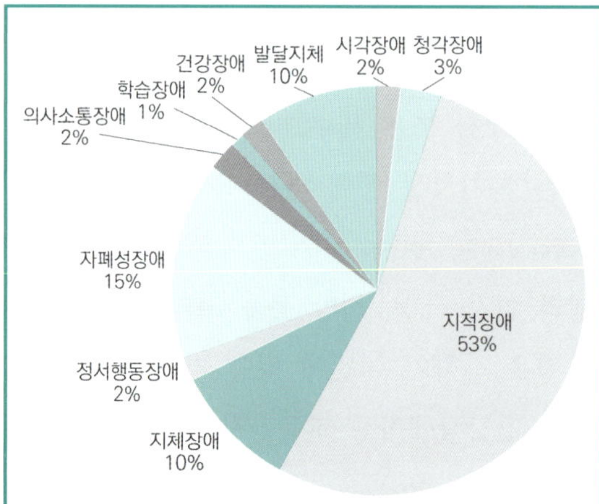

(단위 : 명)

특수학교	일반학교		특수교육지원센터	계
	특수학급	일반학급(전일제 통합학급)		
599	5,988	2,614	166	9,367

그림 5-8 발달지체 영유아의 배치 현황

출처: 교육부(2021). 특수교육연차보고서. 교육부.

2) 지도방법

발달지체는 인지, 언어, 의사소통, 사회정서, 적응행동 중 하나 이상의 발달이 늦은 영유아이기 때문에 취학을 유예하는 경우도 있고, 유아교육기관에서 교육 및 보육 서비스를 받기도 한다. 영유아의 어떤 발달영역이 지체되어 있는지에 따라 나타나는 양상과 필요로 하는 교육과 지원 역시 다르다. 또한 발달하는 모습 역시 다르기 때문에 교사는 발달지체를 장애아로 인식하기보다는 발달이 조금 느린 개별적인 지원이 필요로 하는 영유아로 보고 그들의 개별적인 욕구와 능력에 맞는 지원을 제공해야 한다.

생각해보기

- 영유아기 발달지체라는 용어의 사용으로 얻을 수 있는 장점에 대해 생각해보세요.

Part 02

특수아동 지도의 실제

Chapter 06

장애 영유아를 위한 교육과정과 환경

일과와 활동에서 장애 영유아들의 참여를 증진시키기 위해서는 다양한 교수전략이 필요하다. 장애 영유아에게 필요한 교육목표를 달성하기 위해서는 일과 및 활동에서 참여를 증진시킬 수 있는 다양한 교수방법 및 전략이 필요하다. 이는 유아의 발달을 돕는 중요한 과정이다. 개별화 목표를 실행하는 단계가 쉽지 않지만 장애 영유아의 성공적인 통합과 발달을 촉진하기 위해 교수목표를 연습할 수 있는 기회를 제공해야 한다. 장애 영유아의 수준에 따라서 교수전략을 사용하고 장애 영유아가 독립적으로 수행할 수 있도록 교수전략을 고민하여 제공해야 한다. 그리고 실행 이후 평가과정을 통해서 교수전략이 적절한지 판단해야 한다. 6장에서는 일과 및 활동 안에서 장애 영유아를 지원할 수 있는 다양한 전략을 살펴보고자 한다.

1. 장애 영유아를 위한 교육과정의 이론적 기초

장애영유아를 위한 교육과정은 장애영유아가 일과와 활동에 참여할 수 있도록 개별적, 교육적 요구를 반영하여 활동에 대한 조정과 수정을 고려해야 한다. 또한 목표행동을 교수하는 내용을 담은 '개별화교육계획(Individualized Education Plan, 이하 IEP)'이 보장되어야 한다. 장애 영유아가 자연적인 환경에서 생활하고 배우기 위해서는 장애 영유아와 가족을 지원해 줄 수 있는 IEP를 일과 및 활동 중에 적절하게 삽입하여 적용해야 한다. 자연적인 환경에서 습득한 많은 기술들은 개인의 자질과 사회성을 습득하는 데 영향을 줄 수 있기 때문이다.

장애 영유아의 IEP를 실행하기 위해서 가장 우선적으로 갖추어야 하는 전제조건은 질 높은 유아교육과정의 운영이다. 장애 영유아가 보이는 현재의 행동수준이나 발달영역 수준 및 잠재적 발달 가능성은 모두 다르며 어떠한 환경에 속해 있는지와 지원이 가능한 자원도 매우 다양하다. 하지만 장애 영유아의 개별적인 상황에 따라 필요한 교수적인 내용과 특수교육적인 서비스가 모두 달라야 하는 것을 의미하지 않는다. 대부분의 비장애아는 질 높은 유아교육환경을 제공받는 것만으로도 연령에 적합한 발달을 할 수 있다. 장애 영유아의 경우에도 질적으로 높은 일반교육환경을 제공하는 것은 이들의 발달에 긍정적인 영향을 미치는 기본적인 조건이 된다(이소현, 2011). 장애 영유아를 위한 통합교육은 일반교육과정이 운영되는 중에 장애 영유아의 개별적인 지원이 삽입되는 형태로 이루어진다. 하지만 질 높은 유아교육 프로그램에 참여를 하는 것만으로는 장애 영유아의 참여와 학습을 촉진하는 것을 기대하기 어렵다(조윤경, 김수진, 2015).

1980년대 초 전(全)미유아교육협회(National Association for the Education of Young Children, NAEYC)는 유아교육현장에서 교사 중심적이고 구조적인 학습환경이 구성되는 경향을 우려하여 유아교육의 정체성을 밝히기 위한 목적으로 『발달에 적합한 실제(*Developmental Appropriate Practice: DAP*)』(Bredekamp, 1987)를 출간했다.

발달적으로 적합한 실제에서는 모든 영유아와 그들의 가족을 위한 질적인 프로그램을 기반하고 있으며(Copple & Bredekamp, 2009), 발달에 적합한 실제는 영유아의 연령에 따른 발달 특성의 적합성과 영유아 개인차에 기인하는 개별적, 문화적 특성의 적합성으로 나누어 정의를 내릴 수 있다(조윤경, 김수진, 2015).

첫째, 연령 적합성(age appropriateness)은 유아기 동안 일어나는 성장과 변화에는 연령에 따라 전형적이고 보편적인 단계가 있다. 이러한 발달 순서는 영유아의 신체, 정서, 사회성, 인지 등 모든 측면의 발달 영역에서 발생한다. 그러므로 영유아의 전형적이고 계열화된 발달을 기반으로 교육과정의 내용과 활동이 계획되어야 한다.

둘째, 개별·문화 적합성(individual and cultural appropriateness)은 영유아마다 다른 성장 속도나 독특한 사회, 문화, 경제적 배경 등에 따른 개별적 특성 및 개인차를 고려하여 교육과정이 개발되어야 함을 의미한다. 특히 개별적 적합성은 비장애아와 장애아의 교육적 요구에 적합한 프로그램을 개발하고 모든 영유아의 발달과 학습이 어떻게 이루어지는가에 관한 지식을 반영하여 개별적이고 문화적인 다양성에 민감하게 반응하고자 이루어진 정의이다.

따라서 영유아의 발달에 적합한 교육내용을 선정하고 효과적인 교수전략을 고안해 내기 위해서는 연령 적합성과 개별·문화 적합성 즉, 대상 영유아의 발달 특성과 개인차를 모두 고려해야 한다. 발달에 적합한 실제를 근거로 구성되는 유아교육 프로그램의 근거는 학습의 과정은 성취하는 결과만큼 중요하고, 영유아들은 놀이를 통해서 학습하고 자신의 삶과 관련된 구체적인 직접 활동을 통해 학습을 하며, 다양한 영유아들이 포함된 이질적 집단을 구성하는 것은 적절한 교육 경험을 통하여 다양한 능력과 문화적 배경과 관심을 지닌 영유아들의 개별적인 필요를 충족시킬 수 있다는 것이다.

이를 기반으로 발달에 적합한 실제가 적용된 교육과정의 내용과 활동의 특성은 다음과 같다.

첫째, 영유아의 관심을 이해하고,

둘째, 활동들은 영유아에게 의미있고 영유아의 일상생활 경험과 관련이 있어야

하고,

셋째, 사회적 상호작용을 촉진하고,

넷째, 활동들은 영유아가 이미 가지고 있는 지식을 끌어내야 하고,

다섯째, 적극적인 참여를 위한 많은 형태의 참여들은 기술과 지식의 습득을 촉진하면서 제공해야 한다.

이러한 흐름을 반영하여 모든 영유아들이 능력에 상관없이 자연적인 환경에서 통합을 할 권리를 인정하기 시작하였고 유아교육과 유아특수교육은 이념적인 차이를 강조하기보다는 모든 영유아에게 질적인 서비스를 제공하기 위한 협력적인 이해를 강조하였다(Bredekamp & Copple, 1997).

유아교육은 구성주의를 기반으로 하여 인지적으로 사회적인 상호작용을 할 수 있도록 잘 계획된 안전한 환경을 요구하고 교사가 촉진하고 유아가 주도하는 철학을 강조한다. 유아특수교육은 직접적인 중재와 교수를 통해 발달상의 진보와 새로운 기술의 습득을 강조하고 미래의 성과를 중심으로 구조화되고 교사가 주도하는 기술교수 중심의 철학을 강조한다. 하지만 일반 유아교육과정에 장애 영유아가 포함되어 적용되는 원칙이 강조되면서 기존에 분리된 상황에서 이루어지는 교육과정과는 다른 통합상황에서의 유아교육과정을 고려한 교육과정 개발이 요구되기 시작하였다.

장애 영유아 교육의 가장 우선적인 목표는 자연적인 환경인 매일의 일과와 활동에서 장애 영유아의 행동과 발달을 촉진하고 강화하는 것이다. 이는 모든 장애 영유아 주변에서 일어나는 모든 생활경험을 자연적인 학습기회로 삼을 수 있도록 하는 것이다.

장애 영유아가 매일의 일과와 활동에 의미있게 참여하기 위해서는 특별한 훈련이 요구된다. 장애 영유아에게 필요한 DEC(Division for Early Childhood) 추천의 실제는 장애 영유아와 위험군 유아의 발달과 학습을 증진하기 위한 효과적인 방법에 대해 교사와 가족에게 제공하고 있다. DEC/NAEYC(National Association for the Education of Young Children, 2019년 8월 3일)에서는 장애 영유아의 발달을 증진하고

가족을 지원하기 위한 내용을 강조하고 있다.

다음은 실행할 수 있는 몇 가지 안내이다.

- 발달적으로 적합한 유아들의 실제에 대한 기본적인 지식을 갖추어라.
- 모든 유아에게 제공하는 전문적이고 적법한 일정한 가이드라인을 기본적으로 이해하라.
- DEC/NAEYC(2009) 입장에서 설명하고 있는 참여와 접근방법의 원리에 따라 DEC 윤리 원칙에 입각하여 실행하라.
- 지속적으로 추천의 실제를 교육현장에 적용하기 위해 지식, 기술, 태도를 증가시키기 위한 전문적인 발달을 이끌어내라.

특히 유아특수교육에서는 장애 영유아와 가족들을 위한 프로그램 지침으로 추천의 실제(recommended practice)를 표명하였는데, 장애 영유아 조기교육 프로그램이 갖추어야 할 구성요소를 선정하였고 각 요소들에 대한 질적 평가기준을 제시하였다(이소현, 2016, 재인용).

DEC 추천의 실제에서 강조하는 내용은 다음과 같다.

첫째, 교육경험은 가족중심이어야 한다.

둘째, 교육경험은 연구나 입증된 임상 가치를 근거로 해야 한다.

셋째, 교육경험은 다양한 문화적 견해를 수용해야 한다.

넷째, 교육경험은 다양한 전문 영역으로부터의 서비스를 포함해야 한다.

다섯째, 교육경험은 발달상 적합하고 연령적으로도 적합해야 한다.

여섯째, 교육경험은 일반적인 환경 및 사회인들이 살아가는 삶의 양식과 가능한 유사한 삶의 형태와 일상생활의 조건들이어야 한다.

장애 영유아의 개별적인 욕구를 충족시키기 위해 수정이나 교수적 접근이 반드시 고려되어야 한다. 이를 위해서 먼저 장애 영유아를 위한 교육에서 발달에 적합한 실제가 기초가 되기 위한 다음의 단계적인 절차가 필요하다.

1단계-두 영역의 전문가들이 각자 자신과 상대방 영역의 추천의 실제가 어떻게 구성되어 있는지를 분명하게 이해

↓

2단계-두 영역의 철학과 방법론에 있어서 차이와 공통점을 분명하게 이해하고, 차이점을 조정해서 극복, 유사성 강화

↓

3단계-유아교육 프로그램은 장애 영유아들의 개별적인 요구와 이들을 위한 교육방법들을 발달에 적합한 실제에 적용

2. 장애 영유아를 위한 교육과정

1) 질 높은 유아교육과정

「장애인 등에 대한 특수교육법」에서 2012년을 기점으로 만 3세 이상의 모든 유아를 대상으로 한 의무교육이 시행되면서 일반교육환경에서도 물리적, 사회적 통합인 통합교육을 제공하게 되었고 통합교육시설의 질적 수준에 대한 관심은 더욱 높아지게 되었다(김정민, 유영의, 2018).

장애 영유아는 같은 연령의 모든 유아들을 위한 질 높은 유아교육 프로그램에 성공적으로 통합할 수 있다. 하지만 질 높은 유아교육 프로그램에 참여를 허용하는 것만으로는 참여와 학습을 촉진하는 것을 기대하기 어렵다. 질 높은 유아교육 프로그램을 운영하기 위해서는 놀이상황에서의 교육, 유아의 주도적인 활동, 자연적으로 발생하는 하루 일과와 활동에 대한 유아의 참여, 사회적인 상호작용의 중요성을 강조하고 있다.

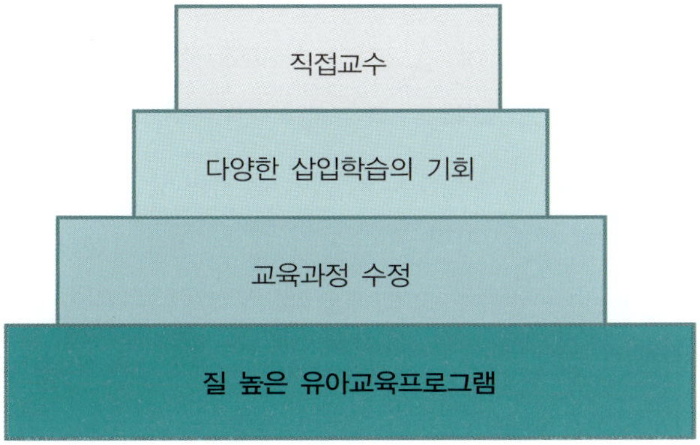

그림 6-1 빌딩 블록 모델(building block model)

출처: Sandall, S., Schwartz, I., & Joshep, G. (2001). A building blocks model for effective instruction in inclusive early childhood settings. *Young Exceptional Children, 4*(3), p.5.

학급의 질을 평가하기 위한 목록은 다음과 같다(조윤경, 장지윤, 유연주, 2018).

- 유아가 대부분의 시간에 놀이를 하거나, 교구 혹은 다른 유아들과 상호작용하는가?
- 유아는 하루 동안 다양한 활동에 접근하는가?
- 교사는 하루 일과 중에 개별, 소집단, 대집단으로 활동하는가?
- 학급은 유아의 창의적 미술작품, 글쓰기, 그들이 꾸민 이야기들로 장식되어 있는가?
- 유아는 흥미와 경험에 관련되어 의미 있는 맥락에서 학습하는가?
- 주제 중심의 통합적 활동이 제공되며 관련된 놀이와 탐색할 시간을 갖고 있는가?
- 유아는 바깥에서 놀이하고 탐색할 시간을 갖는가?
- 하루 일과 중 교사는 개별적으로나 소집단으로 유아에게 책을 읽어주는가?
- 학습 진도가 빠른 유아나 부가적 도움을 필요로 하는 유아에게 교육과정이 수정되는가?
- 유아와 가족은 유아교육 프로그램에서 안정감을 느끼는가?

2) 교육과정 수정

교육과정 수정은 장애 영유아의 참여를 촉진하기 위해 진행 중인 학급활동이나 교재를 변경하는 것이다. 장애 영유아의 참여가 증가하면 자연적으로 발달과 학습의 기회가 증가한다. 하지만 참여 정도가 높아져도 장애 영유아가 학습할 수 없다면, 교사는 더욱 많은 도움과 지원을 제공해야 한다. 장애 영유아가 진행 중인 활동이나 상호작용에 관심을 보이면서도 완전히 참여하지 못하고 있을 때 교육과정 수정 전략을 사용하도록 한다. 장애 영유아가 다른 영유아를 유심히 쳐다보고 참여하려고 하지만 성공하지 못하거나 제대로 학습 혜택을 볼 만큼 충분한 시간 동안 활동을 지속하지 못하는 경우에 적용할 수 있다. 교육과정 수정은 학급에서 진행 중인 활동이나 일과에 따라 다양한 수정유형을 가지고 있으며, 환경적 수정과 교수적 수정으로 분류할 수 있다(이소현, 2011).

(1) 환경적 수정

- **정의**: 참여와 학습을 촉진하기 위해 물리적, 사회적, 시간적 환경을 수정하는 것이다.
- **전략 및 수정의 예**
  - 학급 환경, 활동 영역, 특수 교구 등을 이용한 물리적 환경 수정: 다 같이 모일 때 자리를 찾지 못해 돌아다닌다면 유아가 앉을 수 있도록 자리에 색깔 동그라미를 표시해서 제공하기
  - 성인과 또래를 이용한 사회적 환경 수정: 장애 영유아가 자주 가는 놀이공간에 장애 영유아가 좋아하는 공룡을 주제로 놀이를 하게 하여 또래 근접성을 점차로 증가시키기
  - 일과 및 활동 시간표, 활동 내 과제의 순서를 이용한 시간적 환경 수정: 등원 직후 카펫에 눕거나 의자에서 조는 행동을 보인다면 집중할 수 있는 활동을 오전에 할 수 있도록 지원하기

(2) 교수적 수정

가. 자료 수정

- **정의**: 최대한 독립적으로 참여할 수 있도록 교재를 수정하는 것이다.
- **전략 및 수정의 예**
  - 최적의 크기나 높이로 제작된 자료나 기구 사용하기: 의자에 앉은 장애 영유아의 발이 바닥에 닿지 않는다면 벽돌블록을 바닥에 놓아주기

사진 6-1 최적의 크기나 높이로 제작된 자료나 기구 사용하기

  - 자료 고정하기: 미술시간에 종이가 미끄러지는 경우 테이프로 고정시키기, 색연필이 바닥으로 자꾸 떨어질 경우 색연필 윗부분에 끈을 달아 책상에 고정시키기, 식판이 움직이는 경우 식판에 미끄럼 방지 패드 놓아주기

사진 6-2 식판 고정하기

- 놀이기술이나 반응을 위한 자료수집: 장애 영유아가 책장을 넘기는데 어려움이 있으면 작은 스티로폼 조각을 책장에 붙여주기, 물감이 손에 묻는 것을 싫어하는 경우 스펀지 대신 잡을 수 있는 재료 붙여주기
- 관심과 흥미를 위한 자료수정: 콜라주 활동에 관심과 흥미가 없는 경우 동기유발을 위해 반짝이 종이나 필름지 등의 재료 제시하기
- 자료를 더 크고 밝게 만들기: 장애 영유아가 이야기 듣기에 흥미를 보이지 않으면, 큰 책 또는 장애 영유아가 그리거나 색칠한 큰 그림을 사용하기

사진 6-3 정해진 선을 진하게 표시하기

나. 활동 수정

- **정의**: 활동을 작은 부분으로 나누거나 단계 수를 줄여 복잡한 활동을 단순화하는 것이다. 단계의 순서를 줄이거나 과제 단위를 작은 단위로 나누어 간단하게 과제를 수행할 수 있도록 한다.

- **전략 및 수정의 예**
  - 난이도 낮추기: 10단계의 종이접기가 어려운 경우 5단계로 줄여주고 마지막 단계에서 색칠하기
  - 단계의 수를 변화시키거나 줄이기: 미술작업에 어려움이 있는 경우 전체 단계 중 일부 단계를 맡아서 활동하도록 하기
  - 복잡한 단계를 부분으로 나누어 성공적으로 끝내기: 장애 영유아가 손을 씻고 닦는데 어려움이 있다면 각 단계를 수행하도록 돕고 마지막 단계만 독립적으로 수행하도록 하기, 작은 그림을 오려서 풀로 붙이는 작업 대신 그림 뒤에 양면테이프를 붙여서 스티커처럼 붙이도록 하기

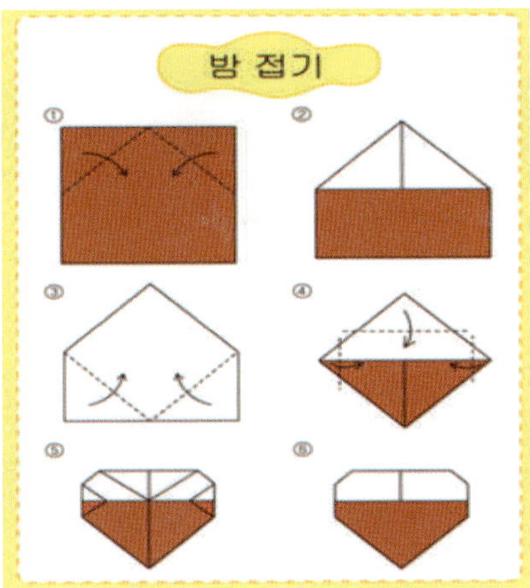

그림 6-4 색종이 접기 활동의 단순화

그 밖에도 학습 기회를 활용하지 못하는 장애 영유아에게 장애 영유아가 선호하는 자료 등을 활용할 수 있다.

전략 및 수정의 예로는 장애 영유아가 한 영역이나 활동에서 다른 영역이나 활동으로 전이하는 데 어려움이 있다면, 전이 시 좋아하는 장난감을 가지고 이동하도록 허용하거나, 특정 영역에 참여하지 않는다면 장애 영유아가 좋아하는 사람을 해당 영역에 배치하기, 집중해야 하는 활동 시간에 어려움이 있다면 장애 영유아가 좋아하는 활동을 포함하기, 아침 모임시간에 잘 모이지 않는다면 장애 영유아가 좋아하는 노래를 들려주기, 색칠하기 활동 시 장애 영유아가 선호하는 만화 캐릭터를 이용하여 지도하기 등이 있다.

사진 6-5 선호하는 자료 활용하기

장애유형과 특성에 따라 참여를 증진시키기 위한 상업용 또는 자체 제작한 적응도구를 사용할 수도 있다. 특수한 장비를 이용하여 접근성 및 참여를 증진시키는 방법으로 손 힘이 약하여 가위나 붓 사용이 어려운 경우 성인이 함께 잡을 수 있는 가위, 손잡이를 움켜 쥘 수 있는 특수한 장비 사용하기, 식사를 지원할 수 있는 다양한 특수한 장비 사용하기 등이 있다.

사진 6-6 성인이 함께 잡을 수 있는 가위

사진 6-7 움켜서 잡을 수 있는 붓

사진 6-8 grip assist

출처: http://www.amazon.com

사진 6-9 bowl with suction cup base와 universal cuff

출처: http://www.amazon.com

사진 6-10 cup-out cup

출처: http://www.amazon.com

※ 일반컵을 사용할 경우 머리를 과도하게 젖혀서 기도로 액체가 들어갈 수 있다. 한쪽이 낮게 잘린 컵(cup-out cup) 사용하면 컵이 잘린 부분은 컵이 기울어졌을 때 장애 영유아가 호흡할 수 있는 공간을 만들어 주어 머리가 뒤로 젖혀지는 것을 방지할 수 있다. 또한 활동이나 영역으로 접근을 용이하게 하는 특수장비를 활용할 수 있는데 보행과 이동이 어려운 경우 특수장비를 활용하여 활동이나 영역으로 접근을 도울 수 있다.

사진 6-11 착석과 이동이 편리한 보조도구

출처: www.atrac.or.kr/support

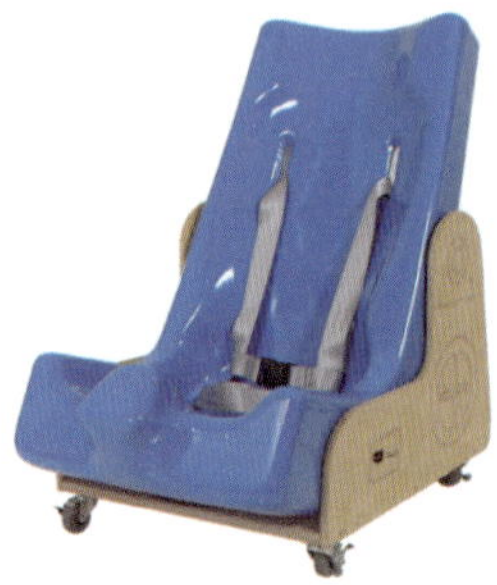

사진 6-12 피더시트

출처: www.plusezer.com

3) 삽입 학습의 기회

질 높은 유아교육 프로그램이 보장되고 장애 영유아를 위한 개별적인 교육과정 수정만으로는 장애 영유아의 개별적인 목표 달성이 어렵다. 교사는 모든 일과와 활동에서 장애 영유아가 목표를 연습할 수 있도록 개별적인 목표를 삽입하여 교수 상황을 인식하여 실행하고 평가해야 한다. 교사는 장애 영유아의 개별적 목표에 초점을 맞추어 미리 계획한 활동과 일과 안에서 다양한 학습의 기회를 제공해야 하고, 교육환경에서 활동을 진행하는 동안 장애 영유아에게 활동흐름에 적합한 방식으로 교수를 실시해야 한다.

삽입 학습의 기회는 매일 반복되는 일과를 중심으로 하는 다양한 경험과 구체적인 행동 연습은 장애 영유아의 독립성 증진과 실제 환경에서의 참여를 증진시키는 데 목적이 있다. 삽입 학습의 기회는 다음과 같은 장점이 있다. 첫째, 진행 중인 활동과 일과를 활용하기 때문에 학급환경에 큰 변화를 줄 필요가 없다. 둘째, 장애 영유아가 선호하고 흥미로워하는 활동을 기초로 하기 때문에 장애 영유아의 참여를 자연스럽게 촉진할 수 있다. 셋째, 교수활동이 자연스러운 환경에서 일어나기 때문에 새로 배운 기술을 쉽게 사용할 수 있다. 넷째, 교사가 다양한 다른 활동을 하면서 삽입 학습의 기회를 제공하면, 장애 영유아는 학습된 기술을 다른 상황에서 활용할 수 있다(조윤경, 장지윤, 유연주, 2018).

삽입 학습의 기회를 실행하기 위한 구체적인 전략 구성단계는 다음과 같다.

- 1단계 : 교수목표의 수정

교사는 장애 영유아가 요구에 반응하는 기술이 자연스럽게 요구되는 활동 중에 연습할 수 있도록 활동에 우선적으로 초점을 맞추어야 한다. 하지만 교수목표에 따라서는 그 기술의 특성에 의해서 삽입 학습 기회가 제한되는 경우도 있다.

- 삽입 학습 기회의 1단계 절차의 기본적인 목표
  - 일과와 활동 중에 삽입이 가능하도록 교수목표를 개념화한다.
  - 하루 일과 중 다양한 활동에 IEP를 삽입함으로써 충분한 학습의 기회가 제공되도록 교수목표를 개념화한다.
  - 기존의 습득한 행동을 연습하는 것뿐만 아니라 새로운 행동의 습득도 반영하도록 교수목표를 개념화한다.

- 2단계 : 학습기회의 구성

교사는 삽입 교수가 가능한 기회를 판별하거나 만들어야 하고 장애 영유아가 하루 일과 전체를 통해서 교수목표를 연습할 충분한 기회를 제공해주어야 한다. 지원할 IEP를 다음의 표 6-1과 같이 하루일과에 따라 매트릭스로 도표화하여 사용할 수 있다.

표 6-1 유아교육기관 하루 일과에서 학습 기회 구성하기

영역		IEP 단기목표		등원	자유놀이	간식	활동	실외활동/강당	점심시간	특별활동	화장실	귀가
적응행동	식사기술	1-1	교사가 반찬을 가리키거나, 이름을 말해주면서 "○○ 먹어보자" 하고 이야기하여 주면 교사와 함께 손을 잡고 포크로 음식을 찍어 2회 이상 먹을 수 있다.		○	○			○			
		1-2	교사가 "밥먹자" 하고 이야기하여 주며 엄지, 검지, 중지를 이용하여(삼점잡기) 숟가락의 손잡이를 잡고 숟가락에 적당량(숟가락의 2분의1)을 떠서 5회 이상 먹을 수 있다.		○	○			○			
		1-3	크기가 큰 음식은 엄지, 검지, 중지를 이용하여(삼점잡기) 잡을 수 있도록 교사가 손 모양을 잡아주면 포크를 옆으로 눕혀 눌러 적당한 크기로 5회 이상 자를 수 있다.		○	○			○			
	착·탈의 기술	2-1	시선을 10초 이상 유지하여 지퍼의 슬라이드의 끼우기핀(insert pin)과 고정핀(retaining box)을 끝까지 끼울 수 있다.	○				○				○
		2-2	왼손으로 지퍼의 하단을 잡고 시선을 유지하며 오른손으로 슬라이더(slider)를 끝까지 올릴 수 있다.	○				○				○
	개인위생 및 화장실 사용 기술	3-1	교사가 휴지를 잡은 손 또는 유아의 손을 유아의 코에 가져다 대 주면 입을 다문채로 "흥" 하고 2회 이상 풀기를 할 수 있다.	○							○	
		3-2	교사와 손을 함께 잡고 엄지와 검지에 힘주어 콧물을 닦아 물에 5회 이상 헹굴 수 있다.	○							○	

영역		IEP 단기목표		등원	자유놀이	간식	활동	실외활동/강당	점심시간	특별활동	화장실	귀가
운동성	대근육	1-1	3가지 이상 연속동작의 신체활동을 교사의 신체적 촉진을 받아 5초 이상 유지하여 모방할 수 있다. (예－체육: 대근육 체조, 대근육, 기구활동/ 율동/새노래: 율동 만들기 등)		○		○	○		○		
		1-2	두발모아 5cm 이하 장애물을 뛰어 연속적으로 5회 이내 넘어갈 수 있다.		○		○	○		○		
	소근육	2-1	5초 이상 시선을 유지하여 제시된 시작점과 끝점을 따라 5cm 이하 수평선(－) 오차범위 5mm 이하로 보조선을 따라 그릴 수 있다.		○		○			○		
		2-2	5초 이상 시선을 유지하여 제시된 시작점과 끝점을 따라 5cm 이하 수직선(ㅣ) 오차범위 5mm 이하로 보조선을 따라 그릴 수 있다.		○		○			○		
		2-3	교사가 필기구를 삼점쥐기로 유아의 손을 위에서 둥글게 잡아주면(hand-over-hand) 보조선에 5초 이상 시선을 유지하여 제시된 선을 따라 팔을 곡선부분에서 팔을 움직여주면 선을 이용한 ○△□ 그리기를 할 수 있다. (예－도형으로 이뤄진 사람)		○		○			○		
의사소통	언어이해	1-1	다음 상황을 예측할 수 있는 시각적 단서 및 2어절로 이루어진 활동 설명을 듣고 정해진 시간동안(10초~30초) 활동을 마무리 후 다음활동으로 넘어갈 수 있다. (예－자유놀이 후 다시 수업참여 등)	○	○	○	○	○	○	○	○	○
		1-2	다음 상황을 설명하는 교사의 설명을 듣거나 시각적 단서를 보고 교사와 5초 이내 눈맞춤 하여 1~2단어 듣고 지시를 따를 수 있다. (예－블록 놓자/정리하자/지퍼	○	○	○	○	○	○	○	○	○

영역		IEP 단기목표		등원	자유놀이	간식	활동	실외활동/강당	점심시간	특별활동	화장실	귀가
			올리자/○○주세요/먹기 싫어 등)									
	언어표현	2-1	원하는 물건에 "주세요" 표현하며 시선을 5초 이상 유지할 수 있다.	○	○	○	○	○	○	○		○
	언어표현	2-2	원하는 것에 두 손을 모으고 교사를 모방하여 "줘" 하고 말소리를 낼 수 있다. ("줘"와 비슷한 소리 가능)	○	○	○	○	○	○	○		○
	언어표현	2-3	좋고 싫은 감정에 대한 "응/아니/좋아/싫어"를 듣고 교사를 모방하여 "고개 끄덕이기, 팔 모양으로 엑스(X)표시하기"를 할 수 있다.	○	○	○	○	○	○	○	○	○
인지	사물의 비교, 특징 (크기, 양, 색)	1-1	교사나 또래가 5개 이상 사용한 블록을 모방하여 입체 모양 만들기 할 수 있다. (예－자석블록: 그릇, 나비, 성, 집 등/벽돌블록, 유니트: 기차, 버스, 다리, 꽃 등)		○							
인지	사물의 비교, 특징 (크기, 양, 색)	1-2	시각적 단서를 받아 5개 이하의 퍼즐 조각을 연결하며 맞추기 할 수 있다.		○							
인지	글자와 수 관련 기술	2-1	"**아 뭐 줄까요?"를 듣고 사진 또는 그림에 5초 이상 시선을 두고 원하는 것 선택할 수 있다.	○	○	○	○	○	○	○	○	○
인지	글자와 수 관련 기술	2-2	2가지의 선택형 질문을 듣고 시각적 자료(사진, 그림, 단어카드) 중 자신의 표현을 선택할 수 있다.	○	○	○	○	○	○	○	○	○
사회성	사회 질서 규칙	1-1	교사가 "**이 ○○반으로 가세요" 라는 말을 듣고 모방하여 "네" 하고 10초 이내에 반응할 수 있다.	○				○	○			
사회성	사회 질서 규칙	1-2	"**아 ○○반으로 가세요"라는 말을 들은 후 "**이 올라와요"라는 교사의 언어적 촉진을 받아 5분 이내에 교실로 이동할 수 있다.	○				○	○			
사회성	사회 질서 규칙	1-3	게임규칙에 맞춰 (게임판, 카드놀이,		○							

영역		IEP 단기목표		등원	자유놀이	간식	활동	실외활동/강당	점심시간	특별활동	화장실	귀가
			오르다 등) 또래와 순서를 지켜 5회 이상 번갈아 놀이할 수 있다.									
		1-4	"무궁화 꽃이 피었습니다"에 맞춰 또래와 손잡고 이동하여 5회 이상 멈출 수 있다.		○		○	○				

• 3단계 : 삽입 교수의 계획, 실행, 평가

계획한 IEP를 일과 및 활동에서 실행해야 한다. 이는 장애 영유아가 학급에서 이루어지는 활동에 참여할 수 있도록 돕는 과정으로 정기적인 평가를 통해 IEP가 적절한 진보를 보이지 않는다면 수정해야 한다.

① **학급활동 파악하기**

학급 내 진행될 활동들에 대한 정보를 수집하는 단계로 일반교사와 함께 학급 진행 활동들에 대해 협의를 한다. 각 영역에 계획된 활동, 활동방법, 정보 수집하여 메모를 한 후, 학급에서 진행하는 일일 주제를 수정일일교육계획안(수정보육일지) 활동주제에 쓴다. 일지에는 예상되는 놀이의 흐름, 활동내용, 준비물, 장애 영유아의 이름을 작성하도록 한다(표 8-29 참고).

② **IEP 목표 삽입하기**

활동에 대해 수집한 정보를 토대로 장애 영유아를 지원할 수 있도록 계획된 학급활동에 IEP 교육목표를 삽입하여 일지를 작성하는 과정이다. 활동에 삽입하여 지원할 목표를 확인한 후 활동에 필요한 장애 영유아의 발달목표를 확인한다. 어떤 발달 영역의 목표인지 알 수 있도록 기록을 한다(예: 사회성 단기목표 2-1 → (사) 2-1). 장애 영유아의 놀이 흐름에 따라 IEP 지원 여부가 달라질 수 있기 때문에 예상되는 IEP 목표는 실행한 IEP 목표와 다를 수 있다(표 8-29 참고).

③ **교수전략 계획하기**

교수전략은 장애 영유아가 일상생활, 놀이, 활동에 최대한 참여하고 장애 영유아의 발달을 촉진할 수 있는 내용을 적용하는 것이 중요하다. 참여를 증진시킬 수 있는 지원전략을 구체적으로 기록하고 자료나 알아두어야 할 내용이 있을 때에는 사전 준비란에 기재한다(표 8-29 참고).

④ **적용 및 실행**

계획에 따라 작성한 일지 내용을 보며 일과 및 활동 시간에 지원하는 과정으로 작성한 일지를 교실에 붙여두고 참고하도록 한다.

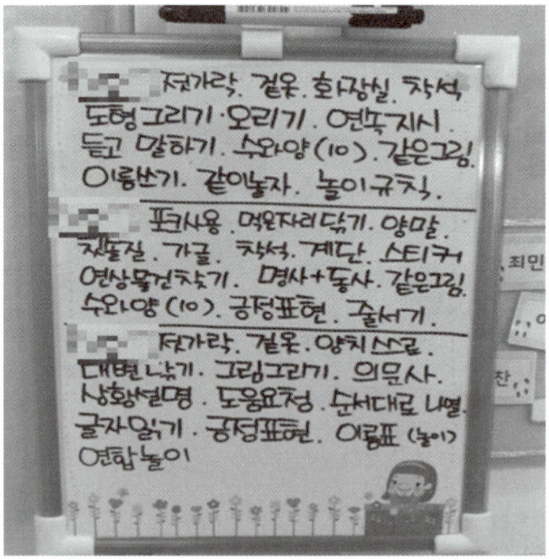

사진 6-13 IEP 적용 및 실행

⑤ **평가하기**

활동 시, 활동 후 장애 영유아가 보인 반응이나 수행 정도를 평가한다. 총평가 및 향후계획란에 하루 중 특이사항을 간략하게 작성하고 귀가 시 장애 영유아가 실행한 활동이나 일과에 따른 상담내용을 기록한다. 평가 결과에 따라 다음 날 활동 계획 시 반영하도록 한다(표 8-29 참고).

장애 영유아의 IEP를 적용할 수 있는 세 가지 형태는 다음과 같다. 첫째, 반복되는 일과이다. 일상생활 중에 일어나며 예측할 수 있는 활동으로 식사하기, 옷 입고 벗기, 인사하기, 외출하기 등이 포함된다. 둘째, 영유아가 시작하는 활동이다. 교사나 성인의 요구나 지시 따르기가 아니라 장애 영유아가 스스로 시도해보고 요구를 표현하는 것으로 먹을 것을 요청하거나 원하는 사물을 쳐다보는 행동 등이 포함된다. 셋째, 교사에 의해 계획된 활동이다. 교사나 성인에 의해 계획되거나 구조화된 활동으로 장애 영유아의 흥미를 이끌어 낼 수 있는 활동이다. 공원산책, 견학, 작업, 대소집단 게임, 지역사회 활동 등이 포함된다. 삽입 학습의 기회는 가정과 연계하여 일과 상황에서 자연스럽게 발생하는 상황을 기반으로 다양한 기술을 지도할 수 있다(조윤경, 김수진, 2015).

4) 직접교수

(1) 또래-주도 중재

가. 또래-주도 전략

또래-주도 전략은 사회적 기술과 의사소통 기술 증진에 효과적이다. 또래-주도 전략을 위한 또래 선정하기 위한 조건은 사회성이 우수하고 장애 영유아들과 부정적인 상호작용에 대한 경험이 없어야 하고, 출석률이 높아야 하며 교사의 교수에 잘 집중하고 지시를 잘 따르는 또래여야 한다.

표 6-2 또래-주도 전략의 방법

전략	방법
또래 모방 훈련	• 또래의 행동을 모방하도록 언어와 신체적 촉진 및 칭찬을 사용하는 방법 • 주로 자연적인 환경에서 또래의 단순한 행동을 모방하도록 한 후 촉진하거나 칭찬 • 비교적 행동 유지와 일반화 효과가 큰 것
따라하기 훈련	• 모방 기술을 지니고 있는 장애 영유아를 대상 • 또래가 복잡한 기술을 보이게 한 후 따라하게 함 • 구조화된 상황에서 실시
또래 시작행동	• 사회적 행동(시작하기, 반응하기, 나누기)을 증가시키는 가장 효과적인 방법 • 또래 훈련 후 구조화된 놀이상황에서 장애 영유아와의 상호작용을 시작하게 하는 방법
집단 강화	• 한 집단 내에 있는 모든 영유아들이 일정 기준에 도달했을 때 집단 전체를 강화, 장애 영유아가 특정기준에 도달했을 때 집단 구성원 모두를 강화하는 방법

나. 협동학습

참여하는 영유아 간의 협력적 상호작용을 증진시키는 방법으로 교사는 협력적인 학습 기술을 교수할 수 있고 장애 영유아와 또래는 긍정적인 자존감을 형성할 수 있다. 협동학습을 통해서 교수해야 하는 목표를 분명하게 정하고 필요한 협동 기술들의 목록을 작성한다. 목표로 정한 기술들을 학습시키기 위해서는 일련의 교안이나 활동들을 계획하고 활동 중 장애 영유아나 또래에게 기대하는 행동을 분명하게 설명해주어야 한다.

협동학습이 진행되는 동안 교사는 주의깊게 관찰하고 필요한 경우 촉진과 칭찬 등을 제공해야 하고 협동학습이 끝난 후에는 또래에게 피드백을 제공하고 평가하도록 한다.

표 6-3 협동학습의 방법

전략	방법
긍정적 상호 의존성	• 활동 내에서 과제와 능력이 서로 맞도록 자료, 역할 과제를 분담 • 영유아들을 주의 깊게 짝을 지어서 한두 명이 보조와 모델의 역할 • 짝이나 집단 내에서 장애 영유아가 주도자의 역할을 할 수 있는 적절한 과제 포함
의사소통	• 의도적으로 자료를 흩뜨려 놓음으로써 또래에게 요구 • 의도적으로 도구를 부족하게 제공함으로써 나누어 쓰게 함 • 필요한 경우 촉진
책임수행	• 모든 영유아들이 자신의 역할이 무엇인지 말함 • 모든 영유아들에게 다른 친구가 무엇을 잘했는지 말하게 함(기여도를 높이고 '팀'에 대한 느낌을 갖게 하며 기억력과 자존감을 증진)
집단화 과정	• 의사소통전략을 사용해서 나누기, 차례주고받기, 듣기, 도움 청하기, 도움 제안하기 등 기본적인 기술 촉진

다. 영유아중심의 직접 교수

교사는 같은 교구를 가지고 놀고 있는 장애 영유아라도 개별적인 수행 정도가 다른 장애 영유아에 대한 구체적인 직접 교수 방법에 대한 계획이 있어야 한다. 직접 교수란 교사가 직접 실행하는 교수로 교사가 특정한 기술이나 행동 발생을 목적으로 직접적으로 장애 영유아에게 촉진을 제공하는 것이다. 영유아중심의 직접 교수에서 제시하는 목표는 장애 영유아에게만 유일한 목표이어야 하고, 일반교육과정에 준해야 하며 연령에 적합한 기본생활습관 기술에 대해 점검해야 한다. 또한 삽입 학습이나 조정과 수정의 방법을 먼저 사용하였는지 점검해야 하는데 삽입 학습의 기회나 조정과 수정의 방법을 사용했지만 장애 영유아의 진보가 느리거나 나타나지 않을 경우에 사용한다(이명희, 김지영, 이지연, 2011). 집중적인 교수상황이 필요한 경우 다양한 교수자료의 사용과 함께 교사의 촉진과 강화가 필요하다.

교수적 촉진은 행동이 발생되기 전에 적용해서 정반응을 할 수 있게 도움을 주어야 하고, 교수적 촉진이 효과적이지 않으면 변경해야 한다. 모든 교수적 촉진과 강화의 방법이 활용될 수 있다.

표 6-4 직접 교수의 유형 및 적용의 예

유형	방법	적용의 예
언어적 촉진	영유아가 현재 주어진 과제를 수행하도록 지원하는 단순한 설명	• 손을 씻기 위해 수도 손잡이를 잘못된 방향으로 돌리고 있는 영유아에게 '파란색 쪽으로 돌려.' 또는 '오른쪽으로 돌려.'라고 말하기
시범촉진	영유아가 목표행동을 수행하고 있을 때 주어지는 방법으로 언어나 몸짓, 또는 두 가지를 함께 사용	• 한쪽 운동화를 신겨주면서 '이쪽은 선생님이 도와줄게. 저쪽은 **가 신어봐.' 라고 말하기
신체적 촉진	영유아가 과제를 수행하도록 신체적으로 보조해주는 방법으로 부분적이거나 완전한 보조의 형태로 지원	• 식사 시간에 숟가락을 사용하도록 팔꿈치에 손을 대고 있거나, 손가락을 잡은 영유아의 손을 잡고 음식을 먹도록 움직여주기
공간적 촉진	영유아의 행동 발생 가능성을 높이기 위해서 사물을 특정 위치에 놓는 방법	• 손을 씻을 때 수건을 세면대 가까이에 가져다 놓기
시각적 촉진	그림이나 사진, 색깔, 그래픽 등의 시각적인 단서를 사용하는 방법	• 영유아들이 사물함이나 소유물에 영유아마다 고유한 색깔로 표시하거나 손씻는 순서를 사진으로 붙여놓기
단서촉진	과제수행의 특정 측면에 대해 직접적인 관심 유도. 이때 사용하는 단서는 자극이나 과제를 가장 잘 대표할 수 있는 특성	• 식사시간에 숟가락을 가리키며 '식사시간이다'라고 말함

출처: 이명희, 김지영, 이지연(2011). 장애유아 통합 프로그램의 실제. 학지사.

장애 영유아를 지도하기 위해 촉진을 사용할 때에는 도움의 양을 변화시키는 용암을 사용해야 하는데 몇 가지 사항을 고려해야 한다(조윤경 외, 2018).

- 촉진의 양에 대한 고려를 해야 한다. 촉진을 제공할 때 촉진이 너무 많으면 장애 영유아에게 과제에 대한 도전의식을 가지지 않게 하고, 반대로 너무 적으면 장애 영유아가 좌절을 하게 된다.
- 촉진을 제공하는 시기가 적절해야 한다. 장애 영유아가 새롭게 배우는 과제인 경우에는 처음에 도와주고, 어느 정도 할 수 있는 과제인 경우에는 장애 영유아가 어려움을 보일 때만 도와주도록 한다.

- 장애 영유아가 촉진에 지나치게 의존하게 되는 것을 막기 위해서 촉진은 체계적인 계획 하에 사용되어야 한다. 장애 영유아가 독립적으로 목표행동을 수행할 수 있도록 도와주기 위해서는 되도록 덜 개입적인 것으로 선택하여 독립성을 목표로 체계적으로 소거하거나 촉진 제공을 점점 지연시키도록 한다.
- 촉진을 교수전략으로 사용하고자 할 때에는 교사는 사용하게 될 교수전략에 대한 정보는 장애 영유아의 교육과 관련된 교사나 치료사, 부모와 공유해야 한다.

장애 영유아가 통합교육환경에 배치되어 있다고 해서 반드시 모든 활동을 통합학급 안에서만 실행하는 것은 아니다. 활동에 따라 장애 영유아를 위한 수업을 적절히 계획해서 적용할 수 있다. 또래를 부분적으로 참여시킨다면 좀 더 효율적인 교수가 될 수 있다. 예를 들면, 소집단으로 구성한 지역사회 적응프로그램은 효과적인 활동 중 하나인데, 패스트푸드점 이용하기, 마트나 아이스크림 전문점 이용하기 등은 장애 영유아뿐만 아니라 또래에게도 자연스럽게 일상생활을 경험할 수 있는 기회를 제공할 수 있다.

생각해보기

1. 장애 영유아의 일과 및 활동 참여를 돕기 위해 활동을 선택한 다음, 교육과정 수정 유형 중 한 가지 유형을 사용하여 활동 및 자료를 수정해보세요.
2. 장애 영유아의 일과 및 활동 참여를 위한 교육(보육)계획에 다양한 교수전략을 삽입하여 삽입 학습 기회를 증진시키도록 연습해보세요.
3. 장애 영유아에게 제공하는 촉진을 점점 감소시켜 제공할 수 있는 방법에 대해 생각해보세요.

Chapter 07

교사 간 협력방안

흔히 교육의 질은 교사의 질은 뛰어넘지 못한다는 말이 있다. 이 말 속에는 교육의 질을 높이는 데 교사 요인이 가장 중요하다는 전제가 깔려 있다. 그만큼 교사의 역할이 중요하다. 특히 통합학급의 일반교사와 특수교사 및 장애 영유아 지원교사는 지속적인 협력관계를 유지하며 「모든 아이는 우리 모두의 아이」로 지도해야 할 의무가 있다. 장애아를 포함한 비장애아들이 일과 및 활동에 최대한 참여하여 발달을 촉진할 수 있도록 해야 하고, 가족의 정서적 변화를 이해하고 어루만져줄 수 있으며 다양한 정보를 제공할 수 있는 교사가 되어야 한다. 상대방 교사와 협력적인 관계를 잘 유지할 수 있는 교사가 될 수 있도록 노력해야 한다. 이를 통해 매년 성장할 수 있는 나 자신을 발견할 수 있을 것이다. 7장에서는 통합교육현장에서 적용할 수 있는 다양한 교사 간 협력방안에 대해 살펴보고자 한다.

1. 협력적 관계의 중요성

통합교육환경의 일과 및 활동에서 장애 영유아의 교실 내 참여를 증진시키는 주요 변인에는 교사, 교실 배치, 구조, 교재 및 교구와 같은 물리적 환경 등이 있다(신수경, 김치곤, 오세경, 2014). 이 중 가장 중요한 변인은 교수전략을 수립하고, 교실의 환경을 배치하여 사용하는 '교사'라고 할 수 있다.

통합교육환경에서는 특수교사 및 장애 영유아 지원교사와 일반교사 간 협력 하에 장애 영유아의 교육 및 보육서비스가 제공되고 있다. 통합학급을 운영하고 있는 교사가 장애 영유아를 포함한 모든 유아의 교육 및 보육을 담당할 경우에는 공동의 협력과정을 거치게 된다(송영미, 조광순, 2008; 조광순, 2001). 장애 영유아가 통합환경에서 일반교사와 특수교사 및 장애 영유아 지원교사 간의 협력이 잘 되지 않는 상황이 있는데, 이러한 경우 하루 일과에 대한 교수활동을 사전 협의 없이 진행하는 등의 교사 간 비협력적인 관계는 한 교실에서 두 개의 학급이 공존하는 형태가 된다.

장애 영유아의 교육적 필요를 제공하기 위한 협력은 특수교사 및 장애 영유아 지원교사와 일반교사 간의 관계를 통해 향상시킬 수 있고, 이를 통해 교육적 혜택을 발생시킬 수 있다(박제화, 2008). 교사 간의 협력은 교사 개인이 학습하여 획득한 지식을 서로 공유함으로써 교사 혼자서는 이루어 낼 수 없는 교육 성과들을 성취하게 도와준다. 또한 교사들이 유아의 문제에 대해 새로운 방법으로 접근하도록 하여, 장애 영유아를 포함한 모든 유아의 교육에 대해 공동의 책임 의식을 갖도록 한다(이현숙, 2005).

2. 협력방안

최근에는 통합교육환경에서 장애 영유아에게 질적인 교육 제공을 위한 실제적인 방안을 제시하고 일반교육과 특수교육의 실제들을 접목시킬 수 있는 협력적인 방안들이 모색되고 있다. 비장애아와 장애아가 같은 학급에서 매일 반복되는 일과 및 활동에 참여하는 통합교육기관에서는 '협력체제'의 구성을 통해 개별화된 교육목표의 설정, 교사 간 통합교육 활동의 전 과정을 서로 협력하여 계획하고 실행하는 구체적 방안으로 교사 간 교수 계획, 실행 및 평가의 협력체제가 요구되고 있으며(양진희, 2005; Smith, Polloway, Patton, & Dowdy, 2007), 장애 영유아를 담당하는 교사의 어려움을 함께 해결하기 위해서는 교사 간 팀 협력 과정이 실행되어야 한다.

또한 특수교사 및 장애 영유아 지원교사와 일반교사는 장애 영유아가 필요로 하는 일반교육과정에 대한 지식을 공유해야 하고, 협력적 문제 해결과 의사소통, 통합교육기관의 협력교수를 실행해보면서 양질의 통합교육 서비스 제공을 위해 교사 간 지속적이고 긴밀한 관계를 형성할 필요가 있다(박미선, 조윤경, 2013; 박현옥, 이소현, 2000; 이소현, 2011; 정영용, 조윤경, 2008).

3. 통합교육환경에서 일반교사와 특수교사 및 장애 영유아 지원교사의 역할

일반교사와 특수교사 및 장애 영유아 지원교사 간의 협력의 질에 따라 장애 영유아를 위한 교육의 효과는 달라질 수 있다. 교사는 협력적 관계에서 겪게 되는 다양한 어려움에 대한 이해를 바탕으로 성공적인 협력관계를 유지하기 위해 요구되는 다양한 사항들을 잘 이해하는 것이 중요하다.

1) 통합교육을 위한 일반교사의 역할

일반교사는 장애 영유아의 성장과 학습을 방해하는 발달적 요소들에 대해 철저히 이해하기 위해 노력해야 한다. 개별 영유아에게는 다양한 개인차가 있다는 것을 인정해야 한다. 장애아는 비장애아와 다른 장애를 가진 존재가 아니라 학습 및 발달과정에서 특별한 교육적 요구를 가진 영유아(special needs)로 인식해야 한다. 일반교사가 장애 영유아를 '장애'라는 측면에서만 바라보게 되면 장애 영유아를 위한 교육은 또래보다 단순히 낮은 '수준'에서 이루어져야 한다는 편견을 가지게 된다. 이를 위해 첫째, 장애 영유아를 학급의 구성원으로 수용할 수 있도록 긍정적인 학급환경을 구성해야 한다. 둘째, 장애 영유아와 또래 간 상호작용이 잘 이루어질 수 있도록 지도해야 한다. 셋째, 학급 내 행동규범을 준수할 수 있도록 적절한 지원을 제공해야 한다.

2) 통합교육을 위한 특수교사 및 장애 영유아 지원교사의 역할

특수교사 및 장애 영유아 지원교사는 장애 영유아를 위한 교육목표 설정 및 교수 계획, 교수 실행 등의 책임이 있다. 이를 위해서는 장애 영유아 교육진단 및 프로그램 평가와 유아의 특별한 학습 및 행동문제를 지도하기 위한 직접적인 중재를 제공해야 한다. 일반교사에게 적극적인 자문을 제공하고 가족의 요구사항과 특수교육 관련서비스 제공자들과의 유기적인 협력관계를 조정할 수 있는 전문가로서의 역할을 수행해야 한다.

표 7-1 유아특수교육 전문가의 직무능력 영역과 특징

영역	특징
유아특수교육의 기초	유아특수교육의 이론과 적용모델, 법규와 정책의 역사, 장애 영유아의 정의와 입법에 관한 지식
학습자의 발달과 특성	환경과 욕구 등에 관한 비장애아와 장애아의 특성, 특별한 교육적 요구가 있는 개인에게 유용하고 다양한 서비스 내용 제공
교수전략	장애 영유아의 발달에 적합한 교육방법, 일반교육과정 속에서 발달지체 유아를 중재하는 방법
학습환경과 사회적 상호작용	학습환경에 대한 지식, 다양한 문화를 가진 학습자에 맞는 학습환경을 설계하는 방법, 다양한 행동관리 전략을 효과적으로 사용하는 방법에 대한 내용, 가족 시스템, 가족과의 관계기반 중에 관한 지식
언어	언어지체가 행동에 미치는 영향에 대한 지식, 장애 영유아의 의사소통 기술을 향상하고 강화하기 위해 사용하는 전략
교수계획	교육과정 개발과 수업 실제에 대한 지식, 개개인의 발달수준에 적합한 교육과정을 계획하고 실행하는 기술에 대한 내용
평가	장애 영유아 발달 평가 적격성과 판별, 교육 프로그램 조치, 배치 결정 등 사정정보를 활용하는 기술, 사정에 관한 법적 조항 및 윤리적 원칙에 대한 지식
전문성과 윤리적 실천	최신 연구에 기초한 실제를 실천하는 방법, 미국 특수교육협의회(CEC) 윤리강령 및 기타 기준에 따라 실천할 수 있는 기술, 특수성에 대한 정보에 접근할 수 있는 기술에 대한 내용
협력	IEP 수립 시 발달지체 유아 가족, 학교와 지역사회 인사의 역할에 대한 지식, 발달지체 유아의 특성과 요구에 대해 학교 관계자와 의사소통 하는 기술, 가족의 지원 우선순위 관심에 기초해 가족중심서비스를 실행하는 기술

출처: Council for Exceptional Children(2009). What every special educator know. U.S.A.
이현주(2013). 유아특수교육교사의 직무수행능력 기준개발. 대구대학교 대학원 박사학위논문.

3) 통합교육을 위한 협력적 팀의 접근방법

(1) 협력교수의 계획과 실행

협력교수란 장애 영유아를 일반 교실 내에서 지원하기 위해 제시된 협력모형으로서 두 명의 교사가 함께 교실상황에 참여하여 모든 유아들에게 교육적 서비스를 제공하는 교수방법이다. 프렌드, 라이징과 쿡(Friend, Reising & Cook, 1993)은 협력교수에 대해 물리적으로 한 공간에 다양한 능력을 지닌 학생들에게 두 명 이상의 교사가 실질적인 교수를 전달하는 것으로 정의하였다.

진정한 협력을 이루기 위한 3가지 특성은 다음과 같다.

첫째, 참여한 사람들이 의사결정에 있어 동등한 역할과 힘을 지니고 있어야 한다. 둘째, 협력과정에 참여하고 있는 구성원 간의 상호 공통적으로 확인된 목표가 있어야 한다. 셋째, 참여와 의사결정 과정에서 공유된 책임의식을 지니고 있어야 하고 사용되는 자원을 공유하고 결과에 대해 서로 공유된 책무성을 지녀야 한다. 이외에도 교사 간 협력을 이루기 위한 원리로는 긍정적 상호의존, 개인적 책무성, 촉진적 상호작용, 사회적 기술의 적절한 활용, 집단 처리과정에 대한 지속적인 점검이 필요하다고 할 수 있다. 이러한 협력교수 과정을 계획하고 실행하기 위해서 일반교사와 장애 영유아 지원교사의 협력관계는 '팀'으로 운영되어야 한다(배성현, 이병인, 2016).

협력교수를 실행하기 위해서는 협력교수의 팀을 조직하고 협력교사로서 요구되는 특성을 확인해야 한다. 협력교수 실행단계에서 교사들은 IEP 교육목표를 근거로 협력교수에 대한 계획을 세우고 실행해야 한다. 통합교육 환경에서는 유아의 특성과 요구, 교사의 사전 훈련과 경험, 선호도, 교사 간 관계, 협의의 양에 따라 협력교수가 적용될 수 있다.

협력교수 모델은 교사 간 협력과정에 의한 모델, 교사 간 협력관계에 의한 모델, 교사 간 협력방법에 의한 모델로 살펴볼 수 있다(원종례, 2005). 먼저 교사 간 협력과정에 의한 모델로 의사소통과 계획단계에서의 협력에서는 통합학급의 일반교사와 특수교사 및 장애 영유아 지원교사는 각자가 파악한 유아에 대한 발달정보를 서로 교환하고, 공유한 정보를 바탕으로 교육계획에 대해 협의해야 한다. 교사들은 교육에 대한 평가의 책임을 공유하게 됨을 인식해야 하는데, 문제해결단계에서의 협력에서는 교육실행 과정에서 다양한 문제가 발생할 수 있음을 인지하고 허용적인 태도로 접근해야 한다. 또한 일반교사와 특수교사 및 장애 영유아 지원교사는 대등한 관계임을 받아들이고 서로의 교육철학 및 전문성에 대해 인정한 후 협력하도록 한다. 각자의 전문적인 관점에서 관찰하고 파악한 영유아의 문제점에 대해 논의하고 효과적인 중재전략을 선정하여 교수에 적용하도록 한다. 교수단계에서의 협력은 통합학급에서 직접적으로 영유아에게 사용할 수 있는 기술들을 역할 분담하여 적용하도록 한다. 정보제공 단계에서의 협력에서는 장애 영유아에 대한 이해, 진단, 판별에 대한 지침이나 자료 등이 포함된다.

이와 관련하여 협력교수에 참여하는 교사는 첫째, 협력교수 실시 이유와 목표에 관해 동일한 의견을 가지고 있어야 한다. 둘째, 정기적인 공동계획 시간을 마련해야 한다. 주 2회, 회당 30분 정도의 정기적인 공동계획이 일반적인데, 업무로 인해 정기적인 만남이 어려운 경우 수업 시작 전, 티타임, 점심시간 등 짧은 시간 지속적으로 의사소통을 유지하도록 노력해야 한다. 협력교수 초반에는 공동계획시간이 많이 요구되나 협력교수가 진행됨에 따라 공동계획시간은 점차 줄어들게 된다. 셋째, 원활한 의사소통 체계 계획 및 훈련을 지속해야 한다. 협력하는 교사들이 보여야 하는 의사소통 원칙의 중요한 두 가지로 대화를 할 경우에는 명확하게 표현을 해야 하고, 동료를 평가할 경우에는 중립적인 표현을 해야 한다. 넷째, 협력교수 시 역할 분담 및 책임 분담을 명확하게 해야 한다. 협력교수 상황에서 발생되는 모든 업무들을 열거한 후 업무마다 일차적인 책임자, 이차적인 책임자, 동일한 책임자 등으로 나누어 기록하여 보관하도록 한다. 역할에 대한 불만족 발생 시 어떤 의사소통 과정을 거쳐 수정·보완 할 것인지 논의해야 하며, 협력교수 초기에는 역할 및 책임 분담에 관한 자문을 제공하거나 지원할 수 있는 동료교사나 전문가를 참여시키는 것도 효과적인 방안이라고 할 수 있다(최승숙, 2007).

교사 간 협력관계에 의한 모델은 5단계로 구분할 수 있다(원종례, 2005). 협력의 1단계인 정보 교환하기에서는 교사의 경력 정도와 상관없이 새로운 정보와 지식을 자유롭게 교환하는 것이다. 예를 들어 일반교사와 특수교사 및 장애 영유아 지원교사는 영유아에 대한 정보, 행동특성 등에 관한 정보를 교환하는 것을 의미한다.

협력의 2단계인 모델링을 통해 배우기는 경험이나 전문지식이 많은 교사가 동료교사에게 시범을 보임으로써 배우도록 하는 것이다. 예를 들어, 일반교사는 특수교사 및 장애 영유아 지원교사에게 일반유아교육의 방법을, 특수교사 및 장애 영유아 지원교사는 일반교사에게 장애 영유아의 문제행동 중재방법을 시범보이는 것이다.

협력의 3단계인 활동의 피드백을 제공하기에서는 특정 분야에 전문성을 가진 교사가 동료교사에게 적용 가능한 아이디어나 피드백을 제공하는 것이다. 예를 들면, 일반교사는 특수교사 및 장애 영유아 지원교사에게 생활연령에 적합한 활동, 교구 등을 안내해주거나, 특수교사 및 장애 영유아 지원교사는 일반교사에게 일과와 활동 안에서 IEP를 삽입하여 반복 지원할 수 있도록 피드백을 제공하는 것이다.

협력의 4단계인 평가하기에서는 경험과 전문성이 있는 교사가 동료교사에게 교수실제에 대하여 평가적 피드백을 주는 것이다. 예를 들면, 특수교사가 이야기나누기 활동을 할 때 사용한 교수방법이 효과적인지, 보완대체 의사소통 방법을 사용한 일반교사의 교수방법이 효과적인지 상호 간의 피드백을 제공하는 것이다.

협력의 5단계인 조언을 통해 배우기는 경험과 전문성이 적은 교사가 문제와 갈등상황에 부딪힐 때마다 경험과 전문성이 많은 교사가 조언을 하여 문제를 해결할 수 있도록 도와주는 것이다. 예를 들어 장애아 부모와 비장애아 부모 간의 관계, 일반교사와 특수교사 및 장애 영유아 지원교사 간의 관계, 문제행동 지도, 교수방법, 기관에서의 통합에 대한 인식 등 모든 문제에 대해 교사 간 조언을 주고받음으로써 문제를 해결해 나가고 이를 통해 배우는 것을 의미한다.

교사 간 협력방법에 의한 모델은 교수–지원교수, 스테이션 교수, 평행교수, 대안적 교수, 팀교수가 있다(조윤경 외, 2018).

교수–지원교수는 전체 교수를 담당하는 교사와 다른 협력 교사가 유아들을 개별적으로 지원하거나 행동 문제를 관리하는 것이다. 다른 모형에 비해 상대적으로 적은 협력 계획시간이 요구된다. 두 교사는 일반교사와 특수교사 및 장애 영유아 지원교사의 역할을 모두 하게 되며, 각 교사의 역할이 수업내용에 따라 서로 바뀔 수 있다. 교수역할(전체 수업 교사, 개별 지원 교사)이 고정되어 있는 경우 개별지원 교사의 역할에 대한 불만족이 있을 수 있고 특수교사 및 장애 영유아 지원교사가 개별지원 역할만을 맡는다면 장애 영유아에게 낙인을 받을 수 있다. 주교사, 보조교사의 역할이 고정되어 있는 경우 진정한 협력교수라 할 수 없다. 간편하지만 계획의 양이 적고 상호작용의 질이 낮으므로 이 유형을 계속 적용할 경우 한 명의 교사와 상호작용하게 되어 모든 영유아와의 상호작용의 질에 영향을 줄 수 있다.

스테이션 교수는 교수내용과 영유아들을 나누어 교사는 정해진 장소에서 역할을 하고 다른 집단의 영유아들에게 반복할 때 사용하는 것으로 영유아들은 각 스테이션을 자연스럽게 이동하면서 모든 영역의 내용을 학습한다. 여러 영유아들이 움직일 때 영유아의 행동이나 소음관리의 어려움이 발생할 수 있으므로 모둠 이동에 따른 규칙과 기술지도가 필요하다. 넓은 교실 공간이 필요하고 각 모둠의 활동이 연계성이 없는 경우 효과가 적을 수도 있다. 그룹에서 상호작용하는 기술과 독립학습 모둠이 있는 경우 적절한 작업 기술지도가 필요하다.

평행교수는 요리활동이나 미술활동과 같이 교사 대 영유아의 비율이 낮은 활동 진행이 요구되는 경우 지원하는 형태이다. 두 교사의 활동 설명 난이도와 수업 진행 속도가 일관성이 없는 상황이 발생할 수 있기 때문에 충분한 공동계획이 필요하다. 스테이션 교수와 마찬가지로 소음문제 및 행동문제가 발생할 수 있다. 또한 영유아들 중 한 교사의 지도를 선호하는 경우가 생길 수 있음을 주의해야 한다. 평행교수나 스테이션 교수를 적용할 때는 첫 번째 모둠에게 시간을 많이 할애하게 되어 계획한 시간보다 실제 수업시간이 더 늘어날 수도 있다. 따라서 철저한 시간 안배가 중요하다.

대안적 교수는 추가적인 지원이 필요한 영유아에게 심화수업이나 보충수업의 형태로 지원이 가능하다. 전체 수업을 담당하는 교사가 집중할 수 있도록 대안적 교수 형태로 도움을 제공할 수도 있다. 하지만 항상 소집단 교수에서 보충수업을 받는 영유아가 생긴다면 다른 또래들에게 "낙인"을 받게 되는 경우가 있기 때문에 교사의 역할이 고정되어서는 안 된다. 다양한 영유아들이 소집단 교수를 받을 수 있는 기회를 계획(예, 관심 있는 주제에 대해 학습하는 기회, 높은 수준의 미술활동이 적용되는 경우)해야 한다. 발달지체영유아뿐만 아니라 장애 위험군(at-risk children) 영유아를 포함하여 지도하기에 적절한 지원 형태이다.

교사 간 가장 높은 수준의 협력관계가 요구되는 팀 교수는 다양한 활동을 지도하는 데 유용한 협력교수이다. 토론이 필요한 수업, 복습과정에서 적절하게 활용될 수 있고, 교사의 수업 운영을 통해 협동하는 방법을 배울 수 있는 실질적 기회를 제공한다. 교사 간의 교수전달 방법이 다른 경우 영유아들의 내용 이해에 혼란이 있을 수 있기 때문에 교사의 많은 공동 준비과정(내용, 전달, 교실 훈육에 관한 기준이 일치)이 요구된다.

표 7-2 장애유아통합교육기관에서 적용할 수 있는 협력교수 유형별 일과 지도계획표

협력 교수 유형	계획양	활동정의	상호작용 방식 예시	활동 예시	역할과 책임
교수-지원 교수	적음	활동이 한 명의 교사에 의해 전달될 수 있도록 이끌어질 때 사용	활동 시간에 앉아서 참여 행동 지원하기, 동화 듣기 시간에 한 명은 동화 들려주고 한 명은 유아 행동 지원하기	이야기 나누기 시간에 한 명이 주도하고 한 명은 유아 주변에서 수업 참여를 지원	주로 일반교사가 주도하고 특수교사 및 장애 영유아 지원교사는 유아들의 참여를 촉진하고 행동을 지원. 역할이 반대일 수 있음
스테이션 교수	중간	내용과 유아들을 나누어 교사는 정해진 장소에서 역할을 하고 다른 집단의 유아들에게 반복할 때 사용	교사들은 자유놀이 영역에 각각 배치되고 있고 유아들이 순회하기	자유놀이 시 한 명은 미술 영역, 한 명은 수, 조작 영역에서 교수하며 유아들이 순회	교사들이 주로 전담할 영역을 정해 놓기. 교사가 2~3개의 영역을 담당

협력 교수 유형	계획 양	활동정의	상호작용 방식 예시	활동 예시	역할과 책임
평행 교수	중간	둘 다 같은 정보를 가지지만 학급의 집단을 나누고 동시에 가르칠 때 사용	요리활동 시 같은 주제의 모둠활동으로 나누기	요리시간에 팥빙수를 만들기 위해 두 집단으로 나누어 교수	같은 주제의 활동을 동시에 집단을 나누어 지도
대안적 교수	높음	한 명의 교사는 대집단을 책임지고 다른 교사는 소집단에서 활동할 때 사용	대집단은 설명을 듣고 소집단은 실습 또는 보충교육을 받음 비장애아 중 보충교육이 필요한 유아가 장애아가 포함된 소집단에 소속될 수 있음	역할놀이 영역에서 한 명의 교사는 시장놀이를 중재하는 동안 다른 교사는 언어 영역에서 장볼 목록의 그림을 붙이도록 돕기	일반교사는 대집단을 책임지고 특수교사 및 장애 영유아 지원교사는 소집단을 책임. 일반 유아 중 발달이 느린 유아가 포함될 수 있음
팀 교수	높음	같은 시간에 대화하면서 같은 교수내용을 반으로 나누어 지도할 때 사용	겨울철 날씨와 옷차림에서 한 명은 날씨 설명, 다른 사람은 옷차림 설명, 한 명이 판서할 때 다른 교사는 설명하기	이야기 나누기 시간에 한 명은 개구리의 모습을, 다른 교사는 개구리의 성장과정을 설명	일반교사와 특수교사 및 장애 영유아 지원교사의 역할과 책임의 양이 반으로 나눠짐

출처: 박소영(2007). 장애유아통합교육기관의 협력교수 수행과정 연구. 단국대학교 대학원 박사학위논문.

표 7-3 하루 일과에 따른 교사의 역할분담 및 협력유형

일과	활동계획	교사 역할분담			협력유형
		일반교사	특수교사 및 장애 영유아 지원교사	공통	
등원	• 인사나누기 – 교사가 부모에게 인사하기 – 교사가 영유아에게 인사하기 (영유아와 눈높이를 맞추어 환영하기) – 영유아가 교사에게 인사하기 (영유아의 현행 수준에 따라 지도) – 영유아가 부모			• 두 교사 모두 영유아들을 맞이하며, 장애 영유아의 부모가 특수교사 및 장애 영유아 지원교사와 면담을 요청하지 않을 때에는 등원한 것을 먼저 확인한 교사가 맞이하기(장애 영유아의 경우, 인사하는 모습을 모델링할 수 있도록 하고, 촉진에 따라 교사와 친구들에게 인사할 수 있도록 하기) • 특별한 전달사항은 서로 공유하기 • 놀이를 하기 전, 자신의 물건을 정리할 수 있도록 수준에 맞는	• 팀교수

일과	활동계획	교사 역할분담			협력유형
		일반교사	특수교사 및 장애 영유아 지원교사	공통	
	에게 인사하기 –또래와 인사하기 • 자신의 물건 정리하기 –수건과 컵을 자신의 자리를 찾아 정리하기			촉진 사용하기(독립적으로 할 수 있도록 최소한으로 촉진하기)	
오전 간식	• 손 씻기 • 간식 나누어주기	• 간식을 준비하고 나누어주기 • 차례를 지켜 간식을 받을 수 있도록 지도하고 자신의 자리에서 바르게 앉아 먹을 수 있도록 하기 • 간식을 먹은 후, 정리할 수 있도록 지도하기	• 화장실 앞에 줄서기, 간식을 받을 때까지 기다릴 수 있도록 지원하기 (간식을 요구할 수 있는 언어표현 촉진하기, 간식의 이름을 듣고 언어로 표현할 수 있는 기회 제공) • 간식을 먹는 동안 자리를 이탈하지 않고 바르게 착석을 유지할 수 있도록 지원하기 • 다 먹은 후, 정리할 수 있도록 하고, 다른 친구의 간식을 손으로 집어 먹지 않도록 하기	• 간식 준비 및 정리하기	• 팀교수
오전 실내 자유 놀이	• 새 활동 소개	• 스스로 놀이 영역을 선택하고 놀이하고 정리할 수 있도록 하기 • 한 영역에서만 놀이를 하는 영유아들에게 여러 영역에서 놀이를 할 수 있도록 지도하기 • 놀이 후 자율적으로 평가가 이루어질 수 있도록 하기	• 자유놀이시간 동안 또래와 상호작용이 일어날 수 있도록 지원하기 • 놀이를 선택할 수 있도록 돕고, 또래와 함께 놀이할 수 있도록 또래 활용하기 • 놀잇감을 기능적으로 가지고 놀이할 수 있도록 시범보이기 • 놀이 속에서 IEP 목표가 달성될 수 있도록 촉진하기	• 장애아와 비장애아가 함께 놀이를 할 수 있도록 지원하기	• 대안적 교수 • 스테이션 교수

일과	활동계획	교사 역할분담			협력유형
		일반교사	특수교사 및 장애 영유아 지원교사	공통	
화장실 다녀오기 및 손 씻기	• 화장실 다녀오기 및 손 씻기	• 화장실에 다녀오고 손을 씻을 시간 알리기 • 대집단 활동을 준비하기	• 차례를 지켜 화장실을 사용한 후 손을 씻을 수 있도록 지도하기(영유아의 현행수준에 따라 촉진의 종류를 다양화하여 제공하기) • IEP목표에 맞추어 지도하기		특수교사 및 장애 영유아 지원교사 장애 영유아 개별지도
활동	• 모이기 • 인사나누기 및 일과소개 • 이야기 나누기	• 영유아들이 자리에 모일 수 있도록 피아노를 치거나 손유희 등을 하기 • 인사 나누기 및 이야기 나누기 활동 진행하기 • 활동 중간 중간 장애 영유아들이 참여할 수 있는 기회 제공하기	• 장애 영유아들이 자리에 착석할 수 있도록 최소한으로 촉진을 사용하고, 활동을 하는 동안 자리를 이탈하지 않고 교사를 바라볼 수 있도록 지속적으로 돕기 • 이해하기 어려운 내용들은 간단한 단어로 축약하여 반복적으로 이야기를 해 주고, 집중할 수 있도록 지원하기 • 일반교사가 참여의 기회를 제공할 때 돕기 • 활동의 난이도를 조절하여 제공하기	• 특수교사 및 장애 영유아 지원교사가 활동을 진행할 경우, 일반교사가 특수교사 및 장애 영유아 지원교사의 역할을 수행하기	• 대안적 교수
실외 활동	• 이동하기 • 산책 및 활동하기	• 산책할 장소와 활동 소개하기 • 맨 앞에서 영유아들을 인솔하기 • 활동 시 집단놀이를 유도하거나, 장애아와 비장애아가 함께 놀이를 할 수 있도록 지원하기	• 맨 뒤에서 영유아들을 인솔하기 • 산책을 할 때에 날씨나 자연물, 기분 등을 단어로 반복적으로 설명하기 • 활동을 할 때 또래와 함께 할 수 있도록 지원하기 • 활동을 할 때 이탈하지 않고 또래나 교사를 바라볼 수 있도록 지원하기	• 장애 영유아를 잘 기다려주고 도울 수 있는 또래와 짝을 할 수 있도록 배치하기	• 대안적 교수

일과	활동계획	교사 역할분담			협력유형
		일반교사	특수교사 및 장애 영유아 지원교사	공통	
화장실 다녀오기 및 손 씻기	• 위의 화장실 다녀오기 및 손 씻기와 동일				특수교사 및 장애 영유아 지원교사가 개별지도
점심 식사	• 손 씻기 • 점심식사 • 양치하기	• 식사를 준비하고 배식하기 • 편식을 하지 않고 골고루 먹을 수 있도록 기본적인 식사 습관 지도하기 • 식사가 끝난 후 정리하기	• 식사 준비와 배식 돕기 • 배식을 하는 동안 기다릴 수 있도록 지도하기 • 장애 영유아별 IEP 목표에 따라 식사 지도하기 • 장애 영유아별 IEP 목표에 따라 양치 지도하기 • 식사가 끝난 후 정리 돕기	• 장애 영유아의 식사지도 목표를 공유하여 독립적인 식사 기술 습득 및 기본생활습관을 익힐 기회 제공하기	• 팀교수 • 대안적 교수
오후 간식	• 위의 오전간식과 동일				• 팀교수
오후 실내 자유 놀이	• 위의 오전 실내자유놀이와 동일				• 대안적 교수 • 스테이션 교수
통합 보육 및 귀가	• 위의 등원과 동일				• 팀교수

통합학급 안에서 협력교수를 활동에 적용, 실행하기 위해서는 먼저 1~2가지의 주제 활동에서 협력교수를 실시하도록 하고 장애 영유아에게 집중적인 지도가 필요한 활동으로 선택한다. 또한 일과 및 활동 안에서 적용할 수 있는 협력교수 모형은 교사의 준비도와 활동 주제에 따라 복합적으로 적용이 가능하나, 활동에 대해 영유아들이 예측할 수 있도록 협력교수 목표 및 방법에 대해 설명해야 한다. 여기에서 잊지 말아야 할 점은 두 교사 간의 의견을 정기적으로 확인하며 개선방안을 평가하고 필요한 지원을 확인해야 하는 것이다. 협력교수를 실행과정에서는

장애 유아의 수행능력 및 협력교수 수업에 대한 평가가 이루어져야 하는데, 장애 영유아를 대상으로 유아의 학업 및 사회성 수행능력에 향상이 보이는지 관찰 등의 다양한 평가방법을 통한 교육의 검증이 이루어져야 한다. 아래의 표 7-4는 협력교수 실시 과정에서 교사 자신의 수업에 대한 자체 체크리스트로 활용될 수 있다(박소영, 2007; 최승숙, 2007).

표 7-4 협력교수 수업 평가 요소

Ⅰ. 기초 요인: 각 교사들을 위한 의미 있는 역할 규정

1. 수업시간 모든 상황에서 각 교사의 역할들이 정의되어 있는가?
2. 각 역할이 의미 있는 것인가? 교사가 맡은 역할들이 유아의 학습과정을 증진시킬 수 있는 것인가?
3. 수업이 진행되는 동안 교사의 역할이 고정되지 않고 다양하게 진행되는가?
4. 각 교사가 예상했던 역할과 실제 수업시간의 역할이 일치하는가?
5. 두 교사가 모두 수업 진행과정과 수업내용에 관해 편안함을 느끼는가?
6. 특수교사 및 장애 영유아 지원교사가 모든 유아들을 대상으로 수업을 하는가?

Ⅱ. 모든 학생들의 성공을 촉진시킬 수 있는 전략

1. 교사들이 수업을 위한 공동계획 시간을 진행하고 있음을 기록하고 있는가?
2. 교사들이 진행과정뿐만 아니라 수업내용에도 초점을 두고 있는가? 중요한 기술들을 강화하고 있는가?
3. 유아들에게 제시하는 지시문들이 분명한가?
4. 어려움을 겪고 있는 유아들을 지원하기 위해 어떤 전략이나 수정들이 적용되고 있는가?
5. 어려움을 겪는 유아들의 과제완성을 돕기 위해 교수자료들이 어떻게 수정되었는가?
6. 유아들을 적극적으로 참여시키기 위해 어떠한 전략들이 사용되었는가?
7. 유아들이 어떻게 집단화되는가? 구성한 집단이 과제 수행에 적절한가? 과제 목적에 맞는가?
8. 강화전략들이 적용되었는가?

Ⅲ. 성공의 증거

1. 어려움을 보이는 유아들이 질문에 답하는가? 혹은 질문을 하는가?
2. 유아들이 협력수업 시 의미 있는 활동에 참여하는가?
3. 교사들이 각 유아의 학습을 어떻게 평가하는가?
4. 모든 영유아들이 학습과 관련하여 적절하게 도전받고 있는가?

출처: Wilson, G. L. (2005). This doesn't look familiar: A supervisor's guide for observing co-teachers. *Intervention in School and Clinic, 40*(5), p.273.

(2) 협력교수의 효과

협력교수를 실행함으로써 얻게 되는 효과로는 장애 영유아를 포함한 모든 영유아의 교수방법을 다양화할 수 있고, 장애 영유아에 대한 낙인 효과를 감소시킬 수 있으며, 하루일과에서 장애아를 포함한 비장애아의 참여행동을 증진시킬 수 있다. 이러한 협력교수를 통해 교사들은 교사 간 상호작용을 통해 더 많은 것을 배울 수 있게 되어 교사의 지적 능력을 향상시킬 수 있고 혼자서 이루어낼 수 없는 교육적인 성과들을 성취할 수 있게 된다. 또한 교사 간 의사소통을 통해 당면한 문제들에 대한 새로운 접근방법을 고려하게 되고, 공동체 의식을 갖게 되어 긍정적인 인간관계를 형성하게 된다. 이러한 교실 내의 인간관계는 그 자체가 교육적 의의를 가지고, 영유아에게 소속감, 응집력, 교우관계, 영유아 간의 지도체제 등과 관련된 학급의 심리적 환경과 학습에 영향을 주는 중요한 요인이 될 수 있다.

생각해보기

1. 통합학급을 운영하는 교사로서 상대방 교사와 협력을 할 때 가장 어려운 점은 무엇인지 생각해보고, 협력을 잘 할 수 있는 방법에 대해 생각해보세요.
2. 유아교육기관 하루일과(일상생활, 놀이, 활동)에서 하나 이상의 협력교수를 적용해보세요.
3. 협력교수 내용 중 잘 시행되는 부분과 그렇지 않은 부분을 평가해보고 이유를 찾아보세요.

Chapter 08

개별화교육계획(IEP)

개별화교육계획(IEP)의 장기목적과 단기목표는 장애 영유아 교육이 가는 길이라고 표현할 수 있다. IEP를 실행하기 위해서는 실제 일과와 활동에서 반복적으로 연습하고 실행할 수 있는 목표를 설정해야 한다. 이를 위해서는 유아교육기관, 가정, 전문 치료기관에서 수집한 다양한 자료를 종합하여 장애 영유아에게 가장 필요하고 적절한 교육목표를 수립해야 하는데, 이러한 과정은 한 번에 이루어지지 않는다. 8장에서는 끊임없는 노력과 연습이 필요한 개별화교육계획안 작성, 실행 및 평가과정에 대해 살펴보고자 한다.

1. 개별화교육계획의 법적 배경 및 기능

개별화교육계획(Individualized Education Plan, 이하 IEP)이란 장애영유아들이 지니는 개인차, 장애로 인한 발달상의 개인차로 단일교육과정으로는 대상 장애영유아의 필요를 충족시키기 어렵기 때문에 교육을 계획하고 실시함에 있어 장애영유아의 발달에 적절한 교육계획을 수립 · 시행 · 평가하는 것을 말한다.

개별화교육계획의 의미를 좀 더 구체적으로 살펴보면 다음과 같다.

개별화란 교사와 장애영유아가 일대 일로 교육하는 것이 아니라 교육프로그램이 각 장애영유아에게 맞춰서 작성되는 것이다.

교육이란 교육과정과 특수교육 관련 서비스를 의미하는데, 교육과정은 장애영유아의 교육적 요구에 적합한 교육과정으로 교육목표, 교육내용, 교육방법 그리고 평가계획 등을 포함하고, 특수교육 관련 서비스는 장애 영유아의 교육을 효율적으로 실시하기 위하여 필요한 다양한 인적 · 물적 지원을 말하며 상담지원, 가족지원, 치료지원, 보조인력지원, 보조공학기기지원, 학습보조기기지원, 통학지원, 정보 접근지원 등을 포함한다.

계획이란 장애 영유아의 교육적 요구에 적합한 교육과정 및 특수교육 관련 서비스 등이 실제로 제공되는 것에 대해 진술한 문서를 의미한다.

미국 「장애인교육법」(Individualized with disability Education Improvement Act: IDEIA, 공법 108-446)은 2004년에 개정되면서 장애 영유아의 교육권 보장 및 권리를 강화함으로써 특수교육 전반에 중요한 변화를 가져왔다. 이 법안에서는 특수교육대상자에 대한 교사의 높은 책무성을 강조하고 있으며 전문적 자질을 갖춘 특수교육교사 양성, 과학적으로 검증된 연구에 기반한 교수방법을 개발, 조기 중재서비스 지원, IEP 개발 지원, 장애 영유아 교육권 및 부모 권리에 대한 절차적 보호 등을 포함하고 있다(Gartin & Murdick, 2005). 특히 IEP와 관련하여 문서업무의 축소와 무상의 적절한 공교육을 강화하였고, IEP 과정에 일반교사들의 참여와 협력을 의무화하였다. 또한 목표성취에 대해 적어도 9주마다 학생의 교육진전도 검사하여 유아의 진전도를 부모에게 보고하도록 하였고 교육목표가 충족되지 않으면 적절한 교수수정을 하도록 하였다. 교육적 수행수준을 학업 및 기능적 목표라는 용어로 대체하였고, 연간목표를 학업 및 기능적 목표라는 용어로 대체하였는데 장애 정도가 심한 경우 단기목표를 사용하도록 하였으며 부모나 지역교육청이 동의한다면 상황에 따라서 서면이나 전화로 대체할 수 있게 하였다(이병인, 2015).

우리나라는 2007년에 제정된 「장애인 등에 대한 특수교육법」에서 2010년 만 5세 이상 및 고등학교 과정까지 순차적으로 의무교육(2011년 만 4세 이상, 2012년 만 3세 이상)을 규정하고 있다. 만 3세부터 만 5세까지의 특수교육대상자가 「영유아보육법」에 따라 설치된 어린이집 중 대통령령으로 정하는 일정한 교육 요건을 갖춘 어린이집을 이용하는 경우에는 제1항에서 정하는 유치원 의무교육을 받고 있는 것으로 보고 있다. 2019년부터 모든 어린이집의 상시적인 질 수준 확보를 위해 보육서비스 수준을 주기적으로 평가하고 지속적으로 관리하는 어린이집 평가제가 시행되면서 장애 영유아를 위한 관련서비스가 일과 중에 통합적으로 제공되고 있는지 점검하고 있다. 점검내용으로는 장애 영유아의 장애유형, 장애정도, 발달수준에 따라 IEP가 마련되어 있는지, 장애 영유아 현행수준, 장단기 교육목표, 평가계획 및 부모동의 등 IEP의 구성요소가 포함되어 있는지를 확인하는데(보건복지부, 한국보육진흥원, 2019, 2020), 이는 의무교육이 시행되는 어린이집에서도 장애 영유아의 교육 기본 틀인 IEP를 작성하여 실행하고 평가해야 함을 의미한다.

IEP의 관리적 기능으로는 첫째, 부모, 교사, 행정가가 특정 장애 영유아에게 어떤 교육적 서비스와 관련서비스가 시행되고 있는지 파악하게 하는 관리도구의 역할, 둘째, 서비스 제공의 효율성과 자원의 효과적인 사용을 평가하는데 도움을 주는 점검도구로서의 기능을 한다. IEP의 교수적 기능은 유아의 진전도를 파악할 수 있는 평가장치이자 부모와 교사 간 의사소통의 수단이다(이소현, 박은혜, 2011). 정리하자면 IEP는 단순히 서류작업으로 여기는 고정된 관념에서 벗어나 장애 영유아의 교육적 요구를 충족시키기 위해 특별히 고안된 프로그램이다. IEP 계획과 실행은 특수교육이 필요한 장애 영유아에게 필수적으로 보장되어야 하는 교육의 기본 틀이다.

2. 개별화교육계획 작성을 위한 교육진단

IEP를 작성하기 위해서는 개별 유아에 대한 면밀한 진단을 통한 정보 수집이 필요하다. 이 단계에서는 자연적인 관찰을 통한 일화기록, 포트폴리오, 일과수행평가, 발달평가 및 교육과정 중심 진단, 가정방문, 영유아정보조사서 및 부모요구조사서, 전문가 협력의뢰서 등을 통해 다면적인 정보를 수집하여 장애 영유아의 현재 발달수준에서 강점과 지원이 필요한 점 등을 파악할 수 있다.

IEP를 작성하기 위한 정확한 정보를 얻기 위해서는 첫째, 장애 영유아가 생활하는 자연스럽고 다양한 환경에서 장애 영유아의 행동을 관찰해야 하고, 둘째, 장애 영유아의 발달에 맞는 다양한 평가도구를 사용해야 하며, 셋째, 부모나 기타 관련인과의 상담을 통한 평가가 통합적으로 이루어져야 한다.

1) 자연적인 관찰

교사는 개별 장애 영유아의 특성에 따라 일정 기간의 적응프로그램을 적용하여 자연적인 상황에서 영유아의 영역별 행동특성을 관찰해야 한다. 장애 영유아의 특성에 따라 일정기간의 적응프로그램이 필요한 경우가 있는데 신입원아 적응 절차(실시기간, 방법)에 대한 안내문을 마련하여 가정으로 배부하고 적응프로그램의 대상은 신입원아만을 대상으로 한다.

적응프로그램은 최소한 5일 이상(토, 일 제외) 운영하거나 단계적으로 단축보육을 실시하는 등 장애 영유아 상황에 따라 체계적으로 진행하도록 한다.

표 8-1 유아교육기관 적응프로그램

	목표	활동내용	귀가
오리엔테이션 (입소 전 방문)	기관의 위치 및 입소하기	• 내가 다녀야 할 기관의 이름 및 위치, 활동 내용 알아보기	방문 후 부모와 함께 귀가
제 1 단계	엄마와 함께 기관에서 활동하기	• 우리 반 이름 알고, 선생님과 친해지기 • 친구들과 인사 나누기 • 교실에서 놀이하기	12시 이전 (등원 후 1시간 정도 활동 후 귀가)
제 2 단계	엄마와 헤어지기	• 선생님, 친구들과 인사나누기 • 양육자와 헤어져 교실 놀이하기	12시 이전
제 3 단계	기관에서 점심식사 하기	• 교실 영역별 놀이방법 익히기 • 놀잇감 제자리에 정리하기 • 기관에서 점심식사하기(바른 식습관 익히기)	점심식사 후 귀가
제 4 단계	교실에서 편안하게 낮잠 자기	• 기관의 규칙 및 약속 알기 • 선생님과 친구들과 함께 낮잠 자기	낮잠 및 오후 간식 후 귀가

출처: 보건복지부, 한국보육진흥원(2018). 제3차 어린이집 평가인증 안내, 통합지표. 보건복지부, 한국보육진흥원.

2) 일화기록

일화기록은 공식적인 평가를 통해서 발견되지 않는 여러 가지 중요한 기술들을 파악하고 친구와의 상호작용, 부적절한 행동, 의사소통 정도, 자립성 등을 자연적인 관찰을 통해 평가하는 방법이다. 일화기록은 장애아가 수행에 어려움을 보이는 행동 표시, 관찰기간 동안 장애 영유아의 반복되는 행동일 경우 표시, 관찰내용 중 찾아낸 장애 영유아의 강점과 지도점으로 표시된 내용을 정리하여 기록한다.

표 8-2 일화기록 작성 시 주의사항

- 관찰일자와 관찰환경 작성
- 한 가지 사건만을 간결하게 요약
- 관찰자의 평가와 느낌보다는 사실 그대로 요약, 기록
- 필요한 정보의 양에 대한 안목
- 시간순서에 따른 제시
- 영유아가 말한 그대로(" ") 기록
- 발달상 중요한 내용 기록, 관찰내용과 관련된 발달 영역 기록
- 행동 발생한 맥락 기록
- 핵심단어 기록 후 문장 작성

수정발췌: 이소현 외(2009). 교육진단 및 교수 계획을 위한 장애유아 진단 및 평가. 학지사.

3) 포트폴리오

작업의 결과나 작품 혹은 수행의 결과를 모아놓은 자료집으로 장애 영유아가 실제 수행한 결과물을 가지고 현재 성취수준을 평가하는 것이다. 장애 영유아의 노력에 근거해서 평가하는 것이 특징이다. 영유아의 발달적 변화를 파악하기에 적합한 방법이다. 수행에 기초한 평가방법 중 하나이며, 장애 영유아의 강점과 약점을 파악하는 게 필요한 근거를 제공한다.

표 8-3 포트폴리오 평가가 필요한 이유

- 정해진 기간(보통 1년) 동안 목표를 향한 유아의 진도를 총괄적으로 파악하기 위해 평가가 필요한 발달 이외에 유아의 작품이나 다른 산출물을 체계적으로 수집한 자료를 근거로 수행하는 형성평가
- 포트폴리오의 목적인 유아의 진도를 점검하고 평가하는데 필요한 정보와 개별화교육목표를 수립할 때 필요한 정보 제공
- 활동표본을 수집, 선택하며 검토하고 평가하는데 필요한 시간을 확보하는 것이 포트폴리오 평가에서 가장 어려운 일이지만 전통적 진단, 평가보다는 교사에게 훨씬 더 의미있기 때문에 노력할 만한 가치가 있음
- 모든 영유아들이 포트폴리오 평가의 혜택을 볼 수 있지만, 특히 전통적인 평가로 진도를 측정하기 어려운 중증 장애 영유아에게 유용

- 학습 결과뿐만 아니라 학습과정에 참여도, 흥미도에 대한 유아의 다양한 반응을 관찰 기록하므로 교사의 교수계획에 대한 재평가의 기회도 제공

출처: 김수진, 이정화(2013). 누리과정/표준보육과정과 연계한 장애영유아 통합교육. 교육과학사.

4) 일과수행평가

일과수행평가는 실제 장애 영유아가 생활하고 있는 환경에서의 적응 여부를 평가하는 것으로 등원부터 귀가까지 일과의 흐름에 따라 하위행동을 목록화하여 영유아의 수행 여부를 확인하는 것이다. 일과적응평가에서 수행한 것은 장애 영유아의 강점이 되고, 수행하지 못한 것은 장애 영유아의 개별 목표가 된다.

표 8-4 일과수행평가 작성 시 주의사항

1. 같은 내용을 일정한 시기별로 지속적으로 평가, 적응발달 정도평가
2. 평가 후 필요한 항목을 추가하거나 조정할 수 있음
3. 장애 영유아 개별마다 다르게 나타난 수행상태를 보고 수행한 것으로 표시된 것은 장애아의 강점, 현재 수행하지 못하는 것은 앞으로의 성취해야 할 목표로 설정
4. 일반화되어 스스로 할 수 있도록 반복 지도, 가정과 연계하여 지도
5. 장애 영유아 수행에 대한 장기적인 안목을 가지고 다양한 기능적인 기술을 늘려가며 지속적으로 평가

표 8-5 일과수행평가 예시

반이름	○○반	유아명		날짜	월 일	관찰자	

일과	평가항목	수행도	관찰 내용	일과	평가항목	수행도	관찰 내용
등/하원	신발을 벗는다.			실외활동	자신의 옷을 찾아 입는다.		
	자신의 자리에 신발을 정리한다.				신발을 찾아서 신는다.		
	보호자에게 '다녀오세요.'라고 인사한다.				줄을 서서 기다린다.		
	교사에게 '안녕하세요.'라고 인사한다.				정해진 짝을 찾아 손을 잡는다.		
	겉옷을 벗는다.				줄을 맞추어 이동한다.		
	겉옷과 가방을 자신의 자리에 건다.				친구와 비슷한 속도로 달리기를 끝까지 한다.		
	수첩을 자신의 정리한다.				주어진 공간에서 이탈하지 않고 놀이한다.		
	수건을 자신의 자리에 건다.				여러 가지 놀이기구를 이용한다.		
	친구와 인사한다('○○아 안녕!').				놀이기구 이용 시 순서를 기다린다.		
	자신의 수첩과 수건을 찾아서 자신의 가방에 넣는다.				놀이기구를 바르게 이용한다.		
	겉옷을 찾아서 입는다.				모이라는 소리를 듣고 모인다.		
	자신의 가방을 맨다.				모래를 털어낸다.(옷, 신발)		
	보호자에게 '다녀오셨어요'라고 인사한다.				신발을 자신의 자리에 정리한다.		
	신발을 신는다.						
	교사에게 '안녕히 계세요'라고 인사한다.						
활동	신호를 듣고 모이다.			간식 및 식사시간	줄을 서서 순서를 기다린다.		
	정해진 자리에 앉는다.				손 소독기를 이용한다.		
	자리에 앉아 있는다. (이탈하지 않고 앉기)				자신의 간식을 챙긴다.		
	앞에 있는 교사를 쳐다본다.				간식을 들고 자리로 이동하여 앉는다.		
	노래를 함께 부른다.				친구와 함께 간식 노래를 부른다.		
	율동을 따라서 표현한다.				숟가락이나 포크를 바르게 잡는다.		
	자신의 이름에 손을 들고 대답한다.				바르게 앉아서 먹는다.		
	질문에 반응하여 손을 든다.				주어진 음식을 모두 먹는다.		
	질문에 대답한다.				편식을 하지 않는다.		
	발표할 때 바르게 선다.				식기를 바르게 정리한다.		
	요구하는 행동에 반응하여 움직인다.				흘린 음식을 휴지로 줍는다.		
	칭찬 사탕을 자신의 자리를 찾아서 넣는다.				휴지로 입 주변을 닦는다.		
	발표 후 자신의 자리에 가서 앉는다.				식사 후 정해진 장소로 이동한다.		

출처: 조윤경, 장지윤, 유연주(2018). 유아교육과정 내의 장애 영유아를 위한 개별화교육프로그램 제2판. 공동체.

5) 발달평가 및 교육과정 중심 진단

장애 영유아의 장애 특성이나 교사의 검사도구 수행도를 고려하여 발달평가 및 교육과정 중심 진단 도구를 선택하도록 한다.

(1) 캐롤라이나 교육과정
(Carolina curriculum for preschoolers with special needs; CCPSN)

장애 영유아의 전반적인 발달을 총체적으로 평가하는 것으로 유아발달에 따라 각 단계별로 자세한 항목들이 25개의 세분화된 단계로 구분되어 있다. 특별한 도구나 자료 없이 일반적인 장난감을 사용하여 시행할 수 있고 진단 장소와 횟수를 특별히 제한하지 않고 있다. 시행 후 도표에 표시할 수 있어 유아의 전반적인 발전을 살펴볼 수 있다. 캐롤라이나 교육과정을 기반으로 교수목표를 설정할 때에는 유아가 실패한 첫 번째 항목으로 정하거나 각 단계에서 새로 습득하기 시작한 것으로 판단하는 항목 중에서 결정하도록 한다.

두 가지 이상의 서로 다른 영역의 목표를 한 활동에 통합하여 교수를 계획하고 실시할 수도 있다. 예를 들어 발달단계의 교수목표 중 중심선 넘기와 색깔 분류의 목표를 통합하여 색깔블록을 집어서 같은 색 통에 넣기로 목표를 설정해도 된다 (한경근, 신현기, 최승숙, 김은경 역, 2016).

(2) 유아를 위한 사정, 평가 및 프로그램 체계
(Assessment, Evaluation, and Programming system for Infants and Children; AEPS)

영유아의 교육적 사정, 목적개발, 중재 및 계속적인 모니터링과 평가를 함께 묶는 종합적인 체계로 구성되어 있는 교육진단 도구이다. 영유아의 발달상태에 대한 종합적인 정보를 수집할 수 있고, 작은 운동, 큰 운동, 적응, 인지, 사회-의사소통 및 사회성의 교육과정 또는 발달 영역이 포함되어 있다. 장애 영유아 및 장애위험에 있는 대상을 위한 기능적인 협력적 사정, 평가, 교육과정, 가족참여 요소를 제시하고 있기 때문에 장애 영유아의 IEP 수립에 효과적이다(이영철, 허계형, 이상복, 정갑순 역, 2015).

AEPS를 활용하기 위해 전문가(교사)는 영유아의 수행능력을 정확하게 해석하기 위해 영유아 발달과 학습에서 적절한 훈련을 받아야 한다. AEPS 검사를 사용하여 자료를 수집하는 것은 초기에 시간투자가 필요하고, AEPS의 각 문항을 읽고 관련된 준거와 참조사항, 기록양식에 대해 알고 있어야 한다. 단, 영유아의 정확한 발달연령을 파악하는 데에는 어려움이 있다.

위에서 소개한 교육과정 중심 진단 평가는 가정과 협력하여 작성하는 것이 효과적이다. IEP를 작성하기 전 가정으로 진단 평가 도구를 보내어 부모가 장애 영유아의 발달 정도를 평가해보도록 한다. 이를 위해서 유아교육기관에서는 다음과 같은 안내문을 함께 동봉하여 부모가 기록하는데 도움을 줄 수 있다(조윤경 외, 2018).

표 8-6 **발달체크리스트 작성요령**

〈발달체크리스트 작성요령〉

다음은 같이 보내드리는 발달체크리스트를 작성하는 방법입니다. 체크리스트의 문항을 잘 읽어 보시고, 각 문항에 대한 **이의 활동 수준을 아래와 같은 요령으로 기록해주세요. 기록하는 방법은 다음과 같습니다.

○ 지금 현재 영유아가 혼자서도 완벽하게 할 수 있는 행동

△ 현재 수행할 수 있지만 약간의 도움이 필요하거나 완벽하게 수행하지는 못하는 행동
가끔은 나타나기도 하지만 그 빈도가 낮아서 어른이 대부분 도와주고 있는 행동

X 전혀 나타나지 않아 앞으로 교육이 필요한 행동

NP 관찰할 기회가 없어서 수행정도를 알 수 없는 행동

주의: 1. 한 번도 시켜보지 않으신 것은 2~3번 정도 시켜 보시고 체크해 주셔도 됩니다. 이 경우 부모님이 모르셨던 새로운 능력을 발견할 수 있는 기회가 될 수도 있습니다.
2. 문항의 내용이 잘 이해되지 않을 경우에는 기록하지 마시고 문항 옆에 v표시를 해주시기 바랍니다.

출처: 이소현 외(2009). 교육진단 및 교수 계획을 위한 장애유아 진단 및 평가. 학지사.

(3) K-CDI 아동발달검사(Korea Child Development Inventory)

15개월부터 만 6세 영유아 또는 이보다 높은 연령이라도 약 15개월에서 만 6세 범위의 발달을 나타내는 것으로 판단되는 영유아에게 실시할 수 있다. 영유아의 발달 상태를 측정하는 8개 하위발달 척도(사회성, 자조행동, 대근육 운동, 소근육 운동, 표현언어, 언어이해, 글자, 숫자 및 전체발달)로 구성되어 있다(김정미, 신희선, 2006).

현재 기능수준에 대한 정확한 정보를 제공하고, 영유아의 청각능력, 건강, 성장, 행동상의 문제 등에 대해 영유아의 발달에 의심이 되는 증상과 문제에 대한 부모의 관찰을 기술하는 문항을 추가하였다. 부모를 통하여 영유아에 대한 정보를 얻기 위한 검사도구의 형태로 문항이 간단하지만 영유아의 발달을 보다 자세하게 진단하기 위해서는 부가적인 발달검사가 보완되어야 한다. 교사들은 부모가 작성한 평가결과를 분석하여 교육계획에 반영할 수 있다.

개별화교육계획 작성을 위한 교육진단에서는 교사의 일방적인 판단으로 장애영유아의 '교육적 요구'가 결정되지 않도록 장애 영유아를 위한 평가는 체계적 관찰이나 포트폴리오와 같은 비형식적인 평가를 통해 다양한 기록과 정보를 확보할 것을 권장하고 있다.

6) 가정방문

가정에서 장애 영유아의 행동과 관련된 평가와 정보 수집을 통해 장애 영유아의 현행 수준을 관찰하여 가족의 요구 및 가족 자원의 활용 정도를 파악하는 것이다. 가정방문을 통해 교육진단 및 발달평가나 유아교육기관에서의 관찰을 통해 정보를 얻을 수 있다. 교사는 장애 영유아의 생활환경과 가족과의 관계를 확인할 수 있고, 부모는 가정 내에서 장애 영유아의 문제를 상의, 가정환경에 대해 다시 고려해 보는 기회가 될 수 있다. 학기 초의 가정방문은 장애 영유아에게 새로운 생활에 대한 기대를 갖도록 해주고 처음으로 함께 생활하게 되는 교사와 친밀감을 갖도록 해준다는 장점이 있다. 장애 영유아 지원교사는 통합학급의 일반교사와 함께 장애 영유아의 가정에 방문할 수도 있다.

가정에 방문하기 전 고려해야 할 사항은 다음과 같다.

첫째, 가정 방문 일정을 계획하기 전 부모님께 방문 가능한 요일과 시간을 미리 확인하고 일정을 잡도록 한다.

둘째, 영유아정보조사서의 내용을 숙지하여 장애 영유아 가족의 환경에 대한 정보를 갖고 방문할 수 있도록 해야 한다. 구체적인 내용이 작성되어 있는 유아정보조사서의 내용을 숙지하지 않은 상태로 가정방문 시 부모님께 질문을 하지 않도록 한다.

셋째, 장애 영유아를 위한 활동 공간이 있는지 보고 환경적인 부분이 장애 영유아의 행동특성에 어떠한 영향을 미치고 있는지 살펴보도록 한다.

넷째, 장애 영유아의 형제자매와 상호작용 등을 통해 형제자매 관계를 살펴보도록 한다.

다섯째, 장애 영유아가 다니고 있는 유아교육기관에서의 현 생활 모습을 간략하게 구체적인 행동 용어로 설명하도록 한다. “잘 하고 있어요.”, “그냥 좀 어려워해요.”라는 표현보다는 “또래에게 자신이 가지고 놀던 교구를 건넬 수 있어요.”, “식사 하기 전에 기다리는 것을 어려워해요.”처럼 구체적인 용어로 장애 영유아의 행동을 설명하도록 한다.

여섯째, 가정방문은 장애 영유아와 부모의 가정생활을 감시하러 가는 것이 아니다. 따라서 언어사용에 유의해야 할 필요가 있다. 장애 영유아의 행동을 지도하는 부모님의 모습이 상황에 맞지 않더라도 “어머님! 그렇게 하시면 안 되죠.”, “하나씩 주셔야지요.” 등의 명령조의 표현은 지양하도록 한다.

일곱째, 유아교육기관과 가족과의 협력, 상호지원을 강조하도록 한다.

7) 영유아정보조사서와 부모요구조사서

영유아정보조사서는 장애 영유아 발달에 관한 정보를 통해 발달사, 부모양육태도, 전반적인 가정상황에 관한 정보를 얻을 수 있다. 신입 장애 영유아의 경우 영유아정보조사서에 가족관계, 가정환경, 영유아발달사, 의사소통, 언어, 행동, 기본생활습관, 여가, 가족에 관한 사항을 포함하여 작성하도록 한다. 재원 중인 장애 영유아의 경우 상위 연령반으로 등반할 때 입소 시 정보를 얻은 '발달사' 부분을 제외하고 IEP 작성에서 필요로 하는 내용만을 중심으로 정보를 얻을 수 있다. 또한 2학기에는 2학기 IEP에 포함되었으면 하는 교육목표 및 가족요구와 관련된 부분을 간략하게 작성하도록 하여 영유아정보조사서를 재구성할 수 있다.

부모요구조사서를 통해 교사는 장애 영유아와 관련한 가족의 요구와 필요지원 서비스 내용을 파악할 수 있다. 가족의 요구는 시간이 흐르고 교육이 진행되는 동안 가족의 상황과 특성, 장애 영유아에게 기대하는 목표 등이 변화할 수 있기 때문에 교사는 부모와의 지속적인 대화를 통해 가족의 요구(장애 영유아에 대한 최대 관심사, 현재 부모님의 주된 스트레스 등)를 지속적으로 면밀하게 파악할 필요가 있다.

표 8-7 부모요구조사서 양식

20○○년 ○학기 부모요구조사서

○○○ 부모님께

본 원에서는 장애 영유아의 유아의 개별적인 요구에 적절한 프로그램을 계획, 실행하고 영유아의 선호도 및 발달상황 등을 구체적으로 파악하여 유아교육기관에서 교육이 효율적으로 이루어질 수 있도록 개별화교육계획(IEP)을 작성합니다.

가정에서 요구하는 IEP 내용과 앞으로 유아교육기관에서 지도하였으면 하는 교육내용을 구체적으로 작성하여 ○월 ○일까지 보내주시면 IEP 작성에 참고하도록 하겠습니다.

유 아 명		작 성 일	
영 역	교육 요구사항		
적응 행동			
운동성			
의사 소통			
인지			
사회성			

※ 부모요구조사서 양식은 유아교육기관 IEP 발달 영역 및 장애 영유아 발달수준 등에 따라 수정하여 사용할 수 있음.

8) 전문가와의 협력

다양한 발달영역에서 평가한 장애 영유아의 현행수준, 장애 영유아의 특성에 대한 정보는 전문가와의 협력을 통해 수집할 수 있다. 전문가와의 협력을 통해 특수교육 관련서비스 전문가에게 평가된 장애 영유아의 현행수준, 특성에 대한 정보에서 교육 목표, 내용 중 유아교육기관과 연계할 수 있는지 목표와 방안을 찾을 수 있다. 장애 영유아가 현재 다니고 있는 치료교육기관에 협력의뢰서를 의뢰하거나 필요한 경우 치료기관에 공문을 발송할 수도 있다. 또한 학기 초에 부모에게 전달하여 관련서비스 전문가에게 협력의뢰서를 부탁하거나 부모 동의 하에 관련서비스 전문가와 직접 연락하여 협력의뢰서에 대한 내용을 설명할 수도 있다.

장애 영유아의 발달특성 중 전문 영역의 치료지원적 접근이 필요한 경우 교사는 치료기관을 방문하여 자세나 이동에 따른 보장구 사용방법을 배워오기도 한다. 장애 영유아가 받고 있는 치료교육은 장애 영유아의 발달상황 및 진전도에 따라 변경될 수 있기 때문에 부모님과의 지속적인 소통을 통해서 치료교육 내용과 일정을 확인할 필요가 있다.

각 관련서비스 영역별로 기관에서 제공받고 있는 서비스 영역과 대상 기관, 치료목표 및 내용 등을 확인하여 치료교육에서 설정한 목표와 내용 중 유아교육기관과 연계하여 지도할 수 있는 방안을 찾아 장애 영유아를 효율적으로 지도할 수 있도록 한다. 협력의뢰서를 보낼 때 주의해야 할 사항은 사전에 치료실로 연락하여 협력할 수 있는 다양한 방법을 안내해드리도록 한다. IEP를 계획, 작성하는 3월부터 4월 초에는 치료실에 갑자기 많은 협력의뢰서가 몰릴 수도 있기 때문이다.

표 8-8 전문가 협력관련 서류 양식 1학기용(유아교육기관에서 치료기관으로)

안녕하세요? ○○어린이집입니다.

아래 내용은 ○○○의 어린이집 생활을 토대로 작성된 내용입니다. ○○○을 치료하시는데 좀 더 유용한 정보를 드리고, 저희 어린이집과 협력방안을 찾아 효과적인 치료계획을 세우시는데 도움이 되길 바랍니다. ○○○와 관련하여 궁금한 점이 있으시면 어린이집으로 연락주시기 바랍니다.

<table>
<tr><td>유아명</td><td></td><td>치료명</td><td></td></tr>
<tr><td>특수교사 및 장애영유아를 위한 보육교사</td><td></td><td>일반교사</td><td></td></tr>
<tr><td>교육기간</td><td colspan="3"></td></tr>
<tr><td colspan="4">의뢰내용</td></tr>
<tr><td colspan="4">1. 유아의 현재 수준</td></tr>
<tr><td colspan="4"></td></tr>
<tr><td colspan="4">2. 유아의 교육목표</td></tr>
<tr><td colspan="4"></td></tr>
<tr><td colspan="4">3. 유아의 놀이 및 상호작용</td></tr>
<tr><td colspan="4"></td></tr>
<tr><td colspan="4">4. 치료기관과의 연계 지도 요청 내용</td></tr>
<tr><td colspan="4"></td></tr>
</table>

○○○ 유아와 관련하여 어린이집과 상의할 내용이 있으시면
○○어린이집 ○○반 담임 ○○○ 교사에게 연락해주시기 바랍니다.
감사합니다.

출처: 국립특수교육원(2020). 2019 개정 누리과정 운영지원 자료 ② 놀이이해자료. 국립특수교육원.

표 8-9 전문가 협력관련 서류 양식 2학기용(유아교육기관에서 치료기관으로)

안녕하세요? ○○어린이집입니다.

학기 초 치료기관으로부터 받은 치료기관 협력의뢰서가 1학기 동안 어린이집에서 IEP(개별화교육계획)를 수립하는데, 많은 도움이 되었습니다. 감사의 말씀 드립니다.

아이들이 여름방학을 보내고 오면 2학기에 접어들어서 다시 한 번 IEP(개별화교육계획) 목표를 수정하여 교육방향을 설정합니다. 각 치료기관에서도 학기 초와는 다르게 치료기관의 목표가 많이 변화되었으리라 생각하여 다시 한 번 협력의뢰서를 요청드립니다. 바쁘시더라도 성의있는 답변을 주시면 ○○○ 유아를 교육하는데 귀중한 자료로 사용하겠습니다.

유아명		기관명	
치료명		담당 선생님	
치료기간			
의뢰내용			
1. 선생님이 평가하신 유아의 현행수준에 대해 말씀해주세요.			
2. 현재 어떠한 치료목표를 가지고 지도하고 계십니까?			
3. 치료기관과 연계하여 지도할 수 있는 추가적인 목표가 있으면 말씀해주세요.			
4. 저희 어린이집에 요청하고 싶으신 내용이 있으면 적어주세요.			

○○○ 유아와 관련하여 어린이집과 상의할 내용이 있으시면
○○어린이집 ○○반 담임 ○○○ 교사에게 연락해주시기 바랍니다.
감사합니다.

출처: 국립특수교육원(2020). 2019 개정 누리과정 운영지원 자료 ② 놀이이해자료. 국립특수교육원.

3. 개별화교육계획 작성

자연적인 관찰을 통한 일화기록, 포트폴리오, 일과수행평가, 발달평가 및 교육과정 중심 진단, 가정방문, 영유아정보조사서 및 부모요구조사서, 협력관련 서류(예, 협력의뢰서) 등에서 얻은 구체적인 자료를 통해 교사는 3주에서 4주 동안 관찰, 진단 평가한 내용이 잘 나타날 수 있도록 현행수준요약서에 장애 영유아의 행동에 대한 강점과 지원이 필요한 점을 작성해야 한다.

1) 현행수준요약서 작성

현행수준요약서를 작성할 때에는 영유아에 대한 다양하고 구체적인 자료를 기반으로 영유아가 잘하는 점(강점)과 지원이 필요한 점으로 구분하여 작성해야 한다. 현행수준요약서에는 다양한 상황에서 장애 영유아가 보이는 행동특성에 대해 작성하고, 현재 장애아가 스스로 할 수 있는 행동과 도움을 받아서 할 수 있는 행동에 대해 객관적인 사실로 묘사하여 작성해야 한다.

현행수준요약서는 적응행동, 운동성, 의사소통, 인지, 사회성 영역으로 작성하는데 적응행동(식사기술/착·탈의 기술/개인위생 및 화장실 사용기술), 운동성(대근육 운동/소근육 운동), 의사소통(언어이해/언어표현), 인지(사물의 비교, 특징/글자와 수 관련 기술), 사회성(사회 질서 규칙)으로 구분하여 작성할 수 있다. 발달 영역별 세부사항은 장애 영유아에게 필요한 영역을 추가할 수 있다.

구체적으로 구분하지 않는 경우 계속 같은 내용의 교육계획을 세울 가능성이 높기 때문에 IEP의 기능성과 일반성을 향상시키기 위해 현행수준요약서를 세분화할 필요가 있다. 또한 자료수집 과정 중 발달평가 및 교육진단 도구에서 현행수준요약서의 발달 영역과 다르게 표시되어 있는 경우 해당하는 영역에 작성하는 것이 바람직하다(예, 발달평가에서 신변자립, 신변처리, 자조행동으로 되어 있는 경우 IEP 발달 영역-적응행동에 작성).

2) 현행수준요약서 작성 시 유의사항

현행수준요약서를 작성할 때에는 IEP를 작성하는 시점의 능력을 기준으로 작성해야 하는데 최근의 진단정보를 활용하여 자료를 수집해야 한다. 장애 영유아의 발달과 행동에 미치는 영향을 분명하게 서술하고 장애로 인해 직접적으로 제한되는 능력과 함께 최소한의 수행수준을 함께 기술하도록 한다(예, 미술활동 시 풀이나 가위 등의 도구를 사용하는 것에 어려움을 보인다./ 풀 뚜껑을 열 때 교사가 신체적 촉진을 제공하면 풀 뚜껑을 열 수 있다). 장애 영유아의 강점과 지원이 필요한 점을 균형있게 작성하고 강점을 활용한 교수전략을 사용하여 유아를 지도해야 한다. 또한 명확하고 관찰과 측정이 가능한 행동적 용어를 사용하여 간결하게 작성하도록 한다. 다음 표 8-10은 IEP의 현행수준요약서 예시이다.

표 8-10 현행수준요약서의 예

<table>
<tr><td colspan="2">유 아 명</td><td>○○○</td><td>성 별</td><td>남</td><td>생년월일</td><td>20○○.○.○.
(만 5세 2개월)</td><td>작성일</td><td>20○○.○.○</td></tr>
<tr><td colspan="2" rowspan="2">영 역</td><td colspan="7">유아 현행 수준 요약 및 발달 상황</td></tr>
<tr><td colspan="4">강점</td><td colspan="3">지원이 필요한 점</td></tr>
<tr><td rowspan="2">적응
행동</td><td>식사
기술</td><td colspan="4">- 선호하는 음식이나 경험했던 음식(김, 두부, 소시지, 감자 등)은 거부감 없이 음식을 맛을 보기를 한다.
- 교사가 입술에 미세한 양의 음식을 묻혀주면 입술을 움직여 맛을 느끼기 시도한다.
- 적당한 크기로 음식을 잘라주면 포크로 찍어 먹는다.</td><td colspan="3">- 양념이 되어 있거나 새로운 음식에 대해 다양한 맛의 경험이 필요하다.
- 엄지와 검지에 힘을 주고 숟가락을 바르게 잡을 수 있도록 지원이 필요하다.
- 음식이 크게 제공될 경우 먹기를 시도하지 않아 스스로 음식을 잘라먹는 경험이 필요하다.</td></tr>
<tr><td>착탈의
기술</td><td colspan="4">- 지퍼를 끼워 제공하여주면 지퍼를 올려 의복을 입는다.
- 교사가 함께 손을 잡아주면 지퍼 버클에 끼우기를 시도한다.</td><td colspan="3">- 일정시간 동안 시선을 두고 지퍼버클을 끼워 올리기를 할 수 있도록 지원이 필요하다.</td></tr>
</table>

<table>
<tr><th colspan="2" rowspan="2">영 역</th><th colspan="2">유아 현행 수준 요약 및 발달 상황</th></tr>
<tr><th>강점</th><th>지원이 필요한 점</th></tr>
<tr><td>적응
행동</td><td>개인위생
및
화장실
사용
기술</td><td>– 교사의 손위에 자신의 손을 올려 코풀기를 시도한다.
– 얼굴에 음식물이 묻혀 있는 경우 교사가 손을 함께 잡고 얼굴을 닦아주면 얼굴 닦기를 시도한다.</td><td>– **이의 손을 사용하여 도움 없이 얼굴을 닦는 연습이 필요하다.</td></tr>
<tr><td rowspan="2">운
동
성</td><td>대근육
운동</td><td>– 또래가 함께 대근육 활동을 진행시 교사의 도움 받아 활동 동작에 참여한다.
– 점프하기를 선호하며 "점프 하세요" 하거나 동작에 점프가 있는 경우 스스로 제자리에서 5cm 이내로 점프한다.</td><td>– 감각 자극이 필요한 대근육(터널, 사다리 등)을 이용한 활동을 어려워한다.
– 장애물을 앞으로 나가며 점프를 경험할 수 있도록 지원이 필요하다.</td></tr>
<tr><td>소근육
운동</td><td>– "**이, 쓱싹 색칠해보자" 하고 시선을 맞춰주면 종이를 3초 이내로 보며 색칠을 한다.
– 글자 따라 쓰기를 할 때 "**아, ○보고 써보자" 하며 이야기하여 주면 시선을 3초 이내로 맞추기 하며 교사의 움직임을 느끼며 쓰기활동에 참여 한다.</td><td>– 시선을 맞추고 수평선, 수직선을 따라 움직임 조절을 경험하여 글자 쓰기를 할 수 있도록 지원이 필요하다.</td></tr>
<tr><td rowspan="2">의사
소통</td><td>언어
이해</td><td>– "**아, ○○ 주세요 /네 /싫어" 하고 익숙한 이야기를 들을 경우 손동작을 모방한다.
– 또래가 모임을 가지거나 이동할 경우 또래를 따라 다른 활동으로 전이됨을 안다.
– 시야를 가려주면 타인의 눈을 보고 이야기 듣기를 시도한다.</td><td>– 정해진 시간동안 일정한 활동에 참여하는 것을 어려워한다.
– 타인의 이야기를 들을 때 눈맞춤 시간이 일정할 수 있도록 지원이 필요하다.</td></tr>
<tr><td>언어
표현</td><td>– 요구하는 것을 보며 타인이 이야기할 경우 "주세요" "줘" 이야기를 듣고 손을 모아 요구하기를 표현한다.
– 대답하기 ,애정표현, 인사를 할 때 이야기해주면 동작으로 표현한다.
(예 : 뽀뽀, 한손 들기, 배꼽 손, 손 흔들기 등)</td><td>– 타인과 시선을 맞추고 자신의 요구를 표현 시 상호작용 할 수 있도록 지원이 필요하다.
– 원하는 놀잇감을 또래가 가지고 놀 경우 손에 있는 것을 요구하지 않고 가져갈 때가 있다.</td></tr>
<tr><td rowspan="2">인지</td><td>사물의
비교,
특징
(크기, 양,
색)</td><td>– 원하는 모양이 있는 경우(탑쌓기, 나열하기) 시선을 맞추고 제안한 모양을 따라 규칙에 맞춰 만들기 한다.
– 80% 완성된 퍼즐을 제공하여 주면 모양을 돌려 2조각 퍼즐을 맞춘다.</td><td>– 상호 연결된 5조각 이상의 퍼즐모양에 시선을 맞추는 것을 어려워한다.
– 나열하기, 직선으로 쌓기 외에 다양한 구성물을 만들기 경험하는 지원이 필요하다.</td></tr>
<tr><td>글자와
수 관련
기술</td><td>– 사진에 관심을 가지고 관찰하며 자신의 것을 찾을 때 사진을 보고 찾는다.</td><td>– 그림과 사진을 변별하여 자신이 원하는 것을 찾는 것을 어려워한다.</td></tr>
</table>

영 역		유아 현행 수준 요약 및 발달 상황	
		강점	지원이 필요한 점
	주의집중과 기억	- 자주 이동하는 교실의 위치 및 동선을 알고 제안 받아 또래 또는 교사와 이동한다.	- 교사의 도움 없이 스스로 교실을 찾는 것을 어려워한다.
사회성	사회 질서 규칙	- 간단한 구성물 만들기 규칙에 맞춰 또래의 제안을 받아들여 활동에 참여한다. - 이동시 줄서기, 일과 내 줄서서 기다리기 규칙을 정하여 주면 도움을 받아 자신의 순서를 기다린다.	- 다양한 활동(순서기다리기, 게임말 이동하기, 구성물 만들기, 무궁화 꽃이 피었습니다 등)에 순서를 지켜 참여할 수 있도록 지원이 필요하다. - 일정시간이 지나거나 원하는 것을 바로 하지 못할 경우도 기다려야 함을 경험할 수 있는 기회가 필요하다.

3) 장기목적과 단기목표 작성

① 가르쳐야 할 기술이 결정되면 장기목적을 기술

장기목적은 장애 영유아의 강점과 지원이 필요한 점을 고려한 1년간의 교육방향을 의미한다. 현행수준요약서에서 우선적으로 지원이 필요한 내용을 장기목적으로 작성한다(조윤경 외, 2018). 장기목적 설정 시 주의해야 할 사항은 영유아의 과거 성취 정도, 현행 수준, 장애 영유아의 선호도, 장기목적의 실제적인 유용성, 장애 영유아에게 우선적으로 지원이 필요한 발달 영역, 지도 시 소요되는 시간 등을 고려하여 장애 영유아에게 적절한 장기목적을 기술해야 한다. 장애 영유아에게 요구되는 여러 가지 기술 중에서 지도할 목표를 선정할 기준은 다음 표 8-11과 같다.

표 8-11 IEP 목표선정 기준

- 발달수준에 적합하고 기능적인가?
- 장애 영유아의 관심, 좋아하는 것, 능력에 따른 목표인가?
- 통합된 환경에서 참여를 지원하고 증진할 수 있는가?
- 장애에 대한 낙인을 최소화할 수 있는 목표인가?
- 가족에게 가치있다고 동의하는 목표인가?

행동이 이미 형성되어 있어 약간의 도움으로 수행이 가능한 경우와 연령에 필요한 행동이 형성되지 않아 전혀 수행이 어렵거나 도움이 많이 필요할 경우에는 행동형성을 목적으로 지도가 필요한 점을 작성한다. 장기목적을 서술할 때에는 발달영역마다 포괄적인 문장으로 서술한다.

운동성(소근육) 현행수준요약서의 지도가 필요한 점을 기반으로 장기목적을 작성한다(조윤경 외, 2018).

표 8-12 **운동성(소근육) 영역 현행수준요약서**

영역	강점	지원이 필요한 점
운동성 (소근육)	• 형태판 끼우기, 퍼즐 맞추기와 같은 조작교구에 관심을 많이 보이며 스스로 교구를 조작하는 모습을 보인다. • 한 번에 책 한 장씩 넘긴다. • 필기도구의 뚜껑을 스스로 끼운다. • 교사의 도움을 받아 미술영역의 조형도구를 사용하여 활동하는 모습을 보인다.	• 필기도구를 사용할 때 필기도구 끝은 주먹쥐기로 살짝 힘없이 잡아 끼적이는 모습을 보인다. • 선긋기와 원을 모방하여 그리는 것에 어려움을 보인다. • 색칠을 위해 끼적이기를 지속하는 것에 어려움을 보인다. • 가위를 바르게 잡아 싹뚝 오리기를 하는 것에 어려움을 보인다. • 풀을 사용하여 종이를 붙이는 것에 어려움을 보인다.

표 8-13 **운동성(소근육) 영역 장기목적 예시**

영역	장기목적
운동성 (소근육)	1. 필기도구를 삼점쥐기로 잡아 사용할 수 있다.
	2. 수평선과 수직선, 원을 모방하여 그림을 그릴 수 있다.
	3. 끼적이기를 지속하여 그림을 색칠할 수 있다.
	4. 가위로 싹뚝 자르기를 할 수 있다.
	5. 스틱 풀을 방법에 맞게 사용하여 종이를 붙일 수 있다.

언어(의사소통) 현행수준요약서의 지도가 필요한 점을 기반으로 장기목적을 작성한다(조윤경 외, 2018).

표 8-14 언어(의사소통) 영역 현행수준요약서

영역	강점	지원이 필요한 점
언어 (의사소통)	• 간혹 자신의 의사를 표현하기 위해 익숙한 단어나 어절을 소리내어 이야기한다. • 일과 중 1~2 음절의 음성을 소리내어 옹알거리는 모습을 보며, 간혹 교사의 말을 따라하는 모습을 보인다. • 교사의 익숙한 질문이나 지시에 손으로 가리키거나 행동으로 표현하는 모습을 보인다.	• 도움이 필요한 상황에서 적절한 언어로 도움을 요청하는 것에 어려움을 보인다. • '네'와 '아니요'를 구분하여 상황에 적절하게 대답하는 것에 어려움을 보인다. • 대집단 시 전이를 위해 자신의 이름을 불러도 이동하지 않고 가만히 앉아있는 모습을 보인다. • 익숙한 한 가지 지시를 따르기도 하나 대부분 지시를 듣고 수행하는 것은 성인의 신체적 촉진이 필요하다.

표 8-15 언어(의사소통) 영역 장기목적 예시

영역	장기목적
언어 (의사소통)	1. 성인의 언어적 촉진으로 요구나 도움을 '주세요'와 '도와주세요'의 언어로 표현할 수 있다.
	2. 자신의 의사를 묻는 질문에 '네'와 '아니요'로 표현할 수 있다.
	3. 교사나 성인, 또래가 이름을 호명하면 듣고 반응할 수 있다.
	4. 연관된 두 가지의 지시를 듣고 수행할 수 있다.

② 장기목적을 단기목표로 구체화

장기목적을 성취하기 위한 하위목표로 단기목표를 작성한다. 단기목표를 구체적으로 작성하는 이유는 첫째, 가르치는 사람이 영유아의 행동을 지속적으로 관찰하면서 정확한 기록을 할 수 있기 때문이다. 둘째, 정확한 기록을 통해 교수의 일관성을 도모할 수 있고 교사뿐만 아니라 제 3자도 가르치므로 영유아의 변화된 행동을 관찰, 확인할 수 있게 된다.

목표를 설정할 때에는 구체적인 동사를 선택해야 하는데 적절한 동사로는 대답한다, 색칠한다, 자른다, 모방한다, 말한다 등 보거나 들을 수 있는 관찰 가능하고 측정 가능한 동사로 선택해야 함을 의미한다. 아울러 교사가 주어인 문장이 아니라 대상자인 장애 영유아가 주어가 되도록 문장을 서술한다.

단기목표는 구체적이고 측정 가능한 세부 목표들로 나누어 작성하는데 조건과 기준, 행동의 3가지 요소가 포함되어야 한다.

표 8-16 **단기목표 구성요소의 예시**

요소	설명	예
조건	• 목표행동에 필요한 자료, 과제, 지시, 상황	• 식사시간에 교사가 양손을 잡아주면서 • 필기도구를 삼점쥐기로 잡을 수 있도록 성인이 손모양을 잡아주면 • 양발에 힘을 연결하여 줄 수 있도록 성인이 양쪽 다리를 번갈아 짚어주면 • 도구를 잡은 손을 그림의 중앙부분에 올려주고 팔을 동그랗게 돌려주기 시작해주면
행동	• 움직임으로 끝과 시작이 있고, 반복할 수 있고, 두 명 이상의 사람에 의해 신뢰롭게 측정할 수 있는 것 • 다양한 차원(정확성, 속도, 지속시간, 기간, 강도)을 고려하여 행동이 나타내는 기능을 파악	• 숟가락에 한입에 넣을 만큼 밥을 담을 수 있다. • 끼적거리기를 지속하여 색칠할 수 있다. • 점선을 따라 그릴 수 있다. • 큰 것과 작은 것을 가리킬 수 있다. • 줄 뒤로 가서 앉을 수 있다. • "미안해"라고 인사할 수 있다.
기준	• 다음 기술로 넘어가는데 필요한 최소 수준 판별지침(유아의 작업, 결과물, 관찰, 검사 등을 이용한 객관적 평가)	• 10번 기회 중 8회 이상 • 오차범위 5mm 이하 • 1/3 이상의 면적/5종류 이상 • 5일 중 3일 이상/5분 이상/3회 이상 주고받기

수정발췌: 김수진, 이정화(2013). 누리과정/표준보육과정과 연계한 장애 영유아 통합교육. 교육과학사.

발달영역별 단기목표는 구성요소를 포함하여 다음과 같이 서술할 수 있다(국립특수교육원, 2021).

첫째, 조건을 나누는 방법으로 독립수행단계에 이르기까지 촉진의 개입정도를 줄여서 위계적으로 제시하는 방법이다(강은영, 박윤정, 서효정, 박경옥, 최승숙 역, 2019).

표 8-17 조건에 따른 위계화

1-1. 교사는 “무엇을 가지고 놀까?”라고 말하면서 유아가 선택할 수 있도록 유아의 팔꿈치를 잡으면서 손을 사진 앞에 놓아주면 원하는 놀잇감 사진을 교사에게 건넬 수 있다.
1-2. 교사는 “무엇을 가지고 놀까?”라고 말하면서 놀잇감 사진을 보여주면, 원하는 놀잇감 사진을 90% 이상 건넬 수 있다.
1-3. 교사가 “무엇을 가지고 놀까?”라고 말하면, 10초 이내에 원하는 놀잇감 사진을 90% 이상 건넬 수 있다.

둘째, 행동을 나누는 방법으로 시간의 순서나 행동의 난이도에 따른 과제분석 단계를 조절하여 위계적으로 제시하는 방법이다. 단기목표를 작성할 때에는 과제분석의 순서는 장애영유아에게 필요한 목표행동을 세우고 장애 영유아가 그 행동을 얼마나 할 수 있는지 수준을 알아본 후, 현재 수준에서 목표까지 장애 영유아가 나아갈 수 있는 작은 단계로 나누는 것이다.

과제분석은 정해진 수가 있는 것이 아니기 때문에 장애 영유아가 과제를 완수할 수 있도록 단계를 나누는 것이 중요하다. 어떤 단계에서 어려워한다면 그 단계는 세분화할 수 있고, 장애 영유아의 수행능력이 좋으면 몇 단계를 묶어서 한 단계로 가르칠 수 있다.

표 8-18 과제분석의 예시 1

<table>
<tr><th>경도</th><th>중등도</th><th>중도</th></tr>
<tr><td rowspan="3">1단계
물로 손 씻기</td><td>1단계: 세면대 앞 수도꼭지 틀기</td><td>1단계: 세면대 앞 수도꼭지 틀기</td></tr>
<tr><td rowspan="2">2단계: 손에 물을 묻혀 문지르기</td><td>2단계: 손에 물을 묻혀 문지르기</td></tr>
<tr><td>3단계: 수도꼭지 잠그기</td></tr>
<tr><td rowspan="4">2단계
손에
비누칠하기</td><td rowspan="3">3단계: 손에 비누 묻혀 거품내기</td><td>4단계: 비누그릇에서 비누 들기</td></tr>
<tr><td>5단계: 손에 비누 묻히기</td></tr>
<tr><td>6단계: 비누 그릇에 비누 놓기</td></tr>
<tr><td>4단계: 비누거품 있는 손 비비기</td><td>7단계: 비누 묻은 손을 비벼서 거품 내기</td></tr>
</table>

경도	중등도	중도
3단계 손 헹구기	5단계: 물로 손의 비누거품 씻기	8단계: 물로 손의 비누거품 씻기
4단계 수건으로 손닦기	6단계: 자신의 수건 찾기 (수건 집기)	9단계: 자신의 수건 찾기 (수건 집기)
	7단계: 수건으로 손 닦기	10단계: 수건으로 손 닦기
5단계 수건 걸기	8단계: 수건 자기 자리에 걸기	11단계: 수건 자기 자리에 걸기

수정발췌: 양명희(2013). 행동수정이론에 기초한 행동지원. 학지사.

표 8-19 **과제분석의 예시 2**

- 최종 목표행동
  준서는 교사의 지시를 듣고 신발장에 신발을 정리할 수 있다.
- 현재 수준
  신발을 벗기 위해 앉을 수 있고, 신발의 벨크로테이프 떼는 것을 흉내 낼 수 있다.
- 과제분석
  1. 신발의 벨크로테이프를 뗀다.
  2. 신발을 벗는다.
  3. 짝을 바르게 맞춘다,
  4. 신발 두 짝을 손으로 든다.
  5. 신발장에 넣는다.

수정발췌: 양명희(2013). 행동수정이론에 기초한 행동지원. 학지사.

전진연쇄법은 과제분석을 통해 결정된 단계의 행동을 처음 단계부터 마지막 단계까지 순차적으로 가르치는 것이다. 과제분석의 첫 번째 단계를 장애 영유아가 독립적으로 할 수 있을 때까지 가르치고 나서 첫 번째 단계에 두 번째 단계를 붙여 수행하도록 지도하고, 나머지 단계도 같은 방식으로 하여 모든 단계를 도움 없이 할 수 있을 때까지 지도하는 것이다.

후진연쇄법은 과제분석을 통해 나누어진 행동의 단계들을 마지막 단계부터 처음 단계까지 역순으로 가르치는 것이다. 마지막 단계 행동 이전의 행동을 교사가 모두 완성해 준 상태에서 마지막 단계의 행동을 장애 영유아가 하도록 지도하는 방법이다. 예를 들어 과제분석이 3단계로 나누어졌다면, 2단계까지 교사가 다 해 주고 장애 영유아가 마지막 3단계를 하도록 하는 것이다(양명희, 2013).

전진연쇄법과 후진연쇄법 두 가지 방법 중 학습 동기나 수행력이 떨어지는 장애 영유아의 경우 조금만 수행하면 목표행동이 이루어지는 후진연쇄가 더 효과적인 것으로 보고되고 있다(조윤경 외, 2018).

셋째, 기준을 나누는 방법으로 독립수행 단계에 이르기까지 성취수준을 높여가면서 위계적으로 제시하는 방법이다.

표 8-20 기준에 따른 위계화

1-1. 지우는 교사가 "이건 어디 있었지?"라고 물어보면 2가지 종류의 놀잇감을 연속 3일 동안 5번의 기회 중 3번 이상 원래 있던 자리에 정리할 수 있다.
1-2. 지우는 교사가 "이건 어디 있었지?"라고 물어보면 3가지 종류의 놀잇감을 연속 3일 동안 5번의 기회 중 4번 이상 원래 있던 자리에 정리할 수 있다.
1-3. 지우는 교사가 "이건 어디 있었지?"라고 물어보면 4가지 종류의 놀잇감을 연속 3일 동안 5번의 기회 중 5번 이상 원래 있던 자리에 정리할 수 있다.

단기목표 서술에 대한 적절성 평가기준은 다음 표 8-20과 같다.

표 8-21 단기목표 서술에 대한 적절성 평가기준

요소	점검항목	예	
	선정된 기술	목표행동	기회
기능성	1. 환경 내의 사람 및 사물을 이용하여 성공적으로 상호작용하고 생활하는데 유용한가? 2. 유아가 하지 못할 때 다른 사람에 의해서 수행되어야 하는 기술인가(독립적으로 수행할 수 있도록 돕는 기술인가)?	• 사물을 통 안에 넣을 수 있다.	• 가정 – 서랍장에 옷넣기 • 유아교육기관 – 사물함에 물건 넣기

요소	점검항목	예	
	선정된 기술	목표행동	기회
일반성	3. 다양한 환경, 자료, 사람이 가르칠 수 있는 기술인가?	• 두 개의 사물을 동시에 조작할 수 있다.	• 가정-통에 숟가락 넣기 • 유아교육기관-블록 끼우기
교수환경의 통합가능성	4. 일상적인 환경에서 사용되는 방법과 같은 방법으로 교수할 수 있는가?(가정이나 교실에서 자연스럽게 발생될 수 있는 기술로 쉽게 자주 지도할 수 있는 기술)	• 사물을 쌓을 수 있다.	• 책쌓기, 나무조각 쌓기
관찰 및 측정 가능성	5. 수행수준을 결정할 수 있는 기준을 포함하는가?(빈도, 지속시간, 거리 등) 6. 관찰 가능하고 측정 가능한 동사인가?	• 식사를 마칠 수 있다.	• 30분 내에 먹기
장기목적과 단기목표의 위계적인 관계	7. 단기목표는 장기목표의 성취를 위해서 중요하다고 생각되는 발달상의 하위기술이나 단계인가? 8. 목적과 목표의 유일한 차이점은 특정 활동 혹은 교수적 도움의 첨가인가? 9. 단기목표는 목적과 관련되지 않은 기술로 작성되었는가? 10. 단기목표에 장기목적과 동일한 항목이 포함되어 있는가?	• 겉옷을 입을 수 있다.	• 앞, 뒤 구별하여 팔 끼우기

수정발췌: Pretti-Frontczak, K., & Bricker, D. (2000). Enhancing thr quality of individualized education plan(IEP) goals and objectives. *Journal of Early Intervention, 23*(2), 92-105.
김수진, 이정화(2013). 누리과정/표준보육과정과 연계한 장애 영유아 통합교육. 교육과학사.

표 8-22 장기목적과 단기목표의 예시

<table>
<tr><th colspan="5">발달 및 영역별 목표</th><th colspan="5">평가</th></tr>
<tr><th colspan="2" rowspan="2">발달영역</th><th rowspan="2">장기목적</th><th colspan="2">단기목표</th><th rowspan="2">4월</th><th rowspan="2">5월</th><th rowspan="2">6월</th><th rowspan="2">7월</th><th rowspan="2">8월</th></tr>
<tr><th colspan="2">목표행동</th></tr>
<tr><td rowspan="8">적응행동</td><td rowspan="3">식사 기술</td><td rowspan="3">1. 스스로 식사할 수 있다.</td><td>1-1</td><td>교사가 반찬을 가리키거나, 이름을 말해주면서 "○○ 먹어보자" 하고 이야기하여 주면 교사와 함께 손을 잡고 포크로 음식을 찍어 2회 이상 먹을 수 있다.</td><td></td><td></td><td></td><td></td><td></td></tr>
<tr><td>1-2</td><td>교사가 "밥먹자" 하고 이야기하여 주면 엄지, 검지, 중지를 이용하여(삼점잡기) 숟가락의 손잡이를 잡고 숟가락에 적당량(숟가락의 2분의 1)을 떠서 5회 이상 먹을 수 있다.</td><td></td><td></td><td></td><td></td><td></td></tr>
<tr><td>1-3</td><td>크기가 큰 음식은 엄지, 검지, 중지를 이용하여(삼점잡기) 잡을 수 있도록 교사가 손 모양을 잡아주면 포크를 옆으로 눕혀 눌러 적당한 크기로 5회 이상 자를 수 있다.</td><td></td><td></td><td></td><td></td><td></td></tr>
<tr><td rowspan="2">착탈의 기술</td><td rowspan="2">2. 잠그는 장치(지퍼, 버클)를 끼워 의복을 입을 수 있다.</td><td>2-1</td><td>시선을 10초 이상 유지하여 지퍼의 슬라이드의 끼우기핀(Insert pin)과 고정핀(Retaining box)을 끝까지 끼울 수 있다.</td><td></td><td></td><td></td><td></td><td></td></tr>
<tr><td>2-2</td><td>왼손으로 지퍼의 하단을 잡고 시선을 유지하며 오른손으로 슬라이더(slider)를 끝까지 올릴 수 있다.</td><td></td><td></td><td></td><td></td><td></td></tr>
<tr><td rowspan="2">개인 위생 및 화장실 사용 기술</td><td rowspan="2">3. 얼굴을 깨끗이 할 수 있다.</td><td>3-1</td><td>교사가 휴지를 잡은 손 또는 유아의 손을 유아의 코에 가져다 대 주면 입을 다문채로 "흥" 하고 2회 이상 풀기를 할 수 있다.</td><td></td><td></td><td></td><td></td><td></td></tr>
<tr><td>3-2</td><td>교사와 손을 함께 잡고 엄지와 검지에 힘주어 콧물을 닦아 물에 5회 이상 헹굴 수 있다.</td><td></td><td></td><td></td><td></td><td></td></tr>
<tr style="display:none"></tr>
<tr><td rowspan="2">운동성</td><td rowspan="2">대근육 운동</td><td rowspan="2">1. 다양한 대근육 활동에 참여할 수 있다.</td><td>1-1</td><td>3가지 이상 연속동작의 신체활동을 교사의 신체적 촉진받아 5초 이상 유지하여 모방할 수 있다.
(예-체육: 대근육 체조, 대근육, 기구활동, 율동/새노래: 율동 만들기 등)</td><td></td><td></td><td></td><td></td><td></td></tr>
<tr><td>1-2</td><td>두발모아 5cm 이하 장애물을 뛰어 연속적으로 5회 이내 넘을 수 있다.</td><td></td><td></td><td></td><td></td><td></td></tr>
</table>

발달 및 영역별 목표					평가				
발달영역		장기목적	단기목표 / 목표행동		4월	5월	6월	7월	8월
	소근육 운동	2. 간단한 선을 따라 그릴 수 있다.	2-1	5초 이상 시선을 유지하여 제시된 시작점과 끝점을 따라 5cm 이하 수평선(−) 오차범위 5mm 이하로 보조선을 따라 그릴 수 있다.(예−선긋기, 입 그리기, 글자쓰기 등)					
			2-2	5초 이상 시선을 유지하여 제시된 시작점과 끝점을 따라 5cm 이하 수직선(ㅣ) 오차범위 5mm 이하로 보조선을 따라 그릴 수 있다.(예−선긋기, 머리카락 그리기, 글자 쓰기 등)					
			2-3	교사가 필기구를 삼점쥐기로 유아의 손을 위에서 둥글게 잡아주면 보조선에 5초 이상 시선을 유지하여 제시된 선을 따라 팔을 곡선부분에서 팔을 움직여주면 선을 이용한 ○△□ 그리기를 할 수 있다.(예−도형으로 이루어진 사람)					
의사소통	언어 이해	1. 타인의 이야기를 듣고 반응할 수 있다.	1-1	다음 상황을 예측할 수 있는 시각적 단서 및 2어절로 이루어진 수업활동 설명을 듣고 정해진 시간동안(10~30초) 활동을 마무리 후 다음 활동으로 넘어갈 수 있다. (예−자유놀이 후 대집단/수업 중 놀이시 다시 수업참여 등)					
			1-2	다음 상황을 설명하는 교사의 설명을 듣거나 시각적 단서를 보고 교사와 5초 이내 눈맞춤하여 1~2단어 듣고 지시를 따를 수 있다.(예 − 블록 놓자/정리하자/지퍼 올리자/○○주세요/먹기 싫어 등)					
	언어 표현	2. 자신의 요구를 한 글자로 이야기할 수 있다.	2-1	원하는 물건에 "주세요" 표현하며 시선을 5초 이상 유지할 수 있다.					
			2-2	원하는 것에 두 손을 모으고 교사를 모방하여 "줘"하고 말소리를 낼 수 있다. ("줘"와 비슷한 소리 가능)					
			2-3	좋고 싫은 감정에 대한 "응/아니/좋아/싫어"를 듣고 교사를 모방하여 "고개 끄덕이기, 팔 모양으로 엑스(X)표시하기"를 할 수 있다.					

<table>
<tr><th colspan="5">발달 및 영역별 목표</th><th colspan="5">평가</th></tr>
<tr><th colspan="2" rowspan="2">발달영역</th><th rowspan="2">장기목적</th><th colspan="2">단기목표</th><th rowspan="2">4월</th><th rowspan="2">5월</th><th rowspan="2">6월</th><th rowspan="2">7월</th><th rowspan="2">8월</th></tr>
<tr><th colspan="2">목표행동</th></tr>
<tr><td rowspan="6">인지</td><td rowspan="2">사물의 비교, 특징 (크기, 양, 색)</td><td rowspan="2">1. 블록으로 모양을 구성할 수 있다.</td><td>1-1</td><td>교사나 또래가 5개 이상 사용한 블록을 모방하여 입체 모양 만들기를 할 수 있다.(예-자석블록: 그릇, 나비, 성, 집 등/벽돌블록, 유니트: 기차, 버스, 다리, 꽃 등)</td><td></td><td></td><td></td><td></td><td></td></tr>
<tr><td>1-2</td><td>시각적 단서를 받아 5개 이하의 퍼즐 조각을 연결하며 맞추기 할 수 있다.</td><td></td><td></td><td></td><td></td><td></td></tr>
<tr><td rowspan="2">글자와 수 관련 기술</td><td rowspan="2">2. 원하는 것을 선택 할 수 있다.</td><td>2-1</td><td>"**아, 뭐 줄까요?"를 듣고 사진 또는 그림에 5초 이상 시선을 두고 원하는 것 선택할 수 있다.</td><td></td><td></td><td></td><td></td><td></td></tr>
<tr><td>2-2</td><td>2가지의 선택형 질문을 듣고 시각적 자료(사진, 그림, 단어카드) 중 자신의 표현을 선택할 수 있다.(예-가고 싶은 장소사진 선택하기/놀이영역 선택하기 등)</td><td></td><td></td><td></td><td></td><td></td></tr>
<tr><td rowspan="2">주의 집중과 기억</td><td rowspan="2">3. 교실을 찾아 갈 수 있다.</td><td>3-1</td><td>교사가 "**이, ○○반으로 가세요"라는 말을 듣고 모방하여 "네" 하고 10초 이내에 반응할 수 있다.</td><td></td><td></td><td></td><td></td><td></td></tr>
<tr><td>3-2</td><td>"**아, ○○반으로 가세요"라는 말을 들은 후 "**이 올라와요"라는 교사의 언어적 촉진을 받아 5분 이내에 교실로 이동할 수 있다.</td><td></td><td></td><td></td><td></td><td></td></tr>
<tr><td rowspan="3">사회성</td><td rowspan="3">사회 질서 규칙</td><td rowspan="2">1. 또래와 놀이할 수 있다.</td><td>1-1</td><td>게임규칙에 맞춰(게임판, 카드놀이, 오르다 등) 또래와 순서를 지켜 5회 이상 번갈아 놀이 할 수 있다.</td><td></td><td></td><td></td><td></td><td></td></tr>
<tr><td>1-2</td><td>"무궁화 꽃이 피었습니다"에 맞춰 또래와 손잡고 이동하여 5회 이상 멈추기 할 수 있다.</td><td></td><td></td><td></td><td></td><td></td></tr>
<tr><td>2. 교실상황에서의 규칙을 지켜 행동할 수 있다.</td><td>2-1</td><td>교사 또는 또래가 "**아 줄서자" 하는 이야기를 듣고 3번째 이내의 순서에서 앞 또래와 보폭을 맞춰 자신의 순서를 기다릴 수 있다.</td><td></td><td></td><td></td><td></td><td></td></tr>
</table>

발달 및 영역별 목표				평가				
발달영역	장기목적	단기목표 / 목표행동		4월	5월	6월	7월	8월
		2-2	자신의 차례(뒤에서 1~3번째)에 맞춰 직선으로 줄을 서서 도착장소까지 또래의 보폭에 맞춰 이동할 수 있다.					

4) 행동지원 영역

비장애 영유아들도 행동지원 요구를 보이지만, 특히 장애 영유아 중에는 행동지원에 대한 요구가 큰 경우가 있다. 장애 영유아에게는 발달 영역 못지않게 행동을 익히고 수행하는 것이 중요한 목표가 되어야 한다. 행동지원 계획에는 문제가 될 행동을 예방하는 방안, 적절한 행동을 가르치는 방안, 문제행동 발생 시 상황별로 대처할 수 있는 방안 등이 종합적으로 포함되어야 한다(이대식, 김수연, 이은주 허승준, 2011).

표 8-23 문제행동 지원방안의 예시

문제행동 지원방안	• 일과내 다양한 활동의 전이를 통해 **이가 선호하는 활동 이외에도 다음 활동으로 변경됨을 연습한다(예: 다음 활동에 대해 또래가 하는 것 보여주며 설명하기/전이 전 활동에서 넘어갈 때 시간을 정해주고 숫자를 세며 현재 활동을 경험 후 변경할 수 있도록 시간 체크하기). • 타인과 대화할 때 시각방어 사용을 줄이고 눈맞춤 시간을 정하여 단어를 말하는 동안에는 상대방과 대화할 때 눈을 맞추어 이야기하는 것을 연습한다(예: 시야를 가려주며 교사, 또래와 눈맞춤 하여 이야기에 참여하기/곁눈질을 하거나 다른 곳을 바라볼 경우 시야를 가려주고 1:1상호작용 기회 제공하기). • 놀이의 활동범위를 높이기 위해 다양한 놀잇감의 사용법을 경험할 수 있도록 연습한다(예: **이가 좋아하는 음악 악기 다양하게 연주법/색칠하기에서 쓰기활동으로 변경/오르다: 보드게임 등).

5) 개별화교육지원팀 회의

IEP가 작성되면 회의 전에 구성원들과 IEP를 공유하면서 세부적인 내용을 수정 보완하고 협의하도록 한다. IEP는 서류철(書類綴)하여 보관하고 IEP에 기재된 장애 영유아의 개인정보가 유출되지 않도록 유의하여 보관하도록 한다. 또한 유아교육 기관의 관리자와 통합학급의 일반교사는 특수교사 및 장애 영유아 지원교사에게 개별 장애 영유아의 IEP에 대한 설명을 듣고 학급 내에서 함께 지원하기 위한 노력을 해야 한다. IEP 내용을 확인하지 않고 IEP 구성원 서명란에 서명(sign)만 하는 것은 안 된다. 1, 2학기 IEP 부모회의 일정이 계획되었다면 IEP 구성원에게 IEP를 사전 배부하여 개별화교육계획팀 회의 당일에 교육계획과 관련된 협의가 효율적으로 이루어질 수 있도록 한다.

4. 개별화교육계획 실행

1) 통합학급 교육내용 및 교육방법의 조정

IEP에는 목표를 도달하는데 지원할 수 있는 다양한 교육내용 및 교육방법을 기록하도록 한다. 주의해야 할 점은 교육방법의 명칭이나 유형을 단순히 기록하는 것이 아니라, 교육방법을 적용할 때 해당 장애 영유아의 특성을 고려하여 통합학급에서 어떤 조정이 필요한지 구체적으로 작성한다.

표 8-24 IEP에 포함된 교육내용 및 교육방법 조정의 예시

통합학급 참여에 필요한 준비 및 지원	통합학급 활동에 적용 가능한 교수적 수정
• 영유아의 발달수준을 고려한 물리적 환경을 구성한다.	• 활동의 단순화, 환경적 지원, 선호도 활용, 적응도구의 사용, 보이지 않는 지원 등의 교육과정 수정전략을 사용한 지도를 한다.

통합학급 참여에 필요한 준비 및 지원	통합학급 활동에 적용 가능한 교수적 수정
• 흥미영역을 시각적으로 단순하게 배치하도록 한다. • 영유아가 다음 상황을 예측하고 자발적으로 참여하도록 시각적인 지원을 한다. • 완전통합 환경으로 인하여 모든 활동에 수정된 교육과정으로 수업에 참여하도록 지원을 한다. • 일반교사와 장애 영유아 지원교사가 영유아의 개별적 특성을 고려하여 지도할 수 있도록 협력한다.	• 활동에서의 주의집중 유지 및 착석 지도를 한다. • 또래의 행동에 대한 반응행동을 촉진하여 또래 지원 전략을 활용한 활동 참여를 유도한다. • 초등학교 입학적응프로그램을 통하여 초등학교에서 필요한 기술을 습득하여 적응력을 높일 수 있도록 지도를 한다.

※ 장애 영유아의 장애유형 및 특성에 따라 내용은 달라질 수 있음.

2) 장애 영유아의 놀이를 지원하는 계획안 작성

교사는 IEP 실행을 위해 장애 영유아에게 특정 활동을 하도록 하는 것이 아니라 장애 영유아가 자연스러운 놀이, 일상생활, 활동에서 IEP목표와 관련된 경험을 연계할 수 있도록 지원해야 한다.

IEP 교육목표들은 일과와 활동 안에서 수행 가능하면서 다양하고 자연적인 상황에서 적용할 수 있는 내용으로 기술되어야 하고, 다양한 형태의 교수지원이 필요하다. 장애 영유아가 실제 경험한 놀이의 내용을 포함하되 교사의 놀이지원계획을 수립할 수 있는데, 기존의 방식에 비해 사전 계획을 최소화해서 계획을 수립하는 것이 바람직하다. 장애 영유아의 특성에 따라 개별적으로 지원하는 내용을 작성하고 계획안의 종류, 형식, 분량 등을 조정하여 사용하도록 한다. 기존에 사용하던 계획안을 통합하거나 간단한 일지 등을 활용하여 장애 영유아가 실제 놀이한 내용과 배움에 대한 정보가 공유될 수 있어야 한다. '계획안' 대신 다양한 명칭을 붙여 사용할 수도 있다.

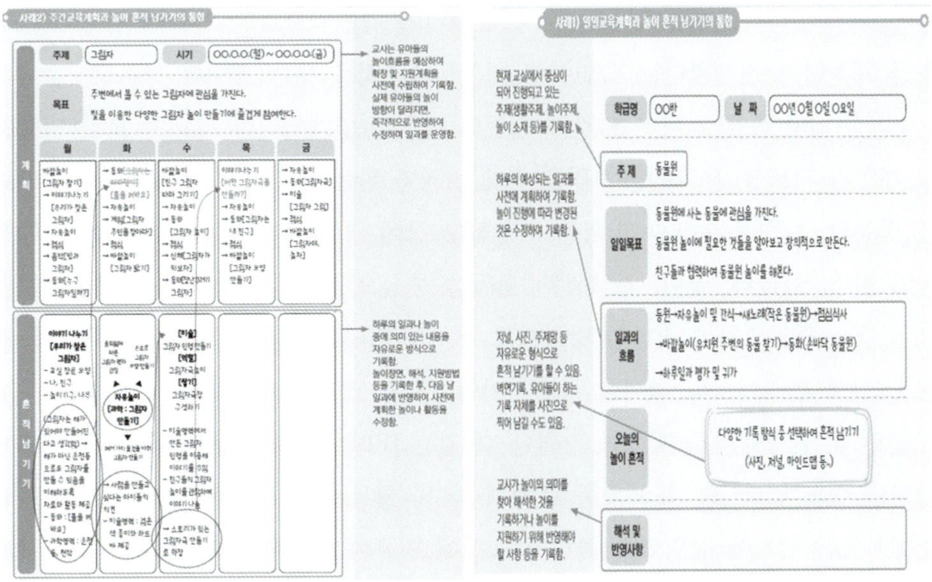

출처: 경기도 교육청(2019). 놀이 2019, 놀이로 유아의 삶을 담다. 경기도 교육청.

대부분의 학습은 일과와 활동이 운영되는 중에 영유아가 자신의 흥미와 선호도를 기반으로 활동에 참여하게 될 때 이러한 참여가 학습기회로 연계되면서 발생하게 된다. 하지만, 장애 영유아는 일반교육과정에 참여하는 것만으로는 자신에게 필요한 모든 학습기회를 제공받을 수 없다. 즉, 대부분의 유아교육프로그램이 하루 일과 전체를 통해서 학습의 기회를 제공하는 것이 사실이지만, 장애 영유아에게는 이러한 기회를 인식하고 학습할 수 있도록 구체적인 보조와 지원을 필요로 한다는 것이다. 그러므로 장애 영유아를 교육함에 있어서 교사의 가장 중요한 역할 중 하나는 IEP에 포함된 교수목표를 습득할 수 있도록 학습기회를 제공하는 것이다. 이를 위해서는 장애 영유아의 교육적, 개별적 지원을 위해 특별히 계획된 교수장면을 놀이, 일상생활, 활동에서 적절하게 포함하여 지원할 수 있어야 한다(이소현, 2011).

교육과정 운영 중에 사전에 계획된 교수 장면을 포함시키는 것은 넓은 의미에서 교수적 수정이라고 할 수 있으나, 여기서 말하는 삽입교수는 단순히 수정을 넘어서는 교수전략으로 유아주도의 활동 중에 교사가 직접적으로 개입하는 구체적인 교수를 계획하고 진행한다는 측면에서 더 큰 강조점을 두는 것이다.

교사는 IEP 목표가 어떤 일과와 활동의 경험과 연계되어야 하는지 교사나 성인의 개입과 지도를 최소화한 지원을 통해 일과와 활동에서 장애 영유아가 IEP 목표를 경험할 수 있도록 교수 상황을 예상하고 장애 영유아의 실행 여부에 대해 평가해야 한다. 아울러, 놀이, 일상생활, 활동을 중심으로 다양한 경험을 지원하고, 필요한 경우 활동흐름에 적합한 방식으로 교수를 실시하여 장애 영유아의 독립성 증진과 실제 환경에서의 참여를 증진시켜야 한다.

일과 및 활동에서 연계하여 지원할 수 있는 IEP는 도표에 체크하여 보육일지에 삽입할 수도 있다. 단, 도표화를 통해 일과 및 활동에서 지원할 수 있는 IEP를 추출해서 보육일지에 삽입했다 하더라도 장애 영유아가 보이는 관심과 흥미에 일과 및 활동에 삽입된 IEP는 실행이 안 될 수도 있고, 다른 발달영역의 IEP를 연계하여 지원할 수도 있음을 기억해야 한다.

표 8-25 일과 및 활동 참여를 지원하는 IEP 도표화 예시

영역	단기목표	등원	오전 간식	자유 놀이	실외 활동	점심 시간	…	귀가
의사소통	1-1. "같이 가자" 라는 말을 듣고 상대방의 손을 잡고 5분 이상 걸어갈 수 있다.	✓			✓			
	1-2. "하지마, 멈춰" 라는 말을 듣고 자신의 행동을 조절하여 3초 이내에 멈출 수 있다.		✓	✓				
	1-3. 유아를 부르는 소리(이리와, 가자, 오세요 등 한 단어)를 3회 이내로 듣고 부른 사람에게 다가갈 수 있다.		✓	✓	✓	✓		

영역	단기목표	등원	오전 간식	자유 놀이	실외 활동	점심 시간	…	귀가
사회성	1-1. 자신의 자리를 지켜서 앞, 뒤 또래와 간격을 유지하며 순서를 기다릴 수 있다.		✓		✓	✓		
	1-2. 또래와 보폭에 맞춰 줄을 따라 30cm정도 앞으로 이동할 수 있다.		✓		✓	✓		✓
	1-3. 정리신호를 듣고(교사가 정리하자 라고 했을 때) 자신이 놀던 공간에서 자신이 놀던 장난감 4개 이상을 정리할 수 있다.			✓	✓			

장애 영유아의 행동을 문제행동으로 인식하기보다는 장애 영유아의 흥미와 관심, 선호하는 물건, 활동, 장소, 대상 등에서 출발하여 놀이를 관찰, 평가를 하고 장애 영유아의 놀이특성을 파악하여 지원전략을 수립할 수 있다. 이를 위해 장애 영유아가 관심을 보이는 재료나 놀잇감을 제공하고, 관찰과 교육진단을 통해 작성한 IEP를 연계하여 지원해야 한다.

IEP는 장애 영유아의 발달을 증진시키는 도구적인 역할을 하는데 교사의 개입과 지도를 최소화한 지원을 통해 장애 영유아가 놀이를 선택할 수 있는 질적으로 풍부한 환경을 제공하는 것이 바람직하다. 또한 교사 주도의 교수전략을 사용하기보다는, 장애 영유아의 관심과 흥미에 따라 놀이하도록 지원하고, 장애 영유아를 주의깊게 관찰하면서 IEP를 연계하여 지원해야 한다.

표 8-26 **활동에 따른 수정방안**

활동	수정요소	방안
이야기나누기	목표	5분 동안 교사의 이야기를 잘 들은 경우 강화
거인발 게임	방법	거인발 대신 회전의자에 앉아서 하기
산책	집단	10명 미만의 소집단으로 진행
수채화그리기	교재	보조도구가 장착된 붓 제공

출처: 김수진, 이정화(2013). 누리과정/표준보육과정과 연계한 장애 영유아 통합교육. 교육과학사.

표 8-27 **교육계획 관련 평가 체크리스트**

• 개별적으로 필요한 참여전략이 명시되어야 한다(촉진방법, 시범보이기, 또래활용, 집단구성, 자리배치 등 환경 구조화 내용). • 읽고 이해하기 쉽게 서술되어야 한다. • 재미있고 의미있는 활동으로 구성되어 있어야 한다. • 다음에 반영되어 이루어질 활동에 대한 정보를 담고 있어야 한다(평가자료). • 다양한 발달 영역 목표가 제시되어야 한다. • IEP 목표와 연계를 가진 세부적인 활동 계획이 제시되어야 한다. • 일과와 주간 활동에서 목표가 포함되어야 한다. • 목표, 방법, 교재, 평가 등이 수정되고 조정될 수 있다. • 현행수준을 참작한 지도전략을 명시하고 있다(습득-숙달-일반화-유지). • 가정연계사항을 기록한다(단순한 과제나 알림기능은 지양). • 도움을 주고자 하는 성인에게 장애 영유아 지도에 대한 지침을 줄 수 있다.

출처: 김수진, 이정화(2013). 누리과정/표준보육과정과 연계한 장애 영유아 통합교육. 교육과학사.

일일교육계획안은 등원에서 귀가까지의 하루 일과 동안 장애 영유아를 어떻게 교육할 것인지에 대해 작성하는 것인데 하루 일과를 계획하고, 장애 영유아가 놀이, 일상생활, 활동에 어떻게 참여하였는지, 실행된 내용을 기록하고 평가하는 것이다. 즉, 일일교육계획의 실행과 평가가 모두 기록된 문서이다.

일일교육계획안이란 수업을 계획, 실행, 평가하는 교육프로그램 운영과 관련된 교사 본연의 업무에 관한 반성적 일지로 보다 나은 교육계획을 위한 자기업무평가서이다. 따라서, 관찰을 통해 장애 영유아가 경험할 교육의 목표와 지원 내용을 학급의 실정에 따라 통합적이고 융통적으로 일과를 운영하고 반영적 평가를 통해 놀이를 지원할 수 있어야 한다.

장애 영유아를 위한 수정일일교육계획안은 장애 영유아가 유아교육기관의 활동 중 등원, 화장실 가기, 간식, 식사, 귀가 등과 같이 매일 반복되는 일과 활동을 통해 독립적인 참여를 증진시켜야 하는 중요한 교육활동이면서 삽입교수나 직접교수를 위한 중요한 학습계획이다(이소현, 2011).

일일교육계획안을 수정하여 개별 장애 영유아를 위한 교수계획을 작성할 수 있는데 수정주간교육계획안이나 수정일일교육계획안에 장애 영유아의 교수계획을 포함시키는 것은 통합학급 전체 일과와 활동에 대한 계획을 실행하면서 동시에 장애 영유아에 대한 교수를 체계적으로 지원할 수 있도록 도와준다. 교수목표를 활동에 삽입하여 교수하기 위해서는 교수 실행 전 삽입교수의 구체적인 방법을 계획해야 한다. 삽입교수를 계획하기 위해서는 영유아의 개별 교수목표를 활동에 삽입 가능한 형태로 수정해야 하고 일과와 활동 내에서 구체적인 지도방법을 계획해야 한다. 수정일일교육계획안은 주제에 따라 장애 영유아의 활동목표를 진술하고 일과에 따른 활동 내용과 준비 자료 및 기타사항으로 나누어 교수 활동 계획을 구체적으로 제시한다.

수정일일교육계획안은 개별 장애 영유아의 IEP와 연관성을 가져야 하며, 하루 일과를 세분화하여 계획해야 한다. 일일 주요활동과 IEP 목표의 대비를 살펴보고, 실행에 따른 장애 영유아의 반응을 기록하도록 한다. 새로운 활동 외에 거의 반복적으로 진행되는 활동의 경우, 계획된 내용이 1주 또는 그 이상 계속 같은 내용으로 기록될 수 있다(한국보육진흥원, 2010).

계획안의 형식은 분량이나 구성이 자율화되었기 때문에 기관마다 작성방법이나 양식, 작성주기를 결정하여 사용할 수 있다. 유아교육기관에서는 놀이이야기, 놀이지원 계획안 등의 다양한 명칭으로 사용되고 있다.

표 8-28 수정주간교육계획안 예시

제 13호

○○반 수정주간교육계획안

대상유아: 김○○

<table>
<tr><th colspan="2">주 제</th><td colspan="2">나와 가족</td><th rowspan="2">날 짜</th><td colspan="2" rowspan="2">20○○년 ○월 ○○일 ~ ○월 ○○일</td></tr>
<tr><th colspan="2">소 주 제</th><td colspan="2">가족의 생활과 문화</td></tr>
<tr><th colspan="2">목 표</th><td colspan="5">가족의 생활과 문화에 관심을 가지며 가족의 특별한 날을 이야기해본다.</td></tr>
<tr><th colspan="2"></th><th>월</th><th>화</th><th>수</th><th>목</th><th>금</th></tr>
<tr><th colspan="2">기본생활습관</th><td colspan="5">어른께 높임말을 써요</td></tr>
<tr><th rowspan="7">자유놀이</th><th>미술놀이</th><td colspan="5">애벌레가 나비로 잡지와 전단지에서 가족이 좋아하는 음식을 오려 붙여요
* 멘델스존 봄의 노래를 들으며 나비 표현해보기 / 선호하는 음식 가위로 오려 전기에 붙여보기</td></tr>
<tr><th>과학놀이</th><td colspan="5">가족의 물건을 관찰해요
*가족의 물건을 탐색하며 물건의 이름 말해보기</td></tr>
<tr><th>수·조작놀이</th><td colspan="5">가족 물건 그림으로 패턴을 만들어요 협동하여 우리 가족의 즐거운 모습 퍼즐을 맞춰요
*2가지 패턴을 모방하여 가족의 물건 놓아보기 *친구와 함께 퍼즐 조각 맞추어보기</td></tr>
<tr><th>언어놀이</th><td colspan="5">말하기/듣기 - 가족과 함께 도우며 할 수 있는 일을 알아요
*엄마를 도와주고 싶은 일 한 가지 이상 말해보기
읽기/쓰기 - 우리 가족이 좋아하는 동물 이름을 알아요
*좋아하는 동물 이름 말해보고 점선으로 된 동물이름 글자 덧써보기</td></tr>
<tr><th>쌓기놀이</th><td colspan="5">우리 가족과의 추억의 장소를 만들어요
*가족과 놀러 갔었던 곳 말해보고 블록으로 구성해보기</td></tr>
<tr><th>역할놀이</th><td colspan="5">생일축하놀이
*친구와 함께 생일 축하 놀이에 참여하기</td></tr>
<tr><th>음률놀이</th><td colspan="5">가족의 생일을 축하하는 악기연주와 동작을 표현해요
*친구와 함께 생일 축하 악기 연주 해보기</td></tr>
<tr><th colspan="2" rowspan="2">활동</th><td><이야기나누기>
가족이 살고 있는 다양한 집
*자료를 보고 집의 이름 한 가지 이상 말해보기</td><td rowspan="2"><견학>
○○ 환경자원센터</td><td rowspan="2"><게임>
다양한 가족 만들기
*또래지원으로 이야기하는 수만큼 모여 게임에 참여하기</td><td><동시>
사랑하는 우리가족
*친구들과 속도를 맞추어 동시 한 소절 이상 읊어보기</td><td><동화>
짠! 무엇일까요?
*동화의 내용을 회상하며 질문에 3어절 이상으로 대답해보기</td></tr>
<tr><td><신체활동></td><td><다문화활동></td><td><다문화활동></td></tr>
<tr><th colspan="2">실외활동</th><td colspan="5">놀이터 활동 / 어른 신발을 신고 돌아와요 [대체활동 - 신발 신고 돌아오기]
*친구와 함께 '같이 놀자' 이야기 하며 놀이에 참여하기</td></tr>
<tr><th colspan="2">안전/소방</th><td colspan="5">(교통) 멈춘다! 살핀다! 건넌다! / (실종) 우리 가족 연락처 알기</td></tr>
<tr><th colspan="2">점심 및 낮잠</th><td colspan="5">친구 이불을 밟지 않아요</td></tr>
<tr><th colspan="2">가정과의 연계</th><td colspan="5">*가족의 호칭과 이름, 가족의 수를 말해보아요
*가족과 손과 발 재어보고 크기를 비교해보아요.(우리가족 발가락 크기비교, 우리가족 손바닥그리기, 지문찍어보기)
*우리 가족의 얼굴을 그려보아요.</td></tr>
</table>

표 8-29 수정일일교육계획안 예시

<table>
<tr><td>일 시</td><td>20○○. ○○. ○○ (○요일)</td><td>날씨</td><td>맑음</td><td>담 임</td><td>주 임</td><td>원 장</td></tr>
<tr><td>주 제</td><td>환경과 생활</td><td>소주제</td><td>소리와 우리생활</td><td rowspan="2"></td><td rowspan="2"></td><td rowspan="2"></td></tr>
<tr><td>목 표</td><td colspan="3">소리에 관심을 가지고 생활 속 다양한 소리에 대해 알아본다.</td></tr>
</table>

<table>
<tr><th>활동시간
및
일과</th><th>교 육 내 용</th><th>유아
이름</th><th>IEP
목표</th><th>활동목표</th><th>실행 및 평가</th></tr>
<tr><td rowspan="3">등원 및
통합보육
(7:30 ~
9:00)</td><td rowspan="3"><등원>
등원 시 들었던 소리에 대해 이야기해보기
• 교사, 또래에게 인사한다.
• 유아의 건강상태와 기분을 체크한다.
• 유아의 소지품을 확인하고 자리에 정리할 수 있도록 돕는다.
<기본생활습관>
공공장소에서 큰 소리로 이야기하지 않아요</td><td>박
**</td><td>소 1-1</td><td>• 양 손으로 겉옷을 정리한다.</td><td>양 손으로 겉옷을 바르게 개켜 정리함</td></tr>
<tr><td>김
**</td><td>언 1-1
언 1-2</td><td>• 교사와 눈맞추며 ‘안녕하세요’ 인사한다.
• ‘누구야’ 질문을 듣고 또래 이름을 이야기하며 ‘OO야 안녕’ 인사한다.
• 가방 안에 있는 사물을 보며 ‘이게 뭐야’ 질문을 듣고 한단어로 따라 말한다.</td><td>교실로 들어오자마자 “오늘 체육선생님”라고 이야기함. “오늘 체육선생님 오시지?” 라고 이야기하자 “체육선생님 오셔”라고 따라 말함</td></tr>
<tr><td>윤
**</td><td>대 2-1
신 1-1
신 2-1</td><td>• 성인의 지원으로 난간을 잡고 양발을 번갈아가며 계단을 오른다.
• 성인, 또래지원으로 한쪽씩 소매를 잡고 겉옷을 벗는다.
• 성인, 또래지원으로 옷을 바르게 개켜 정리한다.</td><td>교사가 소매를 잡아주자 겉옷을 벗음. 한쪽 팔을 안쪽으로 접어주자 스스로 겉옷을 개켜 정리함</td></tr>
<tr><td>오전 /
오후
실내
자유놀이
(9:00 ~
10:20)
(13:30 ~
14:40)
(15:40 ~
18:00)</td><td>• 영역별로 새로운 교구 활동방법을 알아본다.
• 교실에 있는 다양한 영역을 탐색하고, 놀이를 계획한다.
• 규칙을 지키며 놀이활동을 한다.
<언어> 듣기, 말하기:
소리를 나타내는 말
• 그림자료를 보며 어떤 소리가 들릴지 이야기해본다.
• 이야기를 꾸미고 싶은 그림자료와 해당하는 이야기 꾸미기판을 선택한다.
• 이야기 꾸미기판에 관련된 그림카드와 알맞은 의성어 카드를 생각하는 순서대로 놓는다.</td><td>박
**</td><td>소 2-1</td><td>• 사인펜 뚜껑을 왼손으로 열고 닫는다.
• 왼손으로 미술재료를 잡고 옮긴다.
• 왼손으로 주사위를 던진 후 별을 가져온다.
• 왼손으로 스티커를 뗀 후 붙인다.
• 왼손 검지손가락으로 누리교구를 터치한다.
• 양손으로 악기를 쥐어잡고 연주한다.
• 양손으로 교구바구니를 잡고 옮긴다.</td><td><언어>
왼손으로 사인펜 뚜껑을 잡고 열고 닫음
‘지구야 청소해줄게’ 편지를 씀.
<수조작>
땅 속에 사는 생물과 나무에 사는 생물을 적절하게 분류하며 붙임
교사의 언어적 지원으로 왼손으로 그림카드를 잡고 떼어보고 붙여봄</td></tr>
</table>

<table>
<tr><th>활동시간
및
일과</th><th>교 육 내 용</th><th>유아
이름</th><th>IEP
목표</th><th>활동목표</th><th>실행 및 평가</th></tr>
<tr><td rowspan="2">오전 /
오후
실내
자유놀이
(9:00 ~ 10:20)
(13:30 ~ 14:40)
(15:40 ~ 18:00)</td><td rowspan="2">• 이야기 꾸미기판을 보며 이야기를 꾸며 본다.
<언어> 읽기, 쓰기: 지구에게 온 편지
• 지구가 더러워지고 있다는 것을 알고 있는지 이야기 나눈다.
• '지구에게 온 편지' 활동방법을 알아본다.
• '지구에게 온 편지' 활동을 한 후 활동을 평가한다.
<미술> 실전화기 만들기
• 순서에 따라 실전화기를 만들어본다.
• 완성된 실전화기로 말하고 들어본다.
<수조작> 숲 속 친구들
• 숲에서 볼 수 있는 것에 대해 이야기 나눈다.
• 땅속에 사는 생물과 나무 위에 있는 생물에 대해 생각해본다.
• 게임을 한 후 각 생물이 알맞은 곳에 붙여졌는지 살펴본다.
<수조작> 어? 무슨 소리일까?
• 소리카드판 위에 소리카드를 모두 올려놓고 활동을 준비한다.
• 태블릿 PC를 터치하여 어떤 소리인지 예측하고 소리카드를 가져온다.
• 어떤 소리인지 확인한 후 알맞은 카드를 가져왔는지 살펴본다.
• 소리카드를 활동판에 적절한 위치에 붙인다.</td><td></td><td></td><td></td><td></td></tr>
<tr><td>김
**</td><td>사 1-1
사 2-1
언 1-1
언 1-2
언 1-3
인 1-1</td><td>• 성인의 지원으로 정리신호를 듣고 가지고 있는 사물을 제자리에 정리한다.
• 성인의 지원으로 활동에 착석한다.
<언어>
• 교사가 제안하는 색깔의 빨간색, 노란색 ,파란색 사인펜, 색연필을 찾는다.
<과학·역할·음률·쌓기·수조작·미술>
• '누구야' 질문을 듣고 해당하는 그림과 사람을 한 단어로 표현한다.
• '이게 뭐야' 질문을 듣고 사물의 이름을 한단어로 표현하거나 따라 말한다.
• '어디야' 질문을 듣고 해당하는 그림과 장소를 한단어로 표현하거나 따라 말한다.</td><td><수조작>
자유롭게 태블릿 PC를 눌러보며 소리를 들어봄. 교사가 소리를 흉내내며 "**야 이거 무슨 소리야?" 물어보자 세탁기, 믹서기 그림카드를 가져옴
"세탁기가 어딨지?"라고 물어보자 세탁기 그림카드를 건넴
<과학>
##이가 친구들이 놀이하는 소리를 녹음함 ."**아 ~"라고 이름을 부르며 달라고 표현함. **이가 녹음한 자신의 목소리를 듣고 교사에게 가져와 들려줌</td></tr>
</table>

※ 활동에 대한 평가 이외에 효과적이었던 교수전략, 다음 계획을 위해 수정해야 할 교수전략이 있으면 추가 변경된 내용을 기록한다.

※ 총평은 일과 중 특이사항, 영유아의 흥미와 참여 정도 등 일과 전체에 대한 평가를 기록하고, 다음 수업계획 시 반영하도록 한다.

※ 갑작스러운 상황으로 활동을 실행하지 못했거나 다른 활동으로 대체된 활동, 활동 진행 후 평가내용 등을 실행란에 간단히 기록한다.

5. 개별화교육계획 평가

체계적인 평가는 교육장면에서 교육목표의 수행 여부를 지속적이고 계획적으로 평가하여 교육목표 성취 여부를 판단하는 기준으로 교육성과에 직접적인 영향을 미치는 요소라 할 수 있다(박찬우, 배성현, 김엘리사벳, 2018).

장애 영유아의 진전도를 지속적으로 모니터하는 평가를 시행해야 하고 평가결과를 바탕으로 교육계획을 수정하거나 보완하는 과정을 반복해야 한다(조윤경, 김수진, 2010; Gartin & Murdick, 2005). 또한 장애 영유아의 IEP 평가와 관련해서는 설정한 교육목표에 도달해가는 정도를 부모에게 보고해야 한다.

표 8-30 개별화교육계획안 학기말 평가서

<table>
<tr><th colspan="5">발달 및 영역별 목표</th><th colspan="5">평가</th></tr>
<tr><th colspan="2" rowspan="2">발달영역</th><th rowspan="2">장기목적</th><th colspan="2">단기목표</th><th rowspan="3">4월</th><th rowspan="3">5월</th><th rowspan="3">6월</th><th rowspan="3">7월</th><th rowspan="3">8월</th></tr>
<tr><th colspan="2">목표행동</th></tr>
<tr><td rowspan="9">적응행동</td><td rowspan="3">식사 기술</td><td rowspan="3">1. 바르게 앉아 음식을 먹을 수 있다.</td><td>1-1</td><td>“바르게 앉자”라는 교사의 지시를 듣고, 허리를 핀 상태로 앉아 10분 이상 자세를 유지하여 음식을 먹을 수 있다.</td><td>×</td><td>×</td><td>△</td><td>△</td><td>○</td></tr>
<tr><td>1-2</td><td>배식 받은 음식을 모두 먹은 후에 식판 및 간식접시, 수저와 포크를 5회 중 3회 제자리에 정리할 수 있다.</td><td>×</td><td>×</td><td>△</td><td>△</td><td>○</td></tr>
<tr><td>1-3</td><td>배식 받은 음식을 모두 먹고, “다 먹었네”라는 교사의 말을 들은 후에 자유놀이 영역을 선택하여 놀이할 수 있다.</td><td>×</td><td>×</td><td>×</td><td>△</td><td>△</td></tr>
<tr><td rowspan="6">착탈의 기술</td><td rowspan="6">2. 스스로 옷을 입고 벗은 옷을 정리할 수 있다.</td><td>2-1</td><td>겉옷의 한쪽 팔을 스스로 끼운 후 교사가 겉옷의 목덜미 부분을 잡아주면 나머지 팔을 끼워 입을 수 있다.</td><td>×</td><td>×</td><td>△</td><td>△</td><td>△</td></tr>
<tr><td rowspan="2">2-2</td><td rowspan="2">벗은 옷을 교사가 바닥에 펼쳐주면 양팔을 안으로 포개고 아랫부분을 들어 올려 반으로 접은 뒤 얼굴사진이 붙어있는 사물함을 찾아 넣을 수 있다.</td><td>×</td><td>×</td><td>△</td><td>△</td><td>○</td></tr>
<tr><td>×</td><td>×</td><td>△</td><td>△</td><td>○</td></tr>
<tr><td>2-3</td><td>기저귀를 교체할 때 교사가 바지를 앞으로 펼쳐주면 10번의 기회 중 8회 두 발을 넣을 수 있다.</td><td>×</td><td>×</td><td>△</td><td>△</td><td>○</td></tr>
<tr><td>2-4</td><td>바지를 올려 입을 때 “바지를 올리자”라는 교사의 지시를 듣고, 10번의 기회 중 8회 두 손으로 바지춤을 잡고 위로 올릴 수 있다.</td><td>×</td><td>×</td><td>△</td><td>△</td><td>△</td></tr>
</table>

발달 및 영역별 목표					평가				
발달영역		장기목적	단기목표 목표행동		4월	5월	6월	7월	8월
			2-5	교사가 양말을 발 입구의 1/2을 끼워주면 나머지 1/2을 5회 중 3회 신을 수 있다.					
	개인 위생 및 화장실 사용 기술	3. 양치를 바르게 할 수 있다.	3-1	교사가 칫솔을 좌우로 움직여주면 유지하여 어금니를 2회 이상 닦을 수 있다.	×	×	△	△	○
			3-2	컵을 잡고 물을 마신 후 고개를 숙여주면 2회 이상 입에 있는 거품과 양치물을 뱉을 수 있다.	×	×	△	△	○
운동성	대근육 운동	1. 공을 이용하여 교사 또는 또래와 신체활동에 참여할 수 있다.	1-1	상대방을 향하여 공을 3회 이상 발로 차거나 손으로 던질 수 있다.	×	×	△	△	○
			1-2	굴러오는 공을 지속적으로 바라보며 2번의 기회 중 1회 발로 찰 수 있다.	×	×	△	△	○
	소근육 운동	2. 가위를 바르게 잡고 종이를 자를 수 있다.	2-1	교사가 종이를 잡아주면 5cm 이내의 다양한 모양종이를 3회 이상 자를 수 있다.	×	×	△	△	○
			2-2	교사가 종이를 잡아주면 주제와 연관된 ▲,■ 도형의 2면을 자를 수 있다.	×	×	△	△	△
		3. 색을 칠할 수 있다.	3-1	교사가 손 모양을 만들어 잡아주면 필기(그리기) 도구를 잡고 1분 이상 유지하여 끼적이기를 할 수 있다.(붓, 사인펜, 크레파스, 매직 등)	×	×	×	△	△
					×	×	×	△	△
			3-2	교사가 손 모양을 만들어 잡아준 필기(그리기) 도구를 잡고 유지하며 제공하는 선을 따라 오차범위 30도 이하 그릴 수 있다.	×	×	△	△	△
			3-3	사물의 모양을 그려주었을 때, 끼적거리기를 지속하여 모양 안 면적의 1/3 이상 색칠할 수 있다.					
의사소통	언어 이해	1. 교사가 요구하는 지시를 듣고 따를 수 있다.	1-1	교실 및 가정에서 성인이 제시하는 일상적인 동사를 듣고 5번 기회 중 3회 이상 따를 수 있다. (예: 교실로 들어가자, 바닥에 앉자 등)	×	×	△	△	○
			1-2	일상생활에서 익숙한 사물을 찾아서 5번의 기회 중 3회 이상 가져올 수 있다. (예: 휴지, 물병, 수건 등)	×	△	△	△	○
	언어 표현	2. 배변의사 표현을 할 수	2-1	변의를 느낄 때 교사에게 바지를 아래로 내리는 몸짓으로 배변의사를 표현할 수 있다.	×	×	△	△	○

발달 및 영역별 목표					평가				
발달영역		장기목적	단기목표 목표행동		4월	5월	6월	7월	8월
		있다.	2-2	변의를 느낄 때 교사에게 한 음절로 표현할 수 있다.	×	×	△	△	○
인지	글자와 수 관련 기술	1. 상대방의 말을 듣고 찾을 수 있다.	1-1	주제와 관련된 책이나 카드를 보고 교사가 말하는 내용(사물, 인물, 장면 등)을 5번의 기회 중 3번을 손가락으로 가리킬 수 있다.	×	×	△	△	△
			1-2	2가지의 사물 중에서 교사가 제시한 사물의 이름을 듣고 같은 물건을 찾을 수 있다.	×	×	△	△	○
	사물의 비교, 특징	2. 세 가지 색을 알고 구별할 수 있다.	2-1	빨강, 노랑, 파랑색의 사물 중 같은 색끼리 사물을 분류할 수 있다.	×	×	×	△	△
			2-2	빨강, 노랑, 파랑색 중 보여주는 색과 같은 색을 찾을 수 있다.	×	×	×	△	△
사회성	사회 질서 규칙	1. 또래와 놀이를 할 수 있다.	1-1	교사를 모방하여 놀이를 기능적으로 할 수 있다. (예: 역할놀이-그릇에 음식담기 등)	×	×	×	△	△
			1-2	교사의 시범을 보고 자신이 가지고 있는 장난감을 또래와 1~2차례 주고받을 수 있다.	×	×	×	△	△
		2. 줄을 서서 걸어갈 수 있다.	2-1	"같이 가자"라는 말을 듣고, 교사와 또래의 손을 잡고 걸어 갈 수 있다.	×	×	△	△	○
			2-2	5일 중 3일 이상 또래와 보폭을 맞춰 10m 이상 이동할 수 있다.	×	×	△	△	○
		3. 자신의 이름을 부르면 대답할 수 있다.	3-1	언어 또는 동작과 협응된 눈맞춤을 위해 5번의 요청 중 적어도 3번 이상 눈맞춤을 할 수 있다.	×	×	△	△	○
			3-2	교사가 이름을 부르면 5회 중 3회 "네"라고 대답할 수 있다.	×	×	×	△	△
		4. 교실에서 정해진 규칙을 따를 수 있다.	4-1	"신발 정리하자"라는 교사의 지시를 듣고, 10번의 기회 중 8회 신발을 모아서 잡아 자신의 신발장에 정리할 수 있다.	×	×	△	△	○
			4-2	"수건 걸자"라는 교사의 지시를 듣고, 10번의 기회 중 8번 얼굴사진이 붙어있는 수건걸이에 수건의 고리를 잡아서 걸 수 있다.	×	×	△	△	○
			4-3	자신의 얼굴사진이 붙어있는 수첩을 10번의 기회 중 8번을 바구니 안에 넣고 찾을 수 있다.	×	×	△	△	○

표 8-31 개별화교육계획안 장기목적 및 단기목표 성취도 기반 종합평가 결과

발달영역	종합평가 결과
적응행동	**(식사기술)** 교사와 함께 포크를 잡고 음식을 찍어서 먹을 수 있습니다. 교사가 손을 잡지 않고 스스로 포크를 잡도록 하면 바르게 잡지 못하고 바르게 잡지 않은 자세로 음식을 집어서 집어지지 않는 경우가 90% 이상입니다. 또한 포크를 위에서 아래로 찍어야 하는데 숟가락 사용하는 것처럼 뜨는 동작으로 음식을 떠서 먹습니다. 현재는 교사가 손을 함께 잡고 포크 사용을 도와 음식을 먹고 있는 중이며 2학기에도 교사가 손을 잡고 포크 사용하는 동작을 익힐 수 있도록 지원할 예정입니다. 가정에서도 식사시간에 함께 도와주시기 바랍니다.
	(착·탈의기술) 옷을 단정히 입으려고 스스로 노력하는 모습을 보입니다. 다만, 속옷을 더 위로 많이 올려서 바지 위로 속옷이 살짝 보인다거나 앞에는 윗옷을 바깥으로 뺐는데 뒤쪽은 윗옷을 바지 안에 넣는 모습 등이 보입니다. "**아, 우리 거울 다시 한 번 볼까?"라는 교사의 언어적 촉진으로 단정하게 입을 수 있도록 지도하고 있습니다. 또한 여름철에 날씨가 더워져서 상의를 길게 입고, 아래는 레깅스만 입는 경우가 간혹 있는데 레깅스 안에 상의를 전부 넣어 입고 배꼽 위까지 올려 입을 때가 있습니다. 옷에 따라서 적절하게 입을 수 있도록 지속적인 지원이 요구됩니다.
	(개인위생 및 화장실 사용기술) 양치질 시 유아가 칫솔을 물고 있는 경우가 많아 교사의 언어적 촉진이 없어도 각 5회씩 칫솔질을 할 수 있도록 목표를 잡았습니다. 유아의 경우엔 주변에 호기심이 많고 한 가지에 집중하는 시간이 짧아 칫솔질을 하다가 칫솔을 물고 있는 상태에서 다른 물건을 탐색하는 경우가 잦습니다. 화장실의 경우엔 환경에 큰 변화가 없음에도 불구하고 세면대도 한 번 만져보고, 거울도 한 번 만져보고, 손 소독제도 한 번 만져보는 등 칫솔질에 집중을 하지 못하는 모습을 보입니다. 칫솔질에 집중할 수 있도록 2학기에도 지속적인 촉진이 요구됩니다.
운동성	**(대근육운동)** 실외활동에서 계단에 손잡이가 있는 곳에서는 손잡이를 잡고 천천히 내려오기가 가능합니다. 그러나 손잡이가 없으면 내려오지 않고 멈춰 서서 움직이지 않습니다. 강당 활동 시 2개의 계단을 내려 올 때 손잡이가 없어서 내려오지 않고 교사를 바라보며 서있습니다. 교사가 "**야, 내려올 수 있어."라고 말하며 팔을 뻗으면 교사의 팔을 잡으려고 손을 뻗고 다리를 앞으로 움직이지만 내려오지 않아 교사의 손을 잡고 내려와야 합니다.
	(소근육운동) 소근육 운동을 위해 주어진 크기의 그림을 바르게 색칠하는 것으로 목표를 정하였습니다. 학기 초에는 그림의 아웃라인을 많이 벗어나 색칠을 하여 아웃라인을 굵게 그려 자료 수정 후 그림을 제공해 주었습니다. 또한 아웃라인을 넘어가지 않도록 지속적으로 언어적 촉진을 하자 기본 형태 안에 바르게 색칠하는 모습을 보였습니다. 다만 그림에 상징이 되는 색과는 전혀 다르게 색칠하는 모습을 보입니다 (예: 사람의 피부색을 빨간색으로 칠하기 등). 지속적으로 언어적 촉진을 하자 사람을 색칠할 경우엔 연주황색으로 칠하긴 하나 아직도 기린을 초록색으로 색칠한다거나 딸기를 노란색으로 색칠하는 모습들이 보입니다. 비록 상징하는 색깔이 다르지만 기린은 노란색이고, 딸기는 빨간색이라는

발달영역	종합평가 결과
	걸 인지하고 있으니 유아의 개성을 존중하여 2학기 때는 다른 목표로 변경하고자 합니다.
의사소통	**(언어이해)** 교실 내 자신의 물건을 정리할 때 "**아, 가방 속 물건 정리해보자" 하고 가방을 건네어주면 스스로 가방의 물건을 꺼내어 위치에 맞춰 정리하기를 할 수 있습니다. 한 가지를 정리한 후 다른 곳을 보는 경우가 있어 "**이, 물통이랑 양치컵 정리하자"하고 이야기해 주고 "하나, 둘, 셋 ....열" 하고 숫자를 세어주며 시간의 흐름을 알 수 있도록 지도하여 이제는 여러 가지의 물건을 정리해야 함을 알고 교사의 언어적 촉진을 받으면 시간 안에 정리할 수 있습니다.
	(언어표현) 그림책을 보며 "**아, 돼지가 만난 동물은 뭐가 있지요?" 하며 그림책을 확장하는 질문을 하며 찾을 수 있도록 지도하고 있습니다. 시각적 단서(포인팅)를 해주면 질문에 대답하기를 할 수 있지만 교사가 단서를 제공하지 않거나 질문의 확장이 많아질 경우 교사의 말을 따라하는 모습이 관찰됩니다. 알맞은 대답을 유도하여 교사의 질문에 대답을 모방할 수 있도록 지원하고 있습니다. 또한 식사 시 옆에 앉은 또래가 "**아, 밥 먹고 무슨 반찬 먹고 싶어?" 하고 반찬의 이름을 이야기해 주면 선택할 수 있도록 지도하였습니다. 이제는 또래의 질문에 5회중 1~2회 반응하여 원하는 것을 이야기하고 다음 대화로 질문하기를 하지만 아직은 간헐적인 모습이 있어 2학기에도 반복적으로 지도하여 일반화가 되도록 연습할 계획입니다.
인지	**(사물의 비교, 특징)** 학기 초부터 선호하는 블록놀이를 할 때 빨강, 파랑, 노랑, 초록 블록으로 색깔 이름을 이야기하였습니다. 블록 색깔과 같은 색은 분류하기가 가능하나 다른 다양한 색깔은 이름을 헷갈려 할 때가 있어 지속적으로 색깔 이름을 알도록 지원이 필요합니다. 동그라미, 세모, 네모 도형은 주제 관련 교구를 활용하여 알아보았으나 도형의 이름을 말하는 것을 다소 어려워합니다. 시각적 자료를 활용하여 크기와 양에 대해 물어보면 대답을 할 때에도 있고 그렇지 못할 때도 있어 2학기에는 구체물(교구나 놀잇감)을 가지고 비교할 수 있도록 지원할 예정입니다.
	(글자와 수 관련 기술) 학기 초부터 1~10까지 수세기를 할 때 다소 순서를 헷갈려 할 때도 있었으나, 놀잇감을 가지고 1:1 대응하며 천천히 수세기를 하면서 현재는 순차적으로 수세기가 가능합니다. 그림책에 관심을 보이지 않을 때에는 유아 선호도 활용으로 좋아하는 캐릭터나 그림이 있는 스티커 북을 활용하여 사물의 이름을 이야기하면 모방하여 말하기가 가능합니다. 2학기에는 지속적으로 그림책에 관심 가지고 읽을 수 있도록 지원할 예정입니다.
사회성	**(사회질서 규칙)** 또래가 놀이를 함께 하자고 이야기하면 미소를 지으며 적극적으로 장소를 이동하고 또래들이 활동하는 곳에 착석이 가능하며 또래들이 활동하는 교구 또는 장난감을 만집니다. 또래가 활동 참여를 유도하지 않아도 스스로 또래가 활동하는 곳으로 이동하여 앉아 관심을 보이기도 합니다. 교사의 말을 모방하여 "놀자"하고 말하는 횟수는 10회 중 5회 정도입니다. 2학기에는 2~3명의 또래와 놀이를 하면서 다양한 상황에서 또래에게 시작언어를 사용할 수 있도록 또래교수를 통해 지원할 예정입니다.

20○○학년도

개별화교육계획

Individualized Education Plan

♣ 대상유아

유치원/어린이집 명	유아 명	통합반
○○유치원/○○어린이집		

♣ 20○○학년도 1학기 개별화교육지원팀

직 위	성 명	동 의
원 장		□ 개별화교육계획에 동의합니다. (서 명)
원 감		□ 개별화교육계획에 동의합니다. (서 명)
일반교사		□ 개별화교육계획에 동의합니다. (서 명)
특수교사 및 장애 영유아를 위한 보육교사		□ 개별화교육계획에 동의합니다. (서 명)
통합자문교사		□ 개별화교육계획에 동의합니다. (서 명)
학 부 모		□ 개별화교육계획에 동의합니다. (서 명)

○○유 치 원 /○○어 린 이 집

1. 유아 기본 정보

<table>
<tr><td>성 명</td><td colspan="2"></td><td>성 별</td><td></td><td colspan="2">생년월일(CA)</td><td colspan="3">20○○년 ○○월 ○○일
(만 ○세 ○개월)</td></tr>
<tr><td>통합학급</td><td colspan="2"></td><td>통학방법</td><td colspan="6"></td></tr>
<tr><td rowspan="2">주 소</td><td rowspan="2" colspan="4"></td><td rowspan="2">장애
등록</td><td>유형</td><td colspan="3"></td></tr>
<tr><td>등록기관</td><td></td><td>발급일</td><td></td></tr>
<tr><td rowspan="4">가족관계</td><td>관계</td><td colspan="3">성명</td><td colspan="2">연령</td><td colspan="2">직업</td><td>성별</td></tr>
<tr><td></td><td colspan="3"></td><td colspan="2"></td><td colspan="2"></td><td></td></tr>
<tr><td></td><td colspan="3"></td><td colspan="2"></td><td colspan="2"></td><td></td></tr>
<tr><td></td><td colspan="3"></td><td colspan="2"></td><td colspan="2"></td><td></td></tr>
<tr><td rowspan="3">체질 및 병력</td><td>복용약물
및 기타병력</td><td colspan="3">없음</td><td rowspan="3" colspan="2">건강상태</td><td rowspan="3" colspan="3">•</td></tr>
<tr><td>1학기</td><td>키: cm</td><td colspan="2">몸무게: kg</td></tr>
<tr><td>2학기</td><td>키: cm</td><td colspan="2">몸무게: kg</td></tr>
<tr><td>입학 전 교육경력</td><td colspan="9">•</td></tr>
<tr><td colspan="10">진단 · 평가 내용</td></tr>
<tr><td>검사일</td><td>검사명</td><td>평가자</td><td colspan="7">진단 · 평가 결과</td></tr>
<tr><td></td><td></td><td></td><td colspan="7"></td></tr>
<tr><td></td><td></td><td></td><td colspan="7"></td></tr>
<tr><td>시작·종결시기</td><td colspan="4">20○○.○○.○○. ~ 20○○.○○.○○.</td><td colspan="2">IEP 작성자</td><td colspan="3"></td></tr>
<tr><td colspan="10">평가계획</td></tr>
<tr><td rowspan="7">평가시기
및
방법</td><td colspan="9">월 1회 단기목표 평가
- IEP 진전도 파악을 위한 일일교육계획안 전략평가
- 매달 마지막 주에 단기목표 수행도 체크 ×- 수행 안됨, △- 도움 받아 수행, ○- 독립수행</td></tr>
<tr><td>일화기록법
A(anecdotal record)</td><td colspan="8">• 어린이집 생활 속에서 일어나는 사건, 활동, 상호작용을 교사가 기록하여 평정함</td></tr>
<tr><td>관찰
O(observation)</td><td colspan="8">• 사건표집(특정행동의 발생여부를 기록하는 방법으로 행동의 빈도와 지속시간을 측정), 시간표집(특정 시간을 구간으로 나누고 각 구간에서의 행동 발생을 기록), 범주표집(행동을 여러 개의 범주로 구분하여 자료를 수집), 보조수준 기록</td></tr>
<tr><td>활동분석 포트폴리오
W(worksheet)</td><td colspan="8">• 유아 발달상황을 참고할 만한 다양한 방법의 기록물(미술작품, 활동지, 가정연계 등)을 수집한 것을 바탕으로 평가함</td></tr>
<tr><td>체크리스트
C(checklist)</td><td colspan="8">• 교육과정 중심 진단자료, 평정척도</td></tr>
<tr><td colspan="9">월별평가 기준
- 교사의 지원정도에 따른 평가 기준에 근거하여 유아의 수행정도를 기록하여 평정
×- 교사의 교수적 지원(IEP 단기목표 조건)에 반응하지 않을 경우
△- 교사의 교수적 지원(IEP 단기목표 조건)에 50% 정도 수행하는 경우
○- 교사의 교수적 지원(IEP 단기목표 조건)에 80% 이상 수행하는 경우</td></tr>
<tr><td colspan="9">학기말 장기목적 및 단기목표 평가 및 가정배부
- 담당교사가 수시 관찰법을 통해 성취정도를 월별로 기록, 누가 기록한 자료를 토대로 학기별로 종합평가
※ 학부모, 특수교사 및 장애 영유아를 위한 보육교사, 일반교사가 협의하여 평가 및 재사정을 통해 IEP를 수정·보완할 수 있음</td></tr>
</table>

2. 통합교육 지원계획

<table>
<tr><td rowspan="3">학급현황
및
교육계획</td><td>학급유형</td><td>담임교사</td><td>통합학급 비율</td><td>통합유형</td></tr>
<tr><td rowspan="2">통합반</td><td>교사</td><td rowspan="2">:</td><td rowspan="2">완전통합</td></tr>
<tr><td>교사</td></tr>
<tr><td colspan="2">통합학급 참여에 필요한 준비 및 지원</td><td colspan="3">통합학급 활동에 적용 가능한 교수적 수정</td></tr>
<tr><td colspan="2">• 유아의 발달 수준을 고려한 물리적 환경을 구성한다.
• 흥미영역을 시각적으로 단순하게 배치하도록 한다.
• 장애인식개선교육을 계획하고 실천함으로서 다양성 및 인성 교육을 진행한다.
• 유아가 다음 상황을 예측하고 자발적으로 참여하도록 시각적인 지원을 한다.</td><td colspan="3">• 환경적 지원(물리적 환경수정, 사회적 환경수정, 시간적 환경수정), 자료수정, 활동의 단순화, 유아 선호도 활용, 특수한 도구의 사용, 성인의 지원, 또래의 지원, 보이지 않는 지원 등의 교육과정 수정 전략을 사용한 지원을 한다.
• 대집단 활동에서의 주의집중 유지 및 착석 지도를 한다.
• 또래의 행동에 대한 반응 행동을 촉진하여 또래 지원 전략을 활용한 활동 참여를 유도한다.</td></tr>
</table>

<table>
<tr><td rowspan="7">특수교육
관 련
서 비 스</td><td>관련서비스/기관/
치료사</td><td>기간 및 횟수</td><td>내 용</td><td>유치원/어린이집 연계방안</td></tr>
<tr><td></td><td></td><td></td><td></td></tr>
<tr><td></td><td></td><td></td><td></td></tr>
<tr><td></td><td></td><td></td><td></td></tr>
<tr><td></td><td></td><td></td><td></td></tr>
<tr><td></td><td></td><td></td><td></td></tr>
<tr><td></td><td></td><td></td><td></td></tr>
</table>

※ 담당 치료사와 IEP를 공유해주시기 바랍니다.

3. 유아 현행 수준 요약 및 발달 상황

<table>
<tr><td colspan="2">유 아 명</td><td></td><td>성별</td><td></td><td>생년월일</td><td>20○○년 ○○월 ○○일
(만 ○세 ○개월)</td><td>작성일</td><td>20○○년 ○○월 ○○일</td></tr>
<tr><td colspan="2" rowspan="2">영 역</td><td colspan="7">유아 현행 수준 요약 및 발달 상황</td></tr>
<tr><td colspan="4">강점</td><td colspan="3">지원이 필요한 점</td></tr>
<tr><td rowspan="3">적응행동</td><td>식사 기술</td><td colspan="4"></td><td colspan="3"></td></tr>
<tr><td>착탈의 기술</td><td colspan="4"></td><td colspan="3"></td></tr>
<tr><td>개인위생 및 화장실 사용기술</td><td colspan="4"></td><td colspan="3"></td></tr>
<tr><td rowspan="2">운동성</td><td>대근육 운동</td><td colspan="4"></td><td colspan="3"></td></tr>
<tr><td>소근육 운동</td><td colspan="4"></td><td colspan="3"></td></tr>
<tr><td rowspan="2">의사소통</td><td>언어이해</td><td colspan="4"></td><td colspan="3"></td></tr>
<tr><td>언어표현</td><td colspan="4"></td><td colspan="3"></td></tr>
<tr><td rowspan="2">인지</td><td>사물의 비교, 특징</td><td colspan="4"></td><td colspan="3"></td></tr>
<tr><td>글자와 수 관련 기술</td><td colspan="4"></td><td colspan="3"></td></tr>
<tr><td>사회성</td><td>사회질서 규칙</td><td colspan="4"></td><td colspan="3"></td></tr>
<tr><td colspan="2">학부모 요구사항</td><td colspan="7"></td></tr>
</table>

※ 발달영역의 세부 하위 내용은 장애 영유아의 발달 수준에 따라 조정 가능함.

4. 1학기 영역별 장기목적 및 단기목표

발달 및 영역별 목표					수행도 평가				
발달영역		장기목적	단기목표		4월	5월	6월	7월	8월
			목표행동	평가방법					
적응행동	식사 기술								
	착탈의 기술								
	개인위생 및 화장실 사용기술								
운동성	대근육 운동								
	소근육 운동								
의사소통	언어 이해								
	언어 표현								
인지	사물의 비교, 특징								
	글자와 수 관련 기술								
사회성	사회질서 규칙								
행동지원방안									
가정연계 방안									

※ 발달영역의 세부 하위 내용은 장애 영유아의 발달 수준에 따라 조정 가능함.

5. IEP 단기목표 도표화

영역		IEP 단기목표	일과 및 활동							
			등원	(오전 오후) 자유 놀이	(오전 오후) 간식	화장실 사용	실외 활동	점심 시간	오후 특강	귀가
적응 행동	식사 기술									
	착·탈의 기술									
	개인위생 및 화장실 사용기술									
운동성	대근육									
	소근육									
의사 소통	언어 이해									
	언어 표현									
인지	사물의 비교, 특징									
	글자와 수 관련 기술									
사회성	사회질서 규칙									

※ 유아교육기관의 상황에 따라 일과 및 활동 내용은 변경될 수 있음.

6. 1학기 평가

발달영역	종합평가 결과
적응행동	(식사기술)
	(착·탈의기술)
	(개인위생 및 화장실 사용기술)
운동성	(대근육운동)
	(소근육운동)
의사소통	(언어이해)
	(언어표현)
인지	(사물의 비교, 특징)
	(글자와 수 관련 기술)
사회성	(사회질서 규칙)

※ 발달영역의 세부 하위 내용은 장애 영유아의 발달 수준에 따라 조정 가능함.

생각해보기

1. 현행수준요약서를 작성하기 위해 추가정보가 필요한 경우 도움을 받을 수 있는 진단내용과 전문 영역에 대해 조사해보세요.
2. 현행수준요약서의 강점에 기술할 내용이 없는 장애 영유아의 발달을 어떠한 시각에서 바라봐야 하는지 생각해보세요.
3. 개별화교육계획안(IEP)의 구성요소를 고려하여 발달 영역별 IEP를 작성해보세요.

Chapter 09

긍정적 행동지원

문제행동은 장애 영유아의 학습, 발달, 또래와의 놀이활동을 방해하고 또래와 성인에게 부정적인 영향을 줄 수도 있다. 교사는 장애 영유아의 문제행동을 지도하기 위해서 행동 자체에 초점을 맞추기보다 '이러한 행동을 왜 할까?'라는 생각을 해야 한다. 문제행동 자체에 초점을 두면 장애 영유아는 자신의 요구가 충족되지 못하거나 감각적인 문제가 해결되지 않음으로 인해 더 큰 문제행동을 할 가능성이 있다. 장애 영유아가 보이는 문제행동의 주변 환경을 살펴보고, 원인을 기능적으로 파악하기 위한 노력을 할 때 문제행동은 감소될 수 있을 것이다. 9장에서는 현장에서 다양한 교육적 요구를 보이는 영유아들의 문제행동을 지원하기 위한 긍정적 행동지원의 구체적인 방법에 대해 살펴보고자 한다.

1. 긍정적 행동지원의 정의

장애 영유아는 자신의 의도나 요구를 적절하게 표현하는 방법을 알지 못할 때 문제행동을 통해 기능을 전달하고자 한다. 장애 영유아의 문제행동은 대상과 상황에 따라 다양한 형태로 나타날 수 있는데 또래와의 사회적 관계형성에 부정적인 영향을 미치며, 학업 성취는 물론 교사의 학급운영을 방해하고 또래에게 거부를 당하게 된다(이소현, 박은혜, 2011).

최근 행동지원에서는 충분한 의사소통 기술이나 사회성 기술을 가지고 있지 못한 장애 영유아의 특성상, 문제행동을 통하여 자신이 원하는 것, 하고 싶지 않은 것 등 기본적인 요구를 표현하여 그 요구를 충족시킬 수 있는 방법을 제안하고 있다. 장애 영유아를 위한 행동지원은 단순히 문제행동을 없애는 것이 아니라 장애 영유아가 문제행동을 일으킬 수 있는 주변 환경을 변화시키고 문제행동을 이해하는 것이 우선이라고 할 수 있다. 이와 함께 장애 영유아의 문제행동을 통해 충족하고자 하는 요구를 다양한 평가를 통해 찾아낸 후 요구를 충족할 수 있는 다른 대체행동을 찾아서 지도하는 것이 문제행동 지도의 핵심이다. 이러한 문제행동 지도방법을 긍정적 행동지원이라고 한다.

긍정적 행동지원(positive behavior support)이란 장애 영유아의 문제행동 발생 예방을 위해 영유아가 속한 환경을 재구성하고 바람직한 대체행동을 지도하는 것이다. 따라서 문제행동의 감소라는 1차적 목적과 장애 영유아, 가족, 그리고 주변인의 삶의 질 향상을 목적으로 하는 지원체계라고 할 수 있다.

1997년 미국의 대표적인 특수교육 관련법인 「장애인교육법」(Individuals with Disabilities Education Act, IDEA)에서 "자신 또는 타인의 학습을 방해하는 행동을 가진 유아의 경우, 그 행동을 다루기 위하여 긍정적인 행동중재 및 지원전략을 고려할 것"이라는 내용이 포함되면서 이 조문에 언급된 긍정적 행동중재 및 지원이라는 것에 대한 관심이 더욱 고조되기 시작하였다.

영유아기는 발달과 변화의 시기로 다양한 문제행동이 나타날 수 있다. 이 시기에는 장애 영유아 또한 발달과 학습 그리고 상호작용에 어려움을 주는 문제행동이 보이는 경우가 많다(이효신, 김은영, 2012). 이러한 문제행동으로 인해 장애 영유아의 교실활동 참여 및 학업 성취는 물론이고 비장애아와의 사회적 관계형성과 우호적인 통합환경을 만드는 데 어려움이 발생할 수 있다. 또한 교사들이 장애 영유아의 문제행동에 효과적으로 대처하는 방안을 가지지 못하고 장애 영유아의 문제행동에 효율적으로 대처하지 못할 경우 교수활동에 투입해야 할 심리적 에너지를 미리 다 소진시킴으로써 효율적인 지도에 지장을 초래할 가능성이 높다(김경윤, 2012; 최진오, 2009; Hastings & Brown, 2002). 이렇듯 장애 영유아의 문제행동은 장애아뿐만 아니라 비장애아와 교사 모두에게 통합교육에 부정적인 견해를 갖게 할 수 있는데 실제적으로 이러한 사례가 통합교육 현장에서 빈번하게 발생하고 있다(이제화, 2010).

많은 전문가들은 문제행동을 가급적 유아기에 판별하고 조기중재를 실행해야 할 것을 최상의 실제로 강조하는데(이미애, 한성희, 이규옥, 2007; 허계형, 노진아, 2012), 유아기에 나타나는 문제행동에 대해 적절한 중재를 제공받지 못하고 학령기에 접어든 영유아들은 또래로부터의 거부, 교사와의 부정적인 상호작용, 학교 부적응, 사회 부적응 등을 경험하게 되고 이러한 행동은 학령기 이후 성인기까지 지속되거나 심화될 수 있기 때문이다(이수정, 2008).

2. 긍정적 행동지원의 특징

긍정적 행동지원은 기능분석을 바탕으로 하는 환경 내에서의 행동수정보다는, 교사, 가족, 주변의 사람들이 자연스러운 환경에서 다양한 평가와 지원절차를 사용하여 장애인의 행동을 지원함으로써 전반적인 생활양식의 변화를 도모하는 것이다.

첫째, 엄격하게 구조화된 실험상황보다는, 적절한 행동이 요구되는 자연스러운 현실 환경에서 행동을 지원하고, 문제행동을 가진 장애인 자신은 물론 많은 시간을 함께 보내는 사람들이 적극적으로 참여한다. 따라서 긍정적인 행동지원의 중재방법은 실용적이어야 함은 물론이고, 지원을 제공하는 과정이 장애인 본인과 주변에 있는 사람들에게 수용 가능해야 한다.

둘째, '문제행동'을 일으키는 '문제상황'을 먼저 변화시키고자 노력한다. 다차원적 접근을 하는 것인데 문제행동 자체가 아닌 가정, 유아교육기관의 여건 개선이 긍정적 행동지원의 주요 내용이다.

셋째, 문제행동이 일어난 직후의 중재를 강조하는 전통적 행동수정 방법과 달리, 긍정적 행동지원에서는 문제행동이 일어나기 직전이 최적의 중재시기라고 규정하고, 문제행동과 같은 기능을 가질 수 있는 적절한 대체행동을 지도하여 문제행동을 사전에 예방하는 데 중점을 둔다.

문제행동은 학문 분야의 특성에 따라 부적응행동, 이상행동, 정서・행동장애, 행동문제, 역기능적 행동으로 다양하게 불린다. 관점의 차이에 따라서는 한 연령 집단에서는 문제행동으로 판단될 수 있는 행동이 연령이 다른 집단에서는 정상적인 행동으로 판단되는 경우(예: 만 1세 영아의 행동 vs 만 5세 유아의 행동), 발달이라는 현상 자체가 변화를 포함하는 것인데 일부 교사들은 영유아의 급속한 변화를 문제로 보는 경우, 영유아의 부정적인 행동을 발달과정에서 생기는 일시적인 현상이며 성장하면서 저절로 사라지는 것으로 믿는 경우 등으로 다양하게 나타난다.

교육현장에서 주로 발생하는 문제행동은 반복적인 패턴을 가지고 발생하는 행동, 학습과 긍정적인 상호작용을 방해하는 행동, 발달수준에 맞는 지도에 반응하지 않고 지속해서 발생하는 문제행동으로 구분할 수 있다. 또한 문제행동은 연령수준에서 해야 하거나 할 수 있는 행동을 전혀 하지 못하거나 잘하지 못하는 경우, 연령수준에서 하지 말아야 할 행동을 하는 경우, 어느 연령층에서도 하지 말아야 할 행동을 하는 경우, 바람직한 행동이지만 과도하게 하는 경우, 바람직한 행동이지만 상황에 적절하게 맞추어 하지 못하는 경우 등으로 구분할 수 있다.

문제행동은 같은 행동이라도 주변의 성인이 어떤 기대를 갖느냐에 따라 영유아의 행동이 문제행동으로 보이거나 그렇지 않을 수도 있기 때문에 연령에 따른 신체적, 지적 발달 그리고 성격과 사회성의 발달양상을 정확히 아는 것은 문제행동의 이해와 교육에 매우 중요하다고 할 수 있다.

3. 문제행동의 지도

통합교육 환경에서 문제행동을 지도하기 위해서는 장애 영유아가 문제행동을 보였을 때 어떻게 반응해야 할지, 문제행동을 대체할 새로운 기술을 어떻게 가르

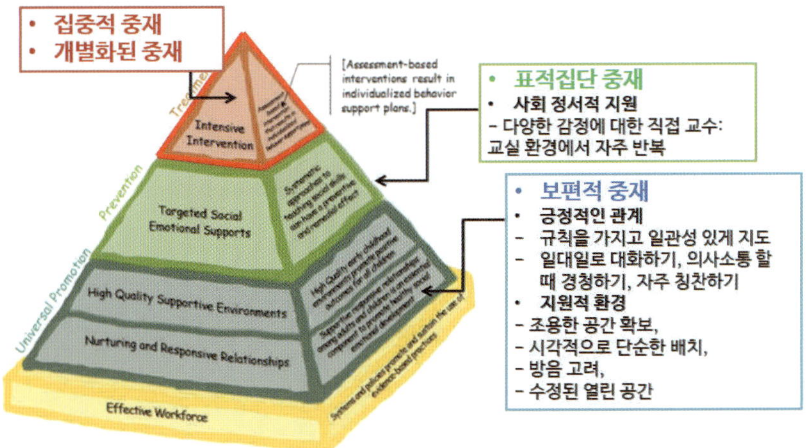

그림 9-1 유아교육기관에서의 피라미드 모델

출처: The National Center for Pyramid Model Innovations

칠 것인지 등을 고민하기 전에 먼저 환경을 관찰함으로써 문제행동의 발생 가능성을 감소시킬 수 있다. 이때 "환경"이라 함은 물리적 환경뿐만 아니라 사회적, 정서적 환경을 포함하는 것이다.

1) 보편적 중재 – 긍정적 관계 및 지원적 환경

장애 영유아를 포함한 학급의 모든 영유아들을 중재하기 위한 보편적 중재로써 긍정적 관계를 고려해야 한다. 영유아와의 긍정적인 관계를 형성하기 위해서는 교사와 영유아 간 일대일로 자주 대화하기, 영유아의 이름을 부르며 반기기, 밝은 목소리로 영유아들과 눈맞춤을 하기, 영유아가 의사소통하려고 할 때 경청하기, 자주 칭찬해주고 신체적으로 안정감을 느낄 수 있는 접촉하기 등을 고려해야 한다.

또한 교사는 장애 영유아를 포함한 모든 영유아에게 규칙을 적용하여 안정적인 학급을 운영하도록 노력해야 한다. 규칙이란 기대되는 행동으로 교실 또는 정해진 영역에서 지켜야 하는 바람직한 행동목록을 범주별로 정리하고, 안전, 존중, 책임감, 학습관련행동, 사회적 행동 등을 포함하며 분명한 규칙과 절차를 통해 일관성있게 시행할 수 있어야 한다. 무엇보다도 구성원들의 긍정적인 행동 변화를 이끌어 낼 수 있도록 다양한 전략을 사용해야 한다.

통합교육환경에서 규칙 개발 원칙은 다음과 같다.

첫째, 긍정적인 용어로 기술

둘째, 최소한의 규칙(5개 이하)을 정함

셋째, 다양한 상황을 고려하여 설정: 다양한 상황에 적용 가능한 일반적인 규칙

넷째, 연령 및 발달수준에 적합

다섯째, 규칙에 따른 행동의 예(바람직한 예 vs 바람직하지 않은 예시)를 지도할 것

여섯째, 규칙을 일관성있게 지킴

교실 운영

- 교실 전체의 규칙을 만들 때 영유아들을 포함시킨다.
- 영유아가 교실의 행동규칙을 알고 설명할 수 있도록 지도한다.
- 그 학급의 모든 영유아가 수립된 규칙을 잘 지킬 수 있도록 지도한다.
- 긍정적인 행동을 할 때 빈번한 강화를 제공한다.
- 행동규칙을 잘 따르는 개인이나 모둠을 보상한다.
- 위기행동 발생 시 따라야 하는 분명한 절차를 미리 수립해 둔다.

규칙이 만들어지면 학기 첫 주에 집중적인 훈련을 하고 교사의 설명과 시연, 역할놀이 등을 통해 직접적으로 지도하도록 한다. 규칙을 지키기 위한 필요기술에 대해 연습의 기회와 함께 교사는 피드백을 제공해야 하며 주기적으로 규칙을 검토하고 필요한 경우 재교육을 하도록 한다. 가정과의 연계를 위해 부모에게 통합교육기관의 규칙과 절차를 알리는 것이 효과적이라고 할 수 있다.

이 외에도 장애 영유아의 문제행동을 지원하기 위해서는 바람직하지 못한 행동이 언제 발생하는지 파악하고 그러한 행동이 나타나지 않도록 문제가 되는 요소를 환경에서 제거하는 등 교실환경을 점검해야 한다. 교사들은 규칙을 일관성 있게 지도해야 하는데 영유아가 바람직하지 못한 행동을 할 때 사용하는 지도전략들은 시기와 양, 일관성과 공평성이 중요하다고 할 수 있다. 또한 행동지도를 위한 모든 전략은 사회적으로 수용 가능한 방법이어야 하고 타당한 전략을 사용해야 하는데 영유아의 인권을 침해하는 전략은 사용해서는 안 된다.

성인-영유아 상호작용

- 바람직한 행동에 대한 성인의 긍정적 언어를 증가시킨다.
- 부적절한 행동에 대한 성인의 관심을 감소시킨다.
- 영유아가 교사나 다른 성인이 자신을 잘 알고 있고 자신을 좋아한다고 느낄 수 있게 한다.

또래 상호작용

- 영유아에게 또래들이 자신을 어떻게 대해주면 좋을지에 대해 말할 기회를 준다.
- 또래들에게 장애 영유아를 놀이나 학업활동에 초대하는 방법에 대해 지도한다.
- 또래들에게 장애 영유아가 책임감 있는 행동을 했을 때 긍정적으로 반응하는 방법을 지도하고, 부적절한 행동을 보일 때는 관심을 보이지 않도록 지도한다.
- 장애 영유아가 부적절한 행동을 했을 때 I-message를 사용하도록 지도한다.

장애 영유아를 포함한 학급의 모든 영유아들의 행동을 지원하기 위한 보편적 중재로써 지원적 환경을 고려해야 한다. 장애 영유아가 입급된 교실은 교구장이 벽면으로 배치되어 있는 열린 공간보다는 크고 작은 활동영역들이 서로 방해가 되지 않고 서로 다른 영역을 볼 수 있는 수정된 열린 계획(modifiedopen–plan)으로 구성되어야 한다. 수정된 열린 공간은 영유아가 자신에게 주어진 놀이 가능성을 볼 수 있도록 충분히 개방되고, 커다란 교실을 하나의 열린 공간으로 제공하며, 소음과 시각적인 방해로부터 막아줄 수 있는 크고 작은 활동공간들로 구성되어 있다. 이러한 공간을 정돈된 느낌을 주면서 공간의 전체적인 면을 한눈에 볼 수 있도록 하여 장애 영유아가 다양한 놀이를 선택할 수 있는 기회를 제공한다. 또한 교실환경은 잘 계획되고 예측이 가능한 교실로 구성되어야 한다. 교실의 영역을 확실하게 표시해야 하고 매일 이루어지는 활동은 일관성이 있어야 하며, 한 활동에서 다른 활동으로 넘어가는 전이활동은 분명해야 한다.

물리적 환경 배치

- 시각적, 청각적으로 적게 방해받는 곳에 영유아를 배치한다.
- 배치는 모든 영유아가 교사에게 쉽게 접근할 수 있는지를 염두에 두고 결정한다.
- 수업 중에도 몸을 움직이거나 자리를 옮겨 다닐 수 있는 기회를 삽입한다.
- 조용하게 개별적으로 학습할 수 있는 공간을 마련한다.

2) 표적집단 중재 – 사회정서적 지원

피라미드 모델에서 보편적 중재인 긍정적 관계와 지원적 환경이 이루어지면 영유아의 사회정서적 발달을 촉진하여 문제행동을 예방하는 사회정서적 지원을 고려해야 한다. 영유아들의 다양한 감정에 대한 직접교수를 하는데 교실환경에서 자주 반복하도록 한다. 사회정서적 지원에서는 놀이를 구조화하기, 친구와 나누어 사용하기, 차례 지키기, 도와주기, 사과하기, 칭찬하기 등의 우정을 형성할 수 있는 다양한 형태의 기술을 구체적으로 지도한다. 장애 영유아의 다양한 감정을 지원하기 위해서는 또래들과의 갈등상황이 발생할 경우 화나 갈등을 적절한 방법으로 조절할 수 있도록 지원한다.

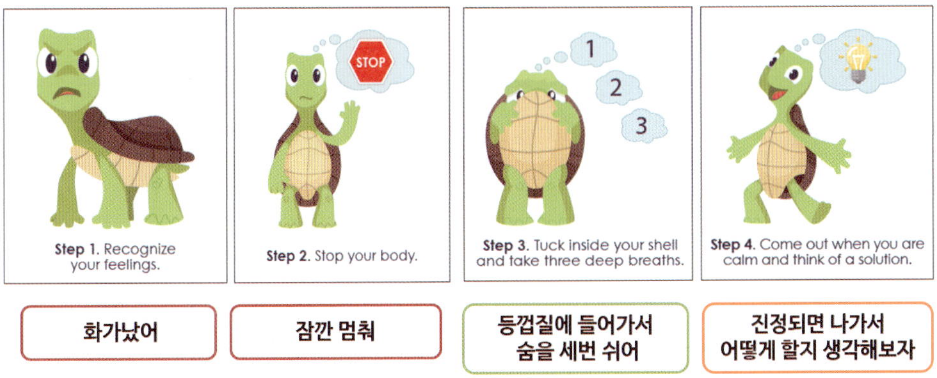

그림 9-2 거북이 기술

출처: The National Center for Pyramid Model Innovations

3) 개별 차원의 중재 – 긍정적 행동지원

긍정적 행동지원은 문제행동의 기능을 이해하고 문제행동이 발생하는 원인에 대한 가설에 따라 개인의 독특한 사회적, 환경적, 문화적 배경에 적합한 종합적인 중재를 고안하는 문제 해결적 접근방법이다(이소현, 박지연, 박현옥, 윤선아 역, 2008). 이는 최근에 유아특수교육에서 강조하고 있는 것으로 장애 영유아가 가장 적절하고 효과적인 중재를 받을 수 있도록 효과가 입증된 방법을 사용하는 증거 기반 실제(evidence- based practice)이다. 또한 문제행동이 일어나는 것을 사전에 예방하고 바람직한 행동을 가르치며 학습환경을 잘 관리하기 위하여, 통합교육 환경에서 장애 영유아를 둘러싼 생태학적 환경 중재를 포함하는 연구에 기반을 둔 중재기법이다(김진호, 김미선, 김은경, 박지연 역, 2010; 송유하, 박지연, 2008). 즉, 문제행동이 일어난 다음에 중재를 하는 전통적인 방법과는 달리 문제행동이 일어나지 않도록 사전에 환경을 변화시키고 문제행동을 사전에 예방할 수 있는 적절한 대체행동을 지도하는 데 중점을 두는 것이다.

장애 영유아의 행동은 주변 환경에 영향을 받기 때문에, 문제행동을 변화시키기 위해서는 먼저 주변 환경을 변화시켜야 하는데 장애 영유아의 문제행동 자체에만 중점을 두는 것이 아니고 학교, 가정, 지역사회의 환경을 개선하는 것이다. 이는 문제행동 자체의 감소뿐만 아니라 문제행동을 가진 개인과 그 가족의 삶의 질 향상을 궁극적인 목적으로 하고 있음을 의미한다.

긍정적 행동지원은 문제행동과 장애 영유아를 둘러싼 환경 간의 관계를 파악하고, 그 결과를 바탕으로 중재절차를 개발하기 위하여 기능평가를 실시한다(최혜승, 김의정, 2005; Horner & Carr, 1997). 기능평가를 토대로 긍정적 행동지원 계획을 수립하는 중재전략은 배경 및 선행사건 중재, 대체기술 교수 중재, 후속결과 중재, 장기적 지원 중재를 포함한다(양명희, 2013; 이인숙, 2006; 차재경, 2013). 하나의 중재로는 다양한 기능을 가진 장애 영유아들의 행동을 다루기 어렵고 각 문제행동의 중재요소들은 서로 연관되어 있기 때문에 문제행동에 대한 다각적인 행동지원 방안을 포함하는 긍정적 행동지원 계획을 세워야 한다. 이는 결국 문제행동이 진공상태에서 일어나는 것이 아니라 문제행동을 유발시키는 배경 및 선행사건, 후속결과가 있다는 것을 의미한다.

대부분의 경우 문제행동은 돌발적으로 일어나는 것이 아니라 사회적 맥락(social context) 안에서 일어난다. 다시 말하면, 영유아가 보이는 문제행동의 배경에는 그 행동을 통해 성취하고자 하는 기능(목적)이 있다. 문제행동의 기능을 파악했을 때 가장 적절한 중재전략을 장애 영유아에게 적용할 수 있으므로 다소 시간이 걸리더라도 장애 영유아의 문제행동과 맥락을 잘 관찰하여 기능을 파악하는 것은 문제행동 지도의 필수요소이다.

표 9-1 **문제행동의 기능과 예시**

<table>
<tr><th colspan="2">문제행동의 기능</th><th>문제행동의 예</th></tr>
<tr><td>관심끌기</td><td rowspan="3">의사
소통적
기능</td><td>• 다른 사람과 상호작용하고 싶거나 어떤 활동에 참석하고 싶을 때
• 엄마의 관심을 끌기 위하여 장난감 던지기
• 엄마가 손님과 이야기하면 괜히 물 엎지르기
• 교사와 함께 있을 때에는 과제수행을 하다가 교사가 이동하거나 다른 영유아 도와주면 울기
• 교사가 다른 영유아를 지도할 때 교사의 얼굴에 자신의 얼굴을 들이밀어 교사의 시선을 끈 다음 자신의 손등을 물어뜯기</td></tr>
<tr><td>회피하기</td><td>• 특정한 과제나 상호작용을 회피하고자 할 때
• 잠 잘 시간이라고 말할 때 자기 싫어서 우는 행동
• 교수활동 중 활동을 중단하기 위해서 교사 물기
• 학습지를 하도록 요구할 때에 하기 싫어서 이탈하기
• 점심식사 후 양치질을 하라고 하면 소리지르고 바닥에 드러눕기</td></tr>
<tr><td>원하는 것
얻기</td><td>• 원하는 음식 등을 얻기 원할 때
• 친구가 자신이 좋아하는 장난감을 갖고 놀 때 장난감을 갖기 위해서 울기
• 손님이 왔을 때 부적절한 행동을 하면 엄마가 돈을 주면서 나가서 뭐 사먹으라고 할 때
• 원하는 음식을 얻기 위해 드러눕기
• 좋아하는 활동을 중단하거나 끝났을 때 더하려고 책상치기
• 항상 들고 다니는 볼펜이나 막대 종류를 들고 다니지 못하게 하면 소리 지르거나 손등 물기</td></tr>
<tr><td>무료함</td><td>감각적
기능</td><td>• 흥미가 없거나 너무 어렵고 상호작용이 이루어지지 않아 심심할 때
• 손톱을 물어뜯거나 다리를 계속 흔듦
• 바닥이나 사물들을 반복적으로 손가락을 계속 두들김</td></tr>
</table>

문제행동의 기능		문제행동의 예
감각 조절하기		• 자기통제와 놀이 • 반복적으로 손을 흔들기, 손가락을 문지르기, 몸을 흔들기, 물건 돌리기 등은 대개 자기 자극으로 해석을 함 • 자신의 에너지를 조절하는 방법일 수도 있음 • 반복적으로 물건을 돌리거나 손을 흔드는 것이 단순히 놀이일 수 있음

출처: 한국보육진흥원(2010). 장애아보육운영매뉴얼Ⅱ 장애아보육 교사실무. 한국보육진흥원.

(1) 1단계: 문제행동의 정의와 우선순위 결정

문제행동을 확인하는 단계로 주의깊게 영유아를 관찰하고 문제행동의 연령 적합성, 발생 빈도, 지속시간, 강도 등을 고려하여 문제행동을 결정한다. 문제행동이 여러 가지일 경우에는 우선순위를 정해야 하는데 주변 사람의 신체에 해를 가할 수 있는 행동부터 지도를 해야 한다. 문제행동은 가능한 자세하게 관찰 가능한 용어로 서술한다.

표 9-2 문제행동의 정의와 우선순위

우선순위	문제행동	문제행동의 예
1	공격행동	• 영유아나 주위사람의 건강이나 생명을 해칠 수 있는 행동(물기, 때리기, 눈 찌르기 등)
2	방해행동	• 집, 교육기관, 지역사회에서 일상생활의 참여를 방해하고, 교실에서 뛰어다니는 등의 학습을 방해하는 행동 • 외향적인 행동뿐만 아니라 말 안하기, 울기, 남을 밀어 재치기 등과 같은 행동도 포함
3	가벼운 방해행동	• 귀찮은 행동이지만 해가 되지 않는 행동 • 일반적으로 이런 행동에 대해서는 중재를 계획하지 않으나 사회적, 의사소통적, 자기조절적 행동 등의 대체행동을 지도

출처: 한국보육진흥원(2010). 장애아보육운영매뉴얼 Ⅱ 장애아보육 교사실무. 한국보육진흥원.

(2) 2단계 정보수집

가. 기능평가를 위한 간접평가

문제행동을 보이는 영유아의 행동에 영향을 주는 환경에 대한 이해가 필요하다. 관찰을 통해서 문제행동이 일어났을 때에 교사와 부모가 어떻게 문제행동을 강화하고 있는지 알 수 있는데, 구체적인 정보를 얻기 위해서는 하루 활동 전반에 걸친 관찰이 필요하다. 최소 2주 정도 다양한 시간대와 장소, 활동에 걸쳐서 자료를 수집하도록 한다. 기능평가를 위한 개괄적인 정보와 구체적인 정보를 얻기 위해서 간접평가를, 대상유아의 실제 수행에 대한 객관적인 자료를 수집하기 위해서 직접관찰 평가를 사용한다(양명희, 2013).

간접평가의 방법으로는 영유아정보조사서, 개별화교육계획안(IEP), 하루일과표 평가척도, 동기평가척도(Durand & Crimmins, 1988), 부모와의 면담을 토대로 문제행동을 수집하도록 한다. 이러한 과정은 유아교육기관에서 파악하기 어려운 영유아의 발달사나 가정 내의 문제, 가족관계 속에서 문제행동을 파악할 수 있다.

나. 기능평가를 위한 직접평가

문제행동에 대한 선행사건과 후속결과의 기능 및 형태를 알아보기 위해서 관찰기록 중 반복적으로 기록된 자료를 요약한 일화기록 등의 직접 관찰을 사용하고, A-B-C 관찰 기록지를 통해 분석한다. 일화기록은 영유아의 행동을 직접 관찰한 내용을 이야기 식으로 기록하는 것으로, 일정한 형식이 없는 비공식적인 방법이다. 영유아의 누적된 일화기록을 검토하면 문제행동의 패턴을 알아낼 수 있는 장점이 있다.

영유아 문제행동의 기능평가를 위해서 A-B-C 관찰 기록지(Bijou, Peterson & Ault, 1968)를 사용한다. 이 기록지는 발생장소와 시간, 선행사건과 후속결과 외에도 어떤 문제행동들이 함께 일어나는지, 언제, 어디서, 누구와 있을 때 가장 잘 발생하는지, 어떤 결과를 얻게 되는지에 대한 유용한 정보를 제공한다(양명희, 2013). A-B-C 관찰 기록은 특정 상황에서 발생하는 선행사건, 문제행동, 그리고 후속결과를 기록하는 방법으로 문제행동의 중재계획을 세우는 데 필요한 가설설정에 필수적인 도구이다. 일화기록의 내용은 영유아의 행동을 중심으로 선행하여 나타나는 사건과 행동의 뒤에 나타나는 결과로 구분하여 A-B-C 관찰 기록지 형식으로 정리한다.

타당도와 신뢰도를 갖춘 관찰 자료 수집 방법으로 행동의 기능평가용 관찰지를 사용할 수 있다(Cunningham & O'Neil, 2000). 이 관찰지는 영유아의 행동과 교수환경 사이의 기능적 관계를 알아내기 위해 행동 발생시간, 발생한 영유아의 행동, 선행사건이나 문제행동을 예견해 주는 요인들, 문제행동을 하는 영유아에게 실제로 주어지는 결과, 추정되는 문제행동의 기능 등을 기록한다(O'Neil et al., 1997).

표 9-3 A-B-C 관찰기록

시간	선행사건(A)	행동(B)	후속결과(C)
	이 문제행동이 일어나기 전에 무슨 일이 있었는가?	유아가 무슨 일을 하였는가?	문제행동이 일어난 후에 어떤 일이 있었는가?
등원	-가방과 개인 수첩, 수건, 수저통을 정리하도록 교사가 이야기함	-유아는 가방을 맨 채로 또래들이 노는 행동을 관찰하거나 장난감을 뺏은 후 던짐	-교사가 유아에게 다가가서 다시 정리를 하도록 반복하여 언어적, 신체적 촉진을 줌
	-또래들의 놀이가 진행된 후 유아가 늦게 등원함 -잠을 자지 못해 아침 컨디션이 좋지 않음(배경사건)	-유아가 개인 수첩, 수건, 수저통을 내던짐	-교사가 유아와 함께 개인 수첩, 수건, 수저통 정리를 도와줌
활동	-일반교사가 수업진행을 하고 특수교사는 유아들 뒷편에 앉아 있음. 이때 유아는 쌓기, 역할 영역에 있는 유아소파에 앉음	-활동 시간이 지나자 유아는 유아소파로 가서 등을 소파에 부딪히며 규칙적으로 몸을 앞뒤로 흔듦	-교사가 유아에게 다가가서 단호한 목소리로 주의를 줌

시간	선행사건(A)	행동(B)	후속결과(C)
	이 문제행동이 일어나기 전에 무슨 일이 있었는가?	유아가 무슨 일을 하였는가?	문제행동이 일어난 후에 어떤 일이 있었는가?
자유 놀이	−교사가 놀이를 하자고 이야기함	−유아는 놀잇감을 가지고 또래와 비언어적인 의사소통을 함	−교사의 반응이 없음
	−교구장에서 블록이 들어있는 바구니를 꺼냄	−유아는 바구니에 있는 블록을 꺼내고 다시 바구니에 담다가 놀잇감을 사방에 던짐	−유아가 던진 놀잇감에 또래가 맞아서 울고 교사가 유아의 손을 잡고 '하지마'라고 주의를 줌
	−교사가 다른 유아와 놀이하거나 상호작용을 함	−유아는 교구장 위에 있는 바구니를 밟고 올라가거나 교구장 위로 올라가서 놀잇감을 던짐	−교사가 유아 곁으로 다가가 단호한 목소리로 중재함
오전 간식	−좋아하는 간식이 나옴	−유아는 스스로 잘 먹고 정리함	−교사는 '맛있어?' 하며 입 주변을 닦아줌
	−흰 우유 등 싫어하는 간식이 나오면 교사가 소량이라도 먹이려고 함	−유아는 자기 자리에서 버티다가 교사가 자리에 없으면 유아소파로 가서 '아−, 아−' 소리를 내고 등을 소파에 부딪히며 규칙적으로 몸을 앞뒤로 흔듦	−교사가 유아에게 다가가 다른 놀이를 하도록 함
실외 놀이 나갈 때	−교사가 신발장에서 다른 유아가 신발을 신고 있는 것을 바라보며 유아에게 스스로 신발을 신을 것을 이야기함	−유아는 신발을 신지 않고 가만히 앉아 또래의 신발과 모자를 낚아채서 던짐	−유아에게 '하지마'라고 말하면서 교사가 떨어진 물품을 정리함
점심 시간	−골고루 먹도록 다른 유아의 편식지도를 함	−유아는 입을 다물고 잘 먹지 않고 교사가 없는 사이 다시 유아소파로 이동하여 규칙적으로 몸을 앞뒤로 흔듦	−교사가 다시 유아의 자리로 올 것을 이야기함
양치 및 화장실 다녀오기	−식사 후 양치를 하기 위해 화장실에 다녀올 것을 이야기함	−유아는 교사의 손을 잡고 이동하면서 교사와 잡지 않은 다른 손으로 사물함	−유아에게 '하지마'라고 말하면서 교사가 떨어진 물품을 정리함

시간	선행사건(A)	행동(B)	후속결과(C)
	이 문제행동이 일어나기 전에 무슨 일이 있었는가?	유아가 무슨 일을 하였는가?	문제행동이 일어난 후에 어떤 일이 있었는가?
		과 책상, 수건걸이에 있는 수건을 낚아채서 던짐	
정리 및 귀가	-방송에서 엄마의 목소리가 들리자 가방을 매고 교사와 손을 잡고 1층으로 내려감	-신발장에 앉아 가만히 있다가 자신의 신발을 던지거나 신발장에 있는 다른 신발을 던짐	-엄마가 신발을 신기고 선생님께 인사를 한 뒤에 유아의 손을 잡고 귀가함

출처: 배성현, 이병인(2014). 긍정적 행동지원이 통합된 장애유아의 문제행동에 미치는 영향. 유아특수교육연구, 14(1), 79-80.

다. 문제행동 기록방법

기능적 행동평가에서는 영유아의 문제행동을 체계적으로 관찰하고 기록할 수 있어야 한다. 교사는 직접 관찰, 부모나 주양육자와의 면담, 평정척도, 체크리스트 사용 등의 방법으로 문제행동 발생에 영향을 주는 요인들에 대한 정보를 수집하고 기록할 수 있다. 관찰법은 문제행동을 파악하고자 하는 사람이 직접 자료를 수집하는 방법으로 문제행동이 발생하는 상황을 파악할 수 있고, 쉽게 시행할 수 있는 간편한 방법이다. 관찰하고자 하는 목표행동의 유형과 정도에 따라 다양한 기록방법을 사용할 수 있다.

유아교육기관에서 중재를 시작하기 전에 사용하는 문제행동 기록방법에는 일과 시간표 분석과 간격기록이 있다.

일과 시간표 분석을 통해 하루 일과 안에서 어떤 활동을 할 때 문제행동이 일어나는지를 분석하면 중재를 어떤 활동부터 시작할 지에 대한 정보를 얻을 수 있다.

표 9-4 일과 시간표 분석의 예

유아명	○○○			교사명	***				
행동	손바닥으로 세게 치거나 밀고 때리기			기간	0000 년 0월 0일 ~ 0월 0일				
시간	활동	그룹형태	작업형태	0월0일	0월0일	0월0일	0월0일	0월0일	
9:20~9:40	자유놀이	소그룹 & 대그룹	손작업 /언어	−	−	−	−	−	
10:00	오전간식	대그룹	손작업	−	−	−	−	−	
10:30	인사나누기 / 이야기나누기	대그룹	언어	+	+	+	−	+	
12:10	점심식사 / 양치시간	대그룹	손작업 /언어	+	+	+	+	−	

+: 행동 보임, −: 행동 보이지 않음

출처: 조윤경, 장지윤, 유연주(2018). 유아교육과정 내의 장애 영유아를 위한 개별화교육프로그램 제2판. 공동체.

간격기록은 분포기록이라고도 하는데, 문제행동이 시간대 별로 얼마나 자주 발생하는지를 측정하여 관련된 정보를 수집할 수 있다.

문제행동은 정해진 관찰시간을 동일한 간격에 따라 측정할 수도 있는데, 전체 관찰기간을 여러 개의 구간으로 나누어 행동이 각 구간마다 지속적으로 발생하였는지 측정하는 전체간격기록법, 비교적 빈도가 낮거나 가끔 나타나는 불연속적 행동의 발생을 기록하는 부분간격기록법, 정해진 시간에만 문제행동의 발생 여부를 측정하는 순간간격기록법이 있다.

표 9-5 간격기록의 예

유아명		○○○	교사명	***			
행동		손바닥으로 세게 치거나 밀고 때리기	기간	0000 년 0월 0일 ~ 0월 0일			
시간		활동	0월0일	0월0일	0월0일	0월0일	0월0일
유아교육기관	9:20~9:40	자유놀이	–	–	–	–	–
	10:00	오전간식	–	–	–	–	–
	10:30	인사나누기 /이야기나누기	●	–	○	○	–
	12:10	점심식사 /양치시간	–	–	○	○	○
가정	17:00	활동지 하기	–	–	–	–	–
	18:00	놀이	–	○	–	○	●

○: 한 번 정도 행동 보임, –: 행동 보이지 않음, ●: 여러 번 행동 보임

출처: 조윤경, 장지윤, 유연주(2018). 유아교육과정 내의 장애 영유아를 위한 개별화교육프로그램 제2판. 공동체.

장애 영유아의 행동 지원을 위해서는 가족의 재검토, 간접평가, 직접관찰 평가를 바탕으로 일반교사, 특수교사 및 장애 영유아 지원교사는 협력적 자문을 해야 한다(Idol, Paolucci-Whitcomb, & Nevin, 1986).

(3) 가설 설정

특수교사 및 장애 영유아 지원교사와 일반교사 및 부모와의 면담, 영유아정보조사서, 하루일과표 평가척도, 동기평가척도, IEP 등을 통한 간접 평가 및 직접관찰 평가 등을 통하여 영유아의 문제행동에 대한 가설을 설정한다. 배경사건, 선행사건, 문제행동, 후속결과를 합하여 만들어진 문장으로 영유아의 문제행동 기능과 그에 따른 가설을 요약하면 다음과 같다(배성현, 이병인, 2014).

표 9-6 유아의 문제행동 기능에 대한 가설 설정

종류	배경사건	선행사건	문제행동	후속결과	문제행동의 기능	가설
물건 던지기 행동	충분한 수면을 취하지 못함	이야기나누기활동, 자유놀이 시 교사가 활동이나 과제를 요구	놀잇감을 던짐	교사가 유아의 손을 잡고 '하지마'라고 주의를 줌	활동 시 물건던지기 행동을 보이는 것은 자기가 하고 싶은 것만 하고 과제를 회피하고 싶기 때문이다.	가설: 이야기나누기활동, 자유놀이 시 교사가 활동이나 과제를 요구하면 대상유아는 과제를 회피하기 위해서 놀잇감을 던지는 행동을 보일 것이다.
상동 행동	아침에 공복으로 등원	이야기나누기활동, 자유놀이 등 수업시간이 지속되는 상황에서 교사가 다른 유아에게 관심을 보임	소파 등받이에 자신의 등을 부딪히며 몸을 앞뒤로 흔드는 행동	교사는 다른 유아와 활동에 참여함	활동 시 상동 행동을 보이는 것은 교사의 관심을 받고 싶기 때문이다.	가설: 이야기나누기활동, 자유놀이 등 수업시간이 지속되는 상황에서 교사가 다른 유아에게 관심을 보이면, 유아는 교사의 관심을 얻기 위해 유아소파 위에 앉아 소파 등받이에 자신의 등을 부딪히며 몸을 앞뒤로 흔드는 행동을 할 것이다.

출처: 배성현, 이병인(2014). 긍정적 행동지원이 통합된 장애유아의 문제행동에 미치는 영향. 유아특수교육연구, 14(1), 79-80.

(4) 행동지원 계획 수립: 중재

긍정적 행동지원 중재 계획단계에서 기록의 재검토, 간접 평가, 직접관찰 평가를 바탕으로 문제행동에 대한 가설이 설정되고 나면 긍정적 행동지원 중재계획을 수립한다. 중재계획에는 배경사건이나 선행사건을 제거하거나 조정할 방안과 문제행동에 대한 효과적인 반응계획을 수립해야 한다.

배경사건과 선행사건 중재는 긍정적 행동지원계획의 첫 번째 요소이다. 배경사건은 선행사건 반응의 가치를 높여줌으로써 행동의 발생 가능성을 높여주는 환경적 사건이다. 선행사건은 문제행동 바로 직전에 바로 그 환경에서 발생한 사건을 의미한다(조윤경 외, 2018). 배경사건이 될 수 있는 것으로는 피곤함, 질병, 음식의 포만이나 박탈, 수면, 온도나 소음수준 같은 환경적 특성, 활동 간 전이, 누가 함께 있는지에 따른 사회적 상호작용의 어려움, 물리적 배치 등 여러 가지가 될 수 있다(양명희, 2013). 배경사건 중재로는 배경사건을 제거하거나, 선행사건을 수정하기, 배경사건의 영향을 제거하는 방법 등이 있는데 수면 부족으로 인해 문제행동이 촉발된다면 부모와 상의하여 수면 부족을 제거하거나, 수면이 부족한 날은 과제를 짧게 제공하거나 쉬운 과제를 제공하는 것이다. 선행사건 중재는 문제행동의 원인이 되는 선행사건을 수정하거나 제거하는 것인데, 규칙을 만들고, 일과 시간을 조정하고, 물리적 구조를 변경하고, 관심을 제공하고, 효율적인 교수방법을 적용할 수 있다(양명희, 2013).

문제행동에 대한 반응과 함께 교수되어야 하는 것은 문제행동과 기능이 동일한 바람직한 대체행동이다. 대체행동은 장애 영유아가 자신이 원하는 것과 필요한 것을 얻기 위한 방법을 적절한 방법으로 대체하게 함으로써 문제행동 발생을 예방할 수 있도록 하는 것이다. 장애 영유아가 가지고 싶은 장난감을 얻기 위해서 친구를 때리거나 미는 대신에 "나도 이거 가지고 놀고 싶어."라는 의사표현을 언어적인 행동으로 할 수 있도록 지도해야 한다. 만약 언어사용이 어려운 영유아라면 그림카드나 사진 등의 비언어적인 방법을 통해 지도해야 한다.

문제행동에 대한 잘못된 반응은 문제행동을 증가시킬 수 있기 때문에 문제행동에 대한 기능을 잘 파악하여 반응하는 것이 중요하다. 이를 후속결과 중재라고 한다. 후속결과 중재에서는 부적절한 행동을 더 이상 강화하지 않는 소거를 사용한다. 장애 영유아에게 일시적으로 소거폭발현상이 나타날 수 있으나 일관성을 갖고 계획하여 지도해야 한다. 또한 부적절한 행동을 무시하고, 바람직한 행동을 강화하는 차별강화를 사용한다. 바람직한 행동을 조금이라도 보이면 강화함으로써 적절한 행동을 익히고 표현할 수 있도록 한다.

장기적 지원은 지원을 지속하기 위한 전략으로 가정과 유아교육기관에서 연계하여 지도하는 방법이다. 문제행동을 줄이고 바람직한 행동을 수행할 수 있는 물리적, 정서적, 심리적 환경을 제공해주면 문제행동을 보일 가능성을 감소시킬 수 있다. 배경사건 및 선행사건 중재, 대체행동 교수 중재, 후속결과 중재, 장기적 지원 중재가 포함된 긍정적 행동지원 중재계획은 다음 표 9-7과 같다(배성현, 이병인, 2014).

표 9-7 **긍정적 행동지원 중재계획**

구분	내용
배경 및 선행 사건 중재	• 부모님께 왼쪽 귀의 청력검사를 다시 해 볼 것을 제안한다. • 등원을 30분 정도 일찍 할 수 있도록 조정한다. • 아침식사, 감기약복용, 대소변 여부 등 등원 전 상황을 교사에게 사실대로 알린다. • 오후 10시 30분 전에는 잠을 자도록 하는 규칙적인 습관을 위해 노력한다. • 대상유아가 손으로 쉽게 뗄 수 있는 교실의 환경판 및 벽면의 작품을 최소화해서 게시하고 영역판은 테이프로 교구장에 부착한다. • 모이는 장소와 가까이에 있는 쌓기놀이 영역과 역할놀이 영역은 이야기나누기활동과 영어활동 시간에 영역의 경계를 분명히 한다. • 교사의 지시의 양을 줄이고 교사와 대상유아가 나누어 지시를 수행하도록 한다. • 대상유아가 선호하는 과제와 함께 지시를 수행하도록 한다. • 보상에 대해 반복적으로 언어적 강화를 해 주도록 한다.
대체 행동 교수 중재	• 교사의 지시를 듣고 활동을 선택할 수 있도록 그림카드를 선택하도록 지도한다. • 기능적 의사소통 훈련: 표현 언어의 한계를 고려하여 그림카드로 요구하기 또는 의사소통을 위한 베이비사인, 고개 끄덕이기 등을 지도한다. • 정적인 활동 시간에는 몸을 움직여 주는 휴식시간을 자주 준다. • 쌓기영역이나 역할영역에서 게임을 이용한 또래와의 놀이기술을 지도한다. • 교사와 이동할 때에는 교사와 마주보며 양손을 잡고 이동하고 용암법을 사용(단계적 안내)하여 스스로 이동할 수 있도록 한다. • 새로운 상황에 접하거나 부적절한 행동을 할 때 상황에 대한 설명을 해주고, 적절한 행동에 대해 교사가 시범을 보인다.
후속 결과 중재	※ 대체행동 시 • 놀잇감이나 물건던지기 행동 발생 시 문제행동과 기능이 동일한 대체행동을 교수, 강화하는 대체행동 차별강화(DRA)전략을 사용한다. 던지는 횟수가 줄었을 때에는 고정간격 강화계획에서 변동간격 강화계획으로 변경한다. • 감각적 자극을 주는 강화를 제공한다(안아주기와 함께 파이팅하기). ※ 문제행동 시 • 아침에 수면이 부족한 상태로 등원했을 경우 휴식 공간에 가서 1시간~1시간 30분 정도 낮잠을 재우거나 휴식시간을 갖는다.

	• 던지는 행동으로 또래나 성인에게 피해가 가는 행동을 할 경우 대상유아가 또래나 성인에게 즉시 사과를 하도록 하고, 구체적으로 사과하는 방법에 대해 지도한다.
장기적 지원 중재	• 단짝친구기술방법을 이용하여 비언어적인 방법으로도 적절한 상호작용을 할 수 있도록 지원한다. • 가정연계 활동: 감각적 자극을 충족시키기 위해 가정에서 할 수 있는 거친 신체놀이(Rough Housing Games)를 시행한다(권혜련, 권혜정, 김상진, 남용현, 양영애, 이정숙, 이지연, 최혜숙 역, 2005). • 가족지원 프로그램으로 대상유아의 2명의 형제에 대한 심리적 지원(우리아이 심리지원 서비스 활용)과 대상유아를 훈육할 수 있는 방법이나 교육을 지원한다.

출처: 배성현, 이병인(2014). 긍정적 행동지원이 통합된 장애유아의 문제행동에 미치는 영향. 유아특수교육연구, 14(1), 79-80.

행동지원은 주로 관심끌기, 회피하기, 구체적 사물 요구 등의 사회적, 의사소통적 기능을 가진 문제행동에 적용되는 것으로, 장애 영유아의 문제행동이 감각조절의 기능을 가진 것일 때는 별도의 관심과 지원이 필요하다. 외부의 소리, 빛, 촉각 등에 지나치게 민감하여 작은 자극도 참을 수 없어하며 문제행동을 보이거나 현재의 환경에서 좀 더 많은 자극을 찾고자 끊임없이 움직이며 방해행동을 하는 장애 영유아의 경우에는 긍정적인 관계나 지원적 환경의 지원, 사회정서적 행동 지원뿐만 아니라 대체행동 교수나 후속결과 제공을 통한 지원 이상의 도움이 필요하다. 이와 관련해서는 장애 영유아를 담당하고 있는 치료사의 도움을 받는 것도 필요하다.

(5) 행동지원 실시, 중재에 대한 평가

이 단계에서는 행동지원 계획이 효과가 있는지를 결정하고 그렇지 않다면 효과를 높이기 위해 어떤 수정이 필요한지 결정하는 것이다. 문제행동의 기능과 가설을 기록하고 문제행동에 대한 행동지원을 계획한 후에는 실제로 실행하면서 지원 계획이 적절한지 평가하도록 한다. 문제행동의 감소와 증가에 대한 추세, 행동지원 방법에 대한 평가, 수정되거나 중단해야 할 전략에 대해 전반적으로 점검하여 다음 계획에 반영하도록 한다. 또한 유아교육기관과 가정 및 지역사회에서 사회적,

학업적 성과에 영향을 미쳤는지도 살펴보도록 한다.

효과적인 행동지원을 위해서는 절대적인 기준으로 효과를 평가하기보다는 최소한 세 가지 중요한 성과에 대한 만족도로 성공을 판단해야 하는데 첫째, 문제행동 감소와 관련해서 만족하는지, 둘째, 영유아가 대체기술을 사용하도록 학습하였는지, 셋째, 광범위한 사회성 및 학습 성과를 향상시키는 데 긍정적 행동지원이 어떤 영향을 주었는지 파악해야 한다.

생각해보기

1. 학급에서 문제행동이나 다양한 도전적인 행동을 보이는 영유아를 선정하여 긍정적 행동지원의 중다요소 중재를 적용해보세요.
2. 배경 및 선행사건 중재로 사용할 수 있는 다양한 방법을 적용해보세요.
3. 대체행동 교수로 사용할 수 있는 다양한 중재방법을 생각해보세요.
4. 후속결과 중재로 사용할 수 있는 다양한 중재방법에 대해 생각해보세요.
5. 영유아의 행동을 관찰할 수 있는 다양한 방법에 대해서 조사해보세요.

Part 03

장애 영유아 가족지원과 연계한 유아교육기관의 실제

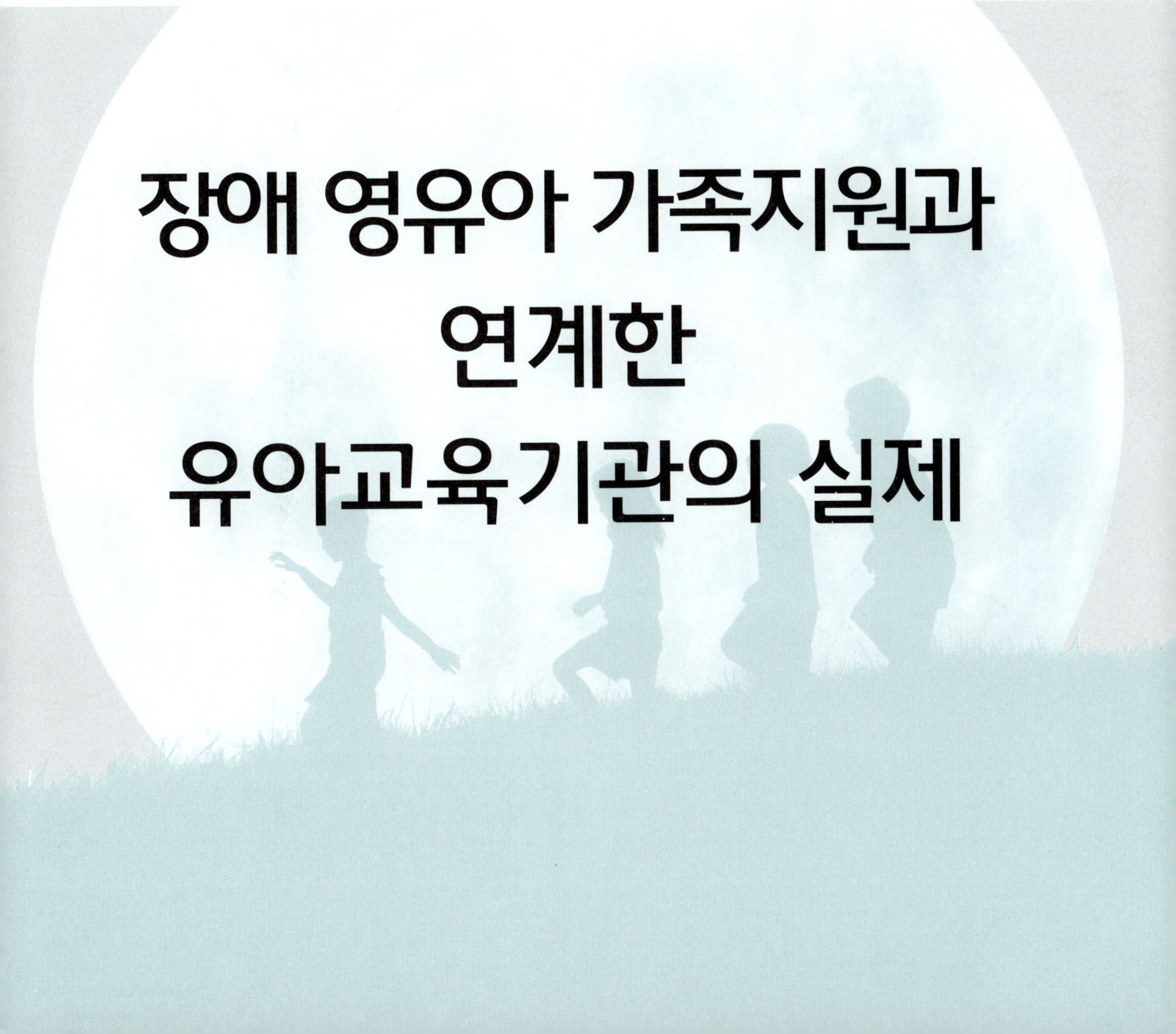

Chapter 10

장애 영유아 가족지원

장애 영유아의 탄생으로 가족은 여러 가지 부정적인 정서를 경험할 수도 있다. 10장에서는 다양한 어려움을 경험하는 장애 영유아 가족의 이해와 지원 형태를 살펴보고자 한다.

1. 장애 영유아 가족지원 및 참여의 필요성

장애를 가진 자녀가 태어남과 동시에 그 가족은 여러 가지 어려움을 경험하게 되고 다른 가족과 구별되어지는 특별한 요구들을 가지게 된다. 장애 영유아의 특별한 욕구들과 이에 따른 여러 가지 중재들은 장애 영유아뿐만 아니라 가족 구성원들에게도 영향을 미치게 된다.

장애 영유아의 부모들은 비장애 부모들보다 의미있게 더 긴 시간을 책임질 것이기 때문에 추가의 양육 및 교수 기술을 필요로 하며, 그들 자녀의 행동과 수준에 관해 교육전문가들에게 많은 정보를 제공할 수 있으므로 장애 영유아 교육에 있어서 가족참여의 필요성을 강조하였다. 이러한 강조점은 가족이 장애 영유아 교육프로그램에 적극적으로 참여함으로써 영유아의 학습을 촉진하는 가정환경을 구성할 수 있으며 장애 영유아로 인해 가정 내에서 발생하는 문제에 좀 더 효과적으로 대응하기 위한 도움을 받는 혜택을 얻게 되었다는 사실 등으로 입증되고 있다(이소현, 2003).

장애 영유아를 교육함에 있어 장애 영유아 가족에 대한 이해와 지원, 그것을 바탕으로 가족과의 긍정적인 협력관계를 형성해 나가는 것은 매우 중요하다. 장애 영유아 교육은 가족의 욕구와 맞물릴 때 가장 효과적이며, 가족 구성원이 중재과정에서 주도적인 역할을 할 때 교육효과가 더 높게 나타나기 때문이다. 장애 영유아의 교육적, 치료적 효과를 극대화하는데 가족과 교사와의 협력은 중요한 역할을 담당한다.

2. 장애 영유아 가족의 이해

1) 장애 영유아가 부모에게 미치는 영향

(1) 정서적인 어려움

장애 영유아 부모는 장애 영유아의 탄생으로 인해 충격, 슬픔, 분노와 같은 여러 가지 부정적인 정서를 경험하게 된다. 또한 장애 영유아를 양육하면서 다른 비장애 영유아의 부모가 직면하는 것과는 다른 갈등과 스트레스를 갖게 된다. 장애 영유아의 특별한 욕구와 이로 인한 다양한 상황들로 인해 부모와 가족이 희생해야 하는 상황이 발생되기도 하고, 절망감과 죄의식에 시달리기도 하면서 많은 정서적인 어려움을 겪는다. 장애 영유아 부모들이 자녀의 장애를 수용하고 인정하기까지 겪는 정서적 변화를 단계로 나누어 살펴보면 다음 표 10-1과 같다. 그리고 모든 부모들이 수용의 단계에 도달하는 것은 아니다. 부모가 자녀의 장애를 수용했다고 해서 1~4단계 감정이 없어지는 것도 아니다. 모든 단계를 거치지 않기도 하고 순환단계를 거치기도 한다. 부모마다 단계별 속도가 다를 수도 있다.

표 10-1 장애 영유아 부모들이 자녀의 장애를 수용하고 인정하기까지 겪는 정서적 변화의 단계

단계에 따른 부모의 반응 및 태도	단계	단계에 따라 부모를 대하는 전문가의 반응 및 태도
• 수치심, 죄책감, 무가치함, 과잉 보상 • 의사 찾아다니기	충격, 불신, 거부 ↓	• 수용의 자세로 듣기 • 적극적으로 듣기 • 영유아의 행동에 대해서 함께 말하기
• 중앙으로 집중되는 분노 • 조기교육 전문가 비난하기	분노 ↓	• 인내 격려하기 • 부모를 바쁘게 만들기 • 긍정적인 자녀와의 상호작용 시범 보이기

단계에 따른 부모의 반응 및 태도	단계	단계에 따라 부모를 대하는 전문가의 반응 및 태도
• 불가피하다는 사실을 수용하지 않으려고 함 • 결심하려고 노력함	타협 ↓	• 깊은 이해의 감정보이기 • 부모가 자신의 감정을 정상적인 것으로 수용하도록 도와주기 • 정직하게 대화하기
• 아무것도 가치 없는 듯함을 느낌 • 무기력 • '정상'자녀에 대한 환상을 상실함으로 인한 슬픔	우울, 좌절 ↓	• 긍정적인 면에 초점을 맞추기 • 활동의 성공에 대해서 확인해주기 • 전문적인 상담 의뢰하기
• 무엇인가 할 수 있다는 깨달음 • 생활방식에 적응 • 실제적인 무엇인가를 하겠다는 의지 생성	수용	• 다른 부모로부터 위로 받도록 권하기 • 새로운 상호작용 기술 가르치기 • 영유아가 진보를 보일 때 부모 격려하기

출처: 이소현(2003). 영유아특수교육. p.459.

장애 영유아의 부모가 갖는 스트레스 면에서는 아버지에 비해 어머니가 더 높은 수준의 스트레스와 절망감, 여러 가지 상황에 대한 염려 등을 더 많이 경험하고, 아버지의 경우 어머니보다 사회적 낙인(stigma)를 극복하는 데 더 많은 어려움을 겪는 경우가 많다. 장애 영유아의 부모들은 이러한 정서적인 어려움과 더불어 장애 영유아 양육에 있어서의 역할 분담, 직장생활의 유예 및 사회생활에서의 철회와 고립 등으로 인해 많은 부부갈등을 겪는다. 그러므로 교육전문가들은 장애 영유아 부모의 다양한 정서적인 어려움을 이해하고 부모의 정서 변화 단계에 따라 부모를 대하며 여러 가지 방식으로 협력해가야 한다.

(2) 경제적 부담

자신의 자녀가 가진 장애를 인정하기까지 부모들은 수많은 병원을 오가며 새로운 진단을 받기 위해 의사쇼핑이라고 할 정도로 이곳, 저곳을 찾아다닌다. 또한 장애 영유아의 특별한 요구로 인해 다양한 치료기관 및 교육기관을 오가며 많은 치료비와 교육비를 지출한다. 이렇듯 추가적이고 고가의 의료비, 치료비, 교육비 등의 비용지출로 인해 큰 경제적 부담을 경험하게 된다.

2) 장애 영유아가 형제자매에게 미치는 영향

장애 영유아와 그의 형제들은 서로 영향을 주고받으며 성장하게 된다. 장애 영유아에게 있어 그의 형제는 좋은 모델링이 되어 주며 사회적 관계를 맺는 다양한 기술을 익히게 해주는 좋은 친구이자 교사가 되어주기도 한다. 그러나 장애 영유아가 가지고 있는 특수한 욕구들로 인해 부모가 여러 가지 어려움을 가지는 것처럼 장애 영유아의 형제들도 다양한 어려움을 갖게 된다. 심리적인 측면에서 장애 영유아의 형제들이 겪는 구체적인 어려움은 다음과 같다(서경희, 1998).

첫째, 자신도 같은 장애를 가질까봐 걱정하는 과잉동일시(overidentification) 현상을 보인다. 장애 영유아가 감기가 걸렸을 때 장애 영유아의 형제인 자신도 감기에 옮았던 것처럼 자신도 장애가 생길 수 있을 것이라고 생각하는 것인데, 이러한 과잉동일시는 장애가 눈에 보이지 않고 장애 영유아의 형제가 동생일 경우 더 잘 일어난다.

둘째, 장애 형제에 대한 죄의식을 느낀다. 자기중심적인 사고로 인해 장애 진단 시기 즈음 자신이 했던 나쁜 말과 행동, 생각 때문에 형제에게 장애가 생겼다고 믿는 경우 죄의식이 생기기도 하며, 장애 형제와 비교해 자신이 가지고 있는 능력이나 건강 자체에 대해서도 죄의식을 갖기도 한다. 또는 장애 형제를 부끄러워하거나 숨기려 하는 것, 귀찮아하는 것으로 인해 죄의식을 느끼기도 한다.

셋째, 장애 영유아에게 집중되는 부모의 관심으로 인해 방임되거나 고립되기 쉽다. 이로 인해 외로움, 고립감, 상실감 등을 경험하게 되고 장애 형제만큼 자신이 가치가 없다고 생각함으로써 낮은 자존감을 형성하게 된다. 또한 장애 영유아에게 집중된 부모의 관심과 자신에게는 허용되지 않는 행동이 장애 형제에게 허용되는 모습들을 보면서 분노를 경험하게 되고 부모의 관심을 얻기 위해 부정적인 문제행동을 형성하게 되기도 한다.

넷째, 장애 형제를 돌봐야 한다는 책임감이 지나치게 높게 나타난다. 장애 영유아의 형제들은 부모대리 역할을 수행한다. 부모를 대신하여 장애 형제를 챙기고 돌봐주어야 한다는 책임감은 장애 형제가 하지 못하는 일을 자신이 보상해야 할 의미가 있다고 생각하면서 성공에 대한 압박감을 간접적으로 경험하게 된다. 이러한 과중한 책임감은 자신의 미래와 더불어 장애 형제를 담당하게 될 미래의 역할에 대한 많은 염려로 이어져 정서적 어려움을 겪게 된다.

장애 영유아의 형제에 관한 연구 대부분이 부정적인 측면을 보고하고 있지만 여러 연구들은 장애 영유아가 그들의 형제에게 부정적인 영향과 동시에 긍정적인 영향도 끼친다고 보고하고 있다. 장애아의 형제들은 삶에 대해 더 감사하고 만족도도 높았으며, 작은 성취도 만족해하고 타인의 요구에 민감하여 이타적인 태도를 형성하며 사회적 유능감이 높은 것으로 보고되고 있다. 이에 교육전문가들은 장애 영유아의 형제들에 대한 정서적 이해와 더불어 장애 영유아의 형제들이 자신의 가족에 대한 긍정적인 인식과 관계를 형성하고 올바른 정체성과 높은 자존감을 형성해 나갈 수 있도록 도와주어야 한다.

3) 장애 영유아 부모의 요구를 반영하는 가족지원 형태

가족지원은 장애 영유아 및 그 가족의 요구를 진단하고, 그 요구를 충족시킬 수 있는 다양한 공식적 · 비공식적 자원(학교, 친구, 이웃) 및 서비스를 확인한 후 그 가족으로 하여금 가족의 기능을 강화하는 방법으로 자원(resources)을 얻도록 함으로써 가족의 자녀에 대한 효율적인 참여능력을 갖추도록 하여 자녀의 발달을 촉진하고자 하는 것이라고 할 수 있다. 이에 가족지원은 가족에게 능력주기(enable), 가족에게 힘 실어주기(empower), 강화하기(enhance)와 촉진하기(promote) 등의 용어로 표현되기도 한다. 즉, 가족지원은 장애 영유아 가족들이 가지고 있는 특별한 요구들을 파악하고 충족시키기 위해 다방면으로 지원하고 가족이 가진 잠재된 능력들을 발휘할 수 있도록 촉진하고 기회를 만들어 주는 것을 의미한다고 할 수 있다.

가족지원의 형태는 크게 두 가지로 나눌 수 있다. 첫 번째는 가족 진단(family assessment)이다. 교육목표와 서비스에 대한 가족의 우선적인 관심사를 결정하기 위하여 전문가들이 정보를 수집하는 진행적이고도 상호적인 과정을 의미한다. 두 번째는 개별화가족지원계획(Individualized Family Support Program, IFSP)이다. 장애 영유아의 프로그램의 성공에 필요한 제공될 서비스, 활동 및 자원 등에 대한 규정을 서면으로 나타내는 문서이다.

이러한 가족지원의 개념과 지원형태는 통합교육을 하는 교육기관에서 그대로 적용시키기는 어렵지만 그 개념과 형식을 간략화하여 적용시킬 수 있다.

가족진단은 교육기관에서 장애 영유아의 현행수준을 파악하고 개별화교육계획(IEP)을 작성할 때 부모상담을 통해 부모의 요구를 반영하여 목표를 작성하는 것으로 적용시킬 수 있다. 부모가 장애 영유아에게 갖는 교육목표와 우선적인 관심사를 포함하여 작성하는 것이다.

개별화가족지원계획(IFSP)은 개별화교육계획(IEP) 안에 어떻게 부모와 협력할 것인지, 교육기관에서는 가정연계활동, 수정계획안 등과 같은 다양한 지원 중에서 어떤 지원을 제공할 것인지 기록하여 나타내는 형식으로 포함시킬 수 있다. 부모와의 주기적인 상담을 통해 장애 영유아의 개별화교육계획에 따른 교육적 지원이 어떻게 이루어지고 있는지, 가정에서는 어떻게 지원하고 있는지 상호 간에 지속적인 정보교류를 하는 과정도 문서로 기록하여 포함시킬 수 있는데 이러한 과정을 통해 장애 영유아의 발달수준을 쉽게 파악할 수 있으며 장애 영유아가 가지고 있는 문제행동의 다양한 원인을 유추하여 적절한 지원방법을 모색할 수 있게 되는 등 장애 영유아의 성공적인 교육에 밑거름이 된다.

생각해보기

1. 장애 영유아 가족의 어려움은 어떤 것들이 있을지 생각해보세요.
2. 장애 영유아 가족지원의 필요성을 생각해보세요.

Chapter 11

유아교육기관 프로그램

11장에서는 장애 영유아들을 위해 실제 교육기관에서 어떤 프로그램으로 실행하고 있는지를 알아보고 학급 일과에서의 운영과 교사의 역할, 가정연계와 부모상담을 통해 장애 영유아가 교육기관에서 긍정적인 역할을 수행할 수 있도록 돕는 다양한 전략을 소개하고자 한다.

1. 학급에서의 교사역할과 전략적 지원방법 및 일과 내에서 통합을 위한 전략

일반적인 유아교육과정 안에서 이루어지는 일과 및 활동들에 특별한 요구를 가지고 있는 장애 영유아들이 그대로 참여하기에는 많은 어려움이 있다. 이에 장애 영유아의 특별한 요구에 따른 교사의 다양하고 전략적인 지원이 필요하다.

1) 등·하원

등·하원시간은 매일같이 제공되는 시간으로 신발 신고 벗기, 단추 및 지퍼올리고 내리기, 자신의 소지품 정리하기, 인사하기 등과 같은 기본생활습관을 연습할 수 있는 시간이다. 기본생활습관은 일상생활과 연관된 장애 영유아에게 매우 중요한 영역이므로 등·하원 시간을 잘 활용하여 기본생활습관영역에서 개별화된 목표를 수행할 수 있도록 도울 수 있다.

이렇게 해보세요

- 등·하원 시간을 여유롭게 운영하고 개별적으로 기술을 연습할 시간을 충분히 갖도록 한다.
- 전체 영유아 중 장애 영유아에게 가장 먼저 기회를 주어 신발을 갈아 신거나 옷을 입고 벗을 수 있는 시간을 충분히 갖도록 한다.
- 장애 영유아의 사물함이나 신발장의 위치는 영유아가 쉽게 찾거나 열 수 있는 위치로 선정하여 주고 영유아의 이름과 사진을 크고 선명하게 부착하여 스스로 찾을 수 있도록 한다.

- 자신의 이름이 적힌 곳에 물건을 챙겨 넣을 때마다 이름표를 보고 이름을 읽어보게 하고 같은 글자가 들어가는 친구의 이름표와 비교하면서 글자인식을 위한 학습의 기회로 삼는다.

If 유아가 사진과 이름표를 보고 이름을 잘 찾지 못한다면?

유아가 특별히 좋아하는 캐릭터나 사물 그림자료, 기호 등을 크게 부착하여 관심을 갖고 찾을 수 있도록 한다.

If 유아가 각 발에 맞는 신발 신기를 배우는 중이라면?

한쪽 신발에 색깔이 있는 점을 붙여둔다. 예를 들어, 오른쪽 신발에 빨간색 점을 붙여 놓는다. 또는 신발 안쪽에 서로 마주 보게 색깔 있는 점을 붙여둔다.

2) 이야기나누기

이야기나누기는 학급에서 전개되어지는 주제에 관한 많은 정보들이 공유되고 서로 간의 다양한 생각과 의견이 교환되는 시간으로 장애 영유아가 자발적·적극적으로 참여하기 어려운 활동 중에 하나이다. 그러나 매일 아침 일과의 첫모임이 되고 진행순서도 일관된 규칙을 가지고 있어 일정한 패턴을 유지하고 성공적인 참여를 위한 여러 가지 참여방법을 다양화한다면 장애 영유아가 적극적이고 익숙하게 참여할 수 있는 시간이 될 수 있다.

이렇게 해보세요

- 모일 때 약속으로 정한 신호음이나 신호노래를 일관성 있게 사용한다.
- 모여서 하는 손유희나 노래에는 1~2개의 익숙한 곡을 늘 포함시켜서 반복한다.
- 출석 부르는 형식은 장애 영유아가 익숙해질 수 있는 기간 동안은 동일한 방법으로 반복한다.
- 모여 앉을 때 교사와의 거리가 최소한으로 되는 위치에 앉도록 하여 언제든지 교사가 쉽게 다가가 지원할 수 있도록 한다.
- 자료가 잘 보이는 자리, 모방할 또래가 잘 보이는 자리에 앉도록 돕는다.
- 하루 일과를 소개하는 시간을 가짐으로써 활동의 전이에 당황하지 않고 마음의 준비를 할 수 있도록 돕는다.
- 주말 지낸 이야기나 주제에 따른 이야기나누기를 진행할 때 이야기나누기 주제 및 내용 수준이 높아 장애 영유아의 참여가 어려울 경우 가정에서 부모님과 함께 알아보고 준비한 자료를 가지고 또래 앞에서 발표할 수 있는 기회를 제공하거나 장애 영유아의 참여를 돕는 이야기나누기 관련 그림자료 등을 준비하여 그림자료를 보고 선택하여 발표할 수 있는 기회를 제공하는 등의 다양한 참여방식을 제공한다.
- 가정에서 부모님과 함께 알아보고 준비한 자료를 가지고 또래 앞에서 발표할 때는 교사가 장애 영유아와 사전에 영유아가 가져온 자료를 바탕으로 발표연습을 한 후 장애 영유아의 발표를 도울 수 있도록 한다. 이때 언어적 표현이 어려운 영유아의 경우에는 손가락으로 준비해온 사진이나 자료를 짚어 자신의 의사를 표현하는 방식 등 영유아의 특성에 따라 다양하게 전개할 수 있도록 할 수 있다.

If 유아가 집단활동 시간에 말을 잘 하지 않으려 한다면?

특별히 인기가 많거나 말이 많은 또래 다음에 유아의 순서가 되게 한다. 이렇게 함으로써 유아에게 무엇을 말하고 무엇을 해야 하는지 아이디어를 준다.

If 유아가 다른 또래들에 비해 알고 있는 정보의 양이 적어 집단활동 시간에 참여할 기회가 잘 생기지 않는다면?

가장 먼저 대답할 수 있는 기회를 주어 적은 정보의 양으로도 집단활동 시간에 참여할 수 있도록 한다.

3) 음률활동

음률활동은 장애 영유아에게 있어 가장 즐겁고 적극적으로 참여할 수 있는 활동으로 학습적인 분위기에서 벗어나 또래와 함께하는 즐거움을 느낄 수 있는 활동이다. 교사가 장애 영유아의 특성에 따라 다양한 표현 및 참여방식을 존중하면 더욱 창의적이고 긍정적인 활동전개가 이루어질 수 있다.

이렇게 해보세요

- 노래 부르기에서는 전체 곡을 다 부르는데 초점을 맞추기보다 표현 가능한 의성어, 의태어 등의 단어를 모방하여 부르도록 지도하거나 리듬에 맞춰 박수를 치는 등의 방법으로 활동참여를 촉진함으로써 함께 부르는 즐거움을 갖도록 돕는다.
- 언어적 표현이 어렵다면 노래를 다 익힌 후 율동을 만들어 표현해보는 활동순서를 바꾸어 노래를 익히는 단계에서 부분적으로 노랫말을 동작으로 변환하여 표현하도록 하여 참여를 돕는다.
- 신체표현은 혼자보다는 또래와 함께 하는 표현활동을 많이 계획하여 진행한다.
- 표현활동 시 장애 영유아의 단순하고 의도적이지 않은 표현(박수치기나 제자리 뛰기와 같은 자기자극 행동 등)이라 할지라도 창의적인 하나의 표현으로 인정하고 의미를 부여하여 모두 함께 따라 해 보는 기회를 제공함으로써 참여의 질을 높인다. 예) 음악에 맞춰 춤을 추는 활동에서 장애 영유아가 주저앉거나 엎드려버리면 '모두

엎드리기 춤을 춰보자' 하며 그 동작을 모방하여 음악에 맞춰 즐겁게 표현해보기

- 악기를 다룰 때는 장애 영유아가 익숙하게 다룰 수 있는 악기부터 제공한다. 이때 장애 영유아가 다룰 수 있는 악기가 한정되어 있더라도 1~2개의 악기 중에 스스로 선택할 수 있는 기회를 주는 것이 중요하다.
- 개사하는 활동에서는 장애 영유아의 수준을 고려하여 장애 영유아가 잘 인식하고 있는 내용을 표현하여 개사할 수 있도록 발표기회를 먼저 제공하거나, 표현할 수 있도록 도울 수 있는 그림자료 등을 사전에 준비하여 제공한다.

If 유아가 노래 부르기나 다른 음악활동에 적극적으로 참여하지 않으면?

유아가 어떤 행동을 할 때마다 눈을 마주치고 미소를 보이거나 격려하는 긍정적인 행동을 보여주어 독려해준다.

4) 동화·동극

동화·동극은 영유아의 언어적 표현능력과 신체적 표현능력을 증진시킬 수 있는 활동으로 특히 장애 영유아에게 있어서는 학급의 일원으로서의 소속감을 갖게 하고 또래와의 활발한 상호작용을 촉진시킬 수 있는 좋은 기회가 된다. 그러므로 장애 영유아의 적극적인 참여를 위해 사전준비가 많이 요구된다.

이렇게 해보세요

- 활동 전 자유놀이 시간을 이용하여 도서영역에서 미리 동화를 들려주거나 가정연계 활동으로 미리 소개해주어 동화내용에 익숙해질 수 있도록 한다.
- 동화내용을 일정한 패턴, 반복 등의 구성을 가진 내용으로 선정하거나 수정한다.
- 동극에서 내용을 회상하고 대사를 인식하는 활동을 할 때 장애 영유아에게 시범적으로 말할 수 있는 기회를 의도적으로 많이 제공한다.
- 동극 무대에 서는 위치, 입·퇴장 위치를 바닥에 표시해 준다.
- 장애 영유아의 특성 및 발달수준에 따라 단순한 의성어로 표현하는 역할, 몸동작으로만 표현하는 역할, 같은 표현을 반복하는 역할, 또래와 짝이 되어 함께 하는 역할 등 다양한 역할의 기회를 제공한다. 이때 장애 영유아뿐만 아니라 다른 영유아들끼리도 짝을 지어 같은 역할을 맡도록 하면 또래 간의 협력과 지원이 장애 영유아만을 위한 도움이 아닌 영유아들 사이에서의 자연스런 하나의 학급문화로 자리 잡을 수 있도록 도울 수 있다.
- 같은 동극을 다른 날에도 여러 번 반복하여 실시함으로써 장애 영유아에게 전체적인 극의 흐름과 자신의 역할을 인식할 수 있는 시간을 주어 자신 있게 활동에 참여할 수 있도록 돕는다. 이때 대본을 가정에 보내어 가족과 함께 해 보고 오도록 한 후에 재공연하면 효과를 더욱 증대시킬 수 있다.
- 동극이 익숙해지면 장애 영유아에게도 비중 있는 역할을 수행할 기회를 주어 장애 영유아에게는 자신감과 소속감을, 일반 영유아들에게는 장애 영유아에 대한 긍정적 인식의 기회를 제공한다.

If 유아가 동극 분장소품의 착용을 거부한다면?

유아에게 분장을 수용 가능한 수준으로 바꾸거나 분장의 정도를 줄여준다. 예를 들어, 머리가면을 싫어하는 경우 가슴에 옷핀으로 붙여주거나 분장을 떼어내는 경우 손이 닿지 않는 등 뒤에 소품을 붙여준다.

If 유아가 새로운 활동이나 영역에 참여하는 데 어려움이 있거나 한 가지 활동만을 계속 한다면?

유아가 좋아하는 장난감이나 캐릭터 등의 것들을 영역이나 활동에 포함시킨다. 예를 들어, 유아가 새를 집착하여 좋아한다면 새를 동극역할에 포함시켜 전개한다. 유아가 기차를 좋아하고 역할놀이 영역은 절대 가지 않는다면 역할놀이 영역에 기차역을 만들거나 장난감 기차 파는 가게를 꾸며 놀이하도록 한다.

5) 바깥놀이

교실에서 벗어나 실외로 나가게 되면 장애 영유아는 놀이공간과 급진적인 놀이 형태로의 큰 변화로 인해 어려움을 갖게 되므로 교사와 또래의 적절한 지원이 필요하다.

이렇게 해보세요

- 실외활동으로의 전이 시 짝을 정하여 함께 이동하도록 한다. 이때 1~2명의 유능한 영유아에게만 역할이 집중되면 장애 영유아에 대한 선호도가 낮아지므로 주의한다.
- 보행 속도가 느린 장애 영유아는 앞쪽에 서도록 하여 영유아들 간의 간격이 지나치게 벌어지지 않도록 한다.
- 교사가 놀이를 제안하여 놀이집단을 형성함으로써 장애 영유아가 또래와 함께 놀이할 수 있는 기회를 제공한다.
- 규칙이 있는 놀이보다 달리기나 모래파기, 모래 속에 묻기 등의 단순한 놀이를 통해 장애 영유아를 포함하는 또래집단이 쉽게 어울려 놀이 할 수 있도록 한다.

If 유아가 손을 씻고 닦는 데 어려움이 있다면?

손을 씻는 단계 중에서 앞 단계들은 교사의 직접적인 도움을 받아 씻고 마지막 단계를 유아가 혼자 수행하게 한다. 점진적으로 유아가 독립적으로 수행하는 단계의 수를 늘려간다.

6) 게임

영유아들이 매우 즐거워하는 게임 중 1 : 1 형식의 게임은 영유아들 사이에서 경쟁이 치열하다. 이러한 1 : 1 게임은 승패가 달려있기 때문에 장애 영유아의 다양성을 이해하기보다 장애 영유아가 가진 다양성을 약점으로 만들어버리기 쉽다. 또한 '장애 영유아로 인해 우리 팀이 졌다.'라는 인식이 생길 수 있어 장애 영유아에 대한 부정적 인식을 심어주기 쉽다. 그러므로 프로그램을 계획할 때 교사는 다양한 게임 참여 방식과 단서를 제공하는 활동자료의 수정 등에서 세심한 준비를 해야 한다.

이렇게 해보세요

- 1 : 1 게임보다는 팀별 릴레이 게임이나 단체게임을 실시한다.
- 전래놀이와 같이 스킨십이 많은 공동체 놀이를 많이 실시하여 함께 어울려 서로 즐겁게 놀이 할 수 있도록 한다.
- 게임의 시범을 보이는 영유아로 선정하여 게임방법 및 규칙을 직접적·개별적으로 익혀볼 수 있는 기회를 제공한다.
- 다른 또래들을 모방할 수 있도록 참여순서를 중간쯤으로 하거나 장애 영유아 다음에 보다 유능한 일반 영유아가 앉도록 하여 장애 영유아로 인한 차이를 자연스럽게 줄일 수 있도록 참여순서를 조절해준다.

- 장애 영유아의 특성을 고려하여 게임방법을 다양하게 수정하여 제시한다.
  - 시각장애 영유아가 있는 경우 2명이 짝을 지어 1명은 눈을 가리고 다른 1명이 방향을 안내하는 방식으로 진행하기
  - 지체장애 영유아가 있는 경우 2명이 짝을 지어 1명은 휠체어를 타고 다른 1명이 휠체어를 밀거나, 1명이 방석으로 징검다리를 만들면 다른 1명이 다리를 건너가는 방식으로 진행하기

If 유아가 게임의 모든 단계의 활동을 수행하지 못하면?

교사가 직접 함께 하면서 도와주고 유아는 한 단계에서 중요한 한 가지 일을 함으로써 참여할 수 있게 한다.

7) 자유놀이

자유놀이 시간과 같은 비구조적인 놀이시간은 영유아들이 자발적으로 즐겁게 놀이에 참여하고 즐기는 중요한 시간이다. 그러나 장애 영유아는 자발적이고 의미 있는 놀이를 하는 데 어려움을 가지므로 소집단으로 이루어지는 자유놀이 시간에는 교사의 적절한 지원이 요구된다.

이렇게 해보세요

〈역할놀이영역〉

- 사회적 상호작용 기술을 향상시키기 위해 교사는 의도적으로 또래집단 안에 장애 영유아를 자연스럽게 참여시켜 구조적으로 영유아들 간에 놀이가 진행될 수 있도록 지원한다.

예) 역할놀이 영역에 장애 영유아와 함께 다른 또래들에게 놀이를 제안하여 장애 영유아와 같은 역할을 맡아 상호작용의 모범 보이며 놀이 지속시켜 나가기

- 사회적 상황이야기와 같은 형식의 놀이대본을 제공하여 간단한 사회적 상호작용 기술을 익히도록 지원한다. 놀이의 방법을 알게 되면 영유아는 자유놀이시간을 더욱 능동적으로 보내게 되며 또래의 놀이에 참여할 가능성을 높일 수 있다.

If 유아가 역할놀이 영역에서 반복적으로 놀이를 하고 다음 장면을 전개하지 않으면?

3-4단계의 장면을 사진으로 만들어 제시한다(예, 가스레인지 위에 냄비를 올리고 젓고, 식탁에 음식을 내어 놓는 장면). 유아가 놀이시간을 길게 늘릴 수 있도록 사진을 사용한다.

이렇게 해보세요

〈쌓기놀이영역〉

- 놀잇감을 이용하여 할 수 있는 놀이를 사진으로 제시해 주어 영유아가 직접 보고 놀잇감을 선택하여 모방하여 놀이를 해나갈 수 있도록 돕는다.

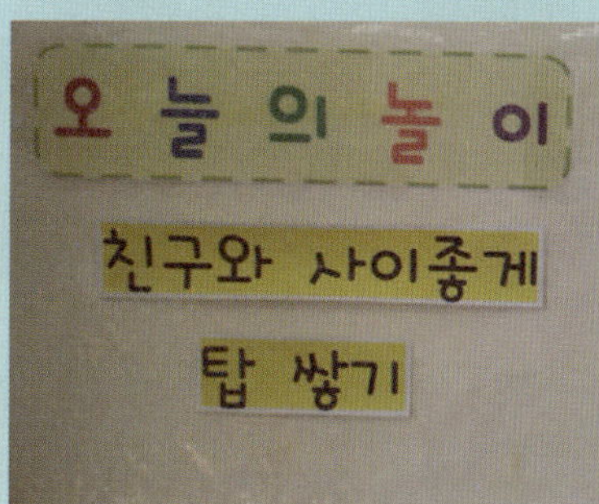

이렇게 해보세요

〈언어놀이 영역〉

- 글자 쓰기를 할 때는 선긋기, 따라 쓰기, 보고 쓰기 등의 다양한 수준의 쓰기활동을 준비해 주어 발달수준에 맞게 활동에 참여할 수 있도록 해준다.
- 장애 영유아가 선호하는 동물이나 사물이 나오는 책들을 비치해 언어 및 인지자극의 활동을 자연스럽게 전개한다. 이때 책은 장애 영유아의 수준과 특성을 고려하여 다양한 수준과 종류의 책을 비치해주는 것이 좋다.

If 시각 장애를 가진 유아가 물건이나 그림에 집중하는 것에 어려움을 가지면?

진한 테두리가 쳐져 있는 그림이나 책을 사용한다. 시각적으로 색깔 대비가 되는 그림이나 책을 사용한다.

출처: 브라인언 와일드스미스 저. 보림

VS

출처: 바니 잘츠버그 저. 보림큐비.

이렇게 해보세요

〈미술놀이 영역〉

- 미술활동을 제시할 때는 항상 다양한 발달수준을 고려하여 활동을 단순화하거나 자료를 수정하여 다양한 방법과 재료를 제공한다.
  예) –물감으로 색칠할 때 일반 영유아는 좁은 붓을 사용한다면 장애 영유아는 쉽게 넓은 면적을 채울 수 있는 넓은 붓을 이용하여 색칠하기
  –종이에 풀칠하여 붙이는 꼴라주 활동을 한다면 뒷면에 접착력이 있는 시트지를 잘라 만든 조각을 함께 제공하여 쉽게 붙여 꾸밀 수 있도록 하기
- 장애 영유아를 위한 다양한 수준의 활동방법과 자료를 제공하면 일반 영유아들 중에서도 발달이 느리거나 활동에 자신 없어 하는 영유아들도 성공적으로 참여할 수 있도록 도울 수 있어 질 좋은 영유아교육과정을 운영할 수 있다.

If 유아가 테이블에 매직펜 두드리기와 같은 행동을 계속 한다면?

유아의 행동을 이용하여 교사가 동그라미 모양을 따라 매직펜을 두드리거나, 두 지점을 두드리고 두 지점 간에 선을 긋는 등 미술작업을 하는 방법을 시범 보인다.

If 유아가 여러 단계를 거쳐 완성할 수 있는 미술작업을 하는 데 어려움이 있다면?

개별 유아의 특성과 발달수준에 따라 전체 단계를 축소한 과정에 참여하거나 전체 단계 중 일부 단계를 한다.

이렇게 해보세요

〈수조작놀이영역〉

- 일상생활기술연습을 할 수 있는 단추 끼우기, 지퍼올리고 내리기, 구슬 꿰기 등의 교구를 비치한다.
- 다양한 수준의 퍼즐을 제공한다.
- 교사가 장애 영유아를 포함한 또래소집단을 형성하여 교구놀이를 함께 진행함으로써 자신의 차례를 기다리고 차례에 맞게 활동에 참여하면서 규칙을 인식하고 또래와의 상호작용을 증진시켜 나갈 수 있도록 돕는다.
- 주제에 따른 다양한 활동이 영유아가 선호하는 놀이에 녹아들어 자연스럽게 이루어지도록 개별적인 자료나 도구를 준비해주거나 상황을 연출해주어 영유아가 즐겁고 성공적으로 활동에 참여할 수 있도록 한다.

If 유아가 다른 유아의 자료를 가져오려 한다면?

유아의 활동자료를 플라스틱 쟁반이나 상자뚜껑에 놓아 주어 유아가 어떤 물건이 자신의 것이며 활동에 관련 있는 것인지 알 수 있도록 돕는다.

2. 가정연계활동

장애 영유아가 일반교육기관에서 통합교육을 받게 될 경우 부모들이 가장 많이 걱정하는 것은 장애 영유아가 비장애 영유아들과 함께 하는 수업을 잘 이해하고 따라갈 수 있을 것인가, 비장애 영유아들에게 배척받지 않고 함께 어울릴 수 있을 것인가이다. 즉, 장애 영유아의 인지발달과 사회성 발달은 부모가 가장 염려하는 것과 동시에 가장 많이 향상되고 발달되기를 바라는 영역이기도 하다.

일대일 교육이 이루어지는 교육이 아니라 다수의 아이들과 함께 이루어지는 통합교육 상황에서 교사의 지원만으로는 장애 영유아의 효과적인 성장 및 발달을 기대하기는 어렵다. 이에 부모 및 가족이 함께 참여하여 장애 영유아를 가르치는 교수방법과 기술을 익혀 교육기관과 연계하여 장애 영유아의 수준에 알맞은 다양한 활동을 제공하는 것이 필요하다.

가정연계활동이란 장애 영유아가 학급에서 진행되는 놀이주제에 관심을 갖고 제시된 활동에 참여할 수 있도록 돕는 가정에서의 활동을 의미한다. 놀이주제에 대해 전반적인 소개와 함께 장애 영유아가 가정에서 할 수 있는 주제와 관련된 활동 및 방법을 제시하고 가정에서 부모가 활동을 해본 이후 부모의 접근방법과 영유아의 반응 및 수행 정도를 기록하여 평가하는 내용으로 구성된다. 교사가 제시하는 가정연계활동은 크게 놀이주제에 대한 배경지식과 전반적인 이해를 돕는 활동과 학급 내에서 이루어지는 활동의 성공적인 참여를 돕기 위한 활동으로 나눌 수 있다.

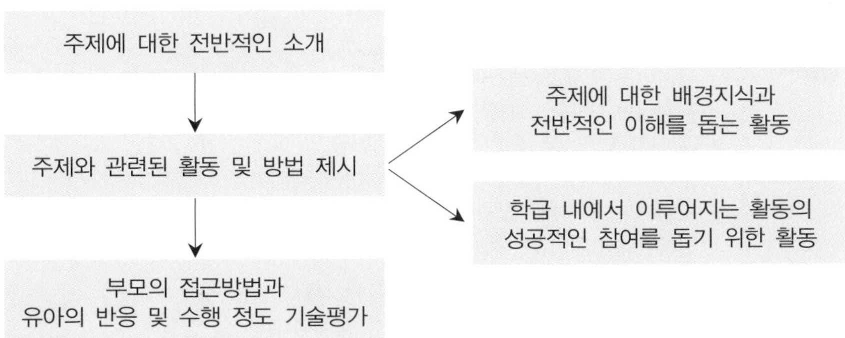

그림 11-1 **가정연계활동의 내용**

표 11-1 IEP와 연계한 가정연계활동

<table>
<tr><th>활동명</th><th>활동방법</th><th>적용된 IEP 목표</th></tr>
<tr><td rowspan="7">지렁이
탐색하기
</td><td>1. 지렁이를 보면서 지렁이의 이름과 특징에 대해 말해본다.
-이게 뭘까? / 지렁이
-지렁이는 어떻게 생겼어? / 길어요.
-지렁이는 어디에 살까? / 흙에 살아요.</td><td>인지영역
언어영역</td></tr>
<tr><td>2. 흙 사진 위에 선을 그어 지렁이를 그려본다.
-여기 흙이 있네. 흙에 사는 지렁이를 그려주자.
-엄마를 따라서 그려보자. 이렇게 쭉 선을 그리면 지렁이가 되네.
-(미영이가 지렁이를 그리면) 우와, 지렁이 두 마리가 되었네. 또 그려보자. 세 마리가 되었네.</td><td>대소근육</td></tr>
<tr><td>3. 지렁이 그림을 색칠해 본다.
★ 지렁이를 색칠할 때 지렁이의 명칭과 특징을 옆에 계신 부모님이 지속적으로 설명해주세요.
-지렁이다. 지렁이가 길다. 흙에 사는 지렁이를 우리가 색칠하고 있네.</td><td>인지영역
대소근육</td></tr>
<tr><td>4. 지렁이 젤리를 사서 먹으면서 지렁이의 이름과 특징에 대해 말해본다.

-이게 뭘까? / 지렁이
-지렁이는 어떻게 생겼어? / 길어요.
-지렁이는 어디에 살까? / 흙에 살아요.
-(길이가 다른 두 개의 지렁이 젤리를 보면서) 어떤 지렁이가 더 길까? 어떤 지렁이가 더 짧을까?
-지렁이가 몇 마리 있지?
-엄마한테 미영이가 지렁이 3마리 줄래?</td><td>인지영역
언어영역</td></tr>
<tr><td>5. 바닥에 누워서 꿈틀거리며 지렁이처럼 움직여 본다.
-우리 지렁이가 되어보자. 지렁이가 움직이네. 꿈틀 꿈틀!
-따라 해보자. 꿈틀 꿈틀!</td><td>대소근육
언어영역</td></tr>
<tr><td>6. 지렁이 스티커를 활동지의 숫자만큼 붙여본다.</td><td>인지영역</td></tr>
<tr><td>7. 점토로 지렁이를 만들어본다.
★ 점토를 손가락으로 누르기, 손바닥으로 두드리기, 동그랗게 뭉치기 등과 같은 다양한 방법으로 마음껏 탐색해 본 후 비벼서 길게 만들기 방법으로 지렁이를 만들어 보세요.</td><td>대소근육
인지영역
언어영역</td></tr>
</table>

활동명	활동방법	적용된 IEP 목표
지렁이 탐색하기 	 −점토가 말랑하네. −꾹꾹 눌러요. / 두드려요. / 동글동글 돌려봐요. −왔다갔다 손바닥으로 비비면 지렁이가 되네. −이게 뭐라구요? 지렁이! −우리 지렁이 몇 마리 만들었지? 세어보자.	

1) 놀이주제의 배경지식과 전반적인 이해를 돕는 가정연계활동

학급에서 새로운 놀이주제가 시작되면 장애 영유아가 새롭게 시작되는 새로운 주제에 대해 관심을 가지고 거부감 없이 받아들일 수 있도록 기초적인 배경지식과 이해를 돕는 단계적인 접근이 필요하다. 동물에 관한 새로운 주제가 시작되면 실제로 동물을 보고 관심을 가질 수 있도록 주제 시작 전 미리 동물원에 다녀오도록 가정연계활동을 제시해 줄 수도 있고, 꽃과 과일에 대한 주제가 시작된다면 미리 화원이나 마트에 가서 꽃과 과일을 실제로 보고 탐색할 수 있는 기회를 제공해 주는 것이 필요하다. 이렇게 장애 영유아가 사전에 미리 경험하도록 해주면 학급에서 이루어지는 활동과 자료에 조금 더 관심을 가질 수 있기 때문이다.

표 11-2 놀이주제의 배경지식과 전반적인 이해를 돕는 가정연계활동의 예

7월 1주 교육계획안

다솜반 (만4세)

놀이 주제	즐거운 여름	
주　　제	소주제	목 표
여름 즐기기	여름 날씨	-여름에 나타나는 날씨의 변화를 느낀다. -여름철 날씨에 어울리는 옷을 알아보고 입는다.
	맛있는 여름 과일	-여름철 과일에 관심을 갖는다. -여러 가지 과일의 이름와 특징을 탐색해본다.

〈이야기나누기〉
· 여름철 날씨
· 여름철 옷차림
· 여름에 먹는 과일

〈언어〉
· 누구의 우산일까요?

〈동화〉
· 여름 왔어요.
· 여름이를 찾아서
· 수박 수영장

〈동시〉
· 우산 꽃

<신체>
· 불어라 부채 바람

<게임>
· 날씨에 알맞은 짝궁 찾기

〈음률〉
· 새노래 - 즐거운 여름
· 장단놀이 - 덕석몰이
· 장구 - 빗소리를 닮은 장구

여름 즐기기

<미술>
· 물감 불어 그리는 비오는 날

<바깥놀이>
· 날씨에 따른 바깥놀이

〈과학〉
· 과일 속 씨앗들을 탐색해요
· 과일 맛보기

〈수 · 조작〉
· 여름옷차림의 명화퍼즐
· 누가 많이 먹었을까?
· 수박씨세기

〈쌓기〉
· 부채 바람으로 무너지는 종이컵 탑

〈역할〉
· 여름 옷가게 놀이

<행사>
· 물놀이

<인성교육>
· 함께 나누는 기쁨

학급 교육계획안에 근거하여 가정연계 활동 자료를 가정으로 보내면 부모는 유아와 활동을 수행해 본 후 가정에서의 접근방법과 수행 정도를 기록하여 가져오도록 한다.

〈가정연계활동〉

다음 주 다솜반에서는 여름의 날씨, 여름철 과일 등의 여름에 대한 기초적인 개념을 전반적으로 다루는 활동이 전개됩니다. 가정에서 '여름'이라는 계절의 명칭과 '덥다', '시원하다' 등의 날씨와 관련된 기본적인 어휘를 많이 들려주시면서 상호작용 해 주세요.

주제와 관련된 활동	활동방법	부모의 접근 방법과 영유아의 반응 및 수행정도
비오는 날	1. 비오는 날 필요한 옷차림(우비와 우산, 장화)을 해본다. 착용 시 '우비를 입어요.' / '우산을 써요'/ '장화를 신어요.' 등의 문장을 5번 이상 모방하여 발화해본다. 2. 화장실이나 실외놀이터에서 샤워기 또는 물조리개를 이용하여 비가 오는 놀이를 즐긴다. －이때 부모님은 '와! 여름이다.' / '여름에 비가 온다.'라는 이야기를 많이 들려주세요! 3. 놀이 후 벗을 때 '우비를 벗어요.' / '우산을 접어요.' / '장화를 벗어요!' 등의 문장을 5번 이상 모방하여 발화해본다.	1. 우의, 우산, 장화를 보여주고 착용시켜 5번 이상 발화를 시켜보았습니다. 문장에서 자꾸 동사만 따라하고 명사까지 붙여서는 억지로 시켜야 따라합니다. 2. 화장실에서 우의 입고, 장화신고, 우산까지 펴고 샤워기로 놀아주니 처음에는 놀래면서 신기해 하나 싶더니 금방 싫다고 나와버렸습니다. 3. 동화책에 비오는 장면이나 아이가 우의, 장화, 우산 쓰고 노는 내용에 흥미를 보이며 문장을 잘 따라합니다. 4. 우비를 입고 벗는 건 싫어했으나 우산은 '접어요.' '써요.' 하면서 행동과 함께 잘 따라합니다.

2) 학급 내에서 이루어지는 활동의 성공적인 참여를 돕는 가정연계 활동

비장애 영유아들과 통합된 학급 내에서 이루어지는 모든 활동은 자신의 연령에 비해 발달수준이 낮은 장애 영유아에게는 어려운 활동이 될 수밖에 없고, 성공적으로 활동에 참여하고 수행하기 매우 어려운 것이 사실이다. 감각적으로 예민한 영유아는 학급에서 이루어지는 많은 활동들을 거부하기 쉽다. 이렇게 되면 장애 영유아는 학급활동을 하면서 늘 실패감과 좌절감을 경험할 수밖에 없으며, 비장애 영유아들도 '장애 영유아는 할 수 있는 게 없는 아이', '같은 팀이 되면 늘 우리 팀을 지게 만드는 아이', '매일 울거나 화내는 아이'라는 잘못된 고정관념을 형성하게 되어 장애 영유아에 대한 낮은 선호도를 갖게 될 수밖에 없다. 이에 교사는 학급에서 이루어질 활동들 중에 기술적인 연습이나 적응이 필요한 활동들을 선정하여 활동방법을 단계적으로 나누거나 활동수준을 낮추어 가정연계활동으로 제시해 주면 가정에서 부모와 함께 장애 영유아가 미리 경험해 보고 연습해 본 후 부모의 평가를 통해 장애 영유아의 수준과 효과적인 접근방법을 모색하여 접근해줌으로써 학급에서 활동을 했을 때 거부감 없이 성공적으로 참여할 수 있도록 도울 수 있다.

수업에서 장애 유아를 위한 다양한 전략을 세워보세요.
장애 유아의 장점, 좋아하는 것을 찾으세요.
함께 도전해서 성공할 수 있는 기회를 만들어 주세요.

표 11-3 학급 내에서 이루어지는 활동의 성공적인 참여를 돕는 가정연계활동의 예시 1

〈가정연계활동〉

다솜반에서 이루어질 활동 중에 미리 연습이 필요한 기술들이 포함된 활동들을 알려드립니다. 함께 하실 수 있도록 단계를 나누어 알려드리오니 가정에서 영유아와 함께 해보세요.

주제와 관련된 활동	활동방법	부모의 접근 방법과 영유아의 반응 및 수행정도
물감불어 그리는 비오는 날	1. 입으로 바람을 불어본다. – 입으로 바람을 불어 얼굴, 손 등에 바람을 느끼게 해준다. – 엄마를 모방하여 입모양을 따라 만들며 바람을 후 불어본다. 2. 빨대를 입에 물고 바람을 불어본다. 3. 빨대를 입에 물고 바람을 불어 색종이 조각이나 탁구공 등을 움직이며 놀아본다. 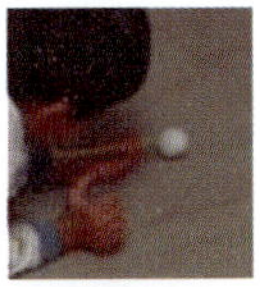 4. 파란색 물감을 도화지 위에 떨어뜨린다.  5. 빨대로 파란색 물방울을 분다. 6. 활동을 여러 번 반복하여 작품을 만든다. 7. 비오는 날 우산 또는 우비를 착용하고 있는 미영이의 사진이 있다면 오려서 붙여 비오는 날을 연상할 수 있도록 한다.	도화지에 연필로 우산 쓴 미영이를 그리고 파란 물감을 뿌리고 빨대로 불어서 비 내리는 그림을 그려 보았습니다. 미영이가 많은 관심을 보이고 빨대로 불어서 열심히 빗방울을 만드네요. 넘치는 의욕에 물감을 들숨에 빨아들이기도 했습니다.

표 11-4 학급 내에서 이루어지는 활동의 성공적인 참여를 돕는 가정연계활동의 예시 2

〈가정연계활동〉

다음 주 다솜반에서는 흙놀이터가 열립니다. 오감을 이용하여 아이들이 온 몸으로 흙을 만지며 놀게 되므로 흙을 만지거나 흙이 몸에 묻는 것에 대한 거부감이 최소화 될 수 있도록 가정에서 사전에 경험시켜 주시길 부탁드립니다.

주제와 관련된 활동	활동방법	부모의 접근 방법과 영유아의 반응 및 수행정도
	1. 찰흙을 손으로 만지고 누르며 흙놀이를 해본다. 2. 찰흙에 물을 조금씩 부어 문질러 본다.  3. 점차 물을 많이 부어 흙물감을 만든다(미영이는 손에 묻는 것을 싫어하므로 미영이도 직접 흙물감을 만들 수 있는 기회를 가져보세요. 충분한 감각놀이를 경험할 수 있도록 도와주세요.) 4. 흙물감을 조금씩 자신의 신체에 묻혀본다. 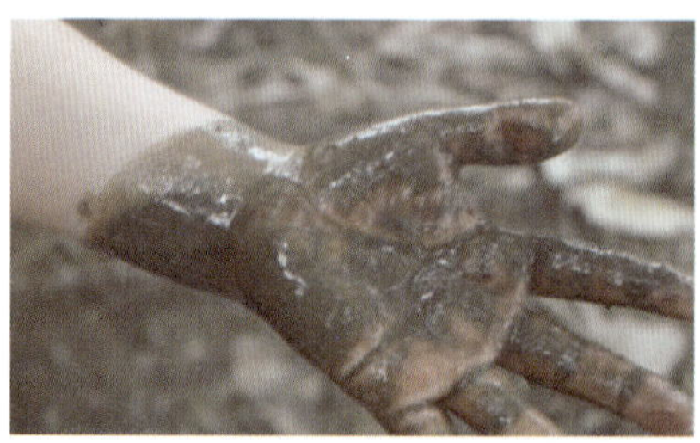 5. 욕조나 큰 대야에 들어가 온 몸에 흙물감을 묻히며 즐겨본다.	찰흙으로 흙물 만들기를 완강하게 거부합니다. 욕조에서 목욕하자고 꼬셔서 흙물을 몸에 바르니 '당장 닦아!' 하면서 자기가 샤워기로 씻고 흙 싫다고 계속 소리 지르는 모습을 보여 찰흙으로 미영이가 좋아하는 소방차를 만들어 흙물에 빠트리고 미영이에게 구해달라고 하니, 잠시 망설이다가 흙물에서 꺼내주고 자기가 다시 흙물에 던지며 놀기 시작했습니다. 나중에는 흙물에서 수영하며 30분 이상 욕조에서 찰흙놀이를 즐겼습니다.

3) 가정연계활동의 교수활용

가정연계활동을 통해 부모는 장애 영유아의 현행수준과 활동 시 겪는 어려움을 잘 파악하게 된다. 직접 자녀를 가르쳐보면서 자녀를 가르칠 때 어떻게 접근해야 하는지, 무엇을 해주어야 할지 부모 스스로 개인차를 고려한 교수방법을 알아가기도 하고 자발적으로 자녀교육에 참여하고자 하는 의지를 갖게 되기도 한다.

이러한 부모의 평가는 교사가 학급에서 장애 영유아와 활동을 하는데 있어 유익한 정보를 제공한다. 계획된 활동에서 장애 영유아가 거부하거나 실패할 수 있는 부분이 무엇인지 미리 알 수 있어 문제가 될 부분을 소거하거나 문제를 최소화하여 접근할 수 있기 때문이다. 예를 들어 가정에서 부모와 활동할 때 들숨으로 물감을

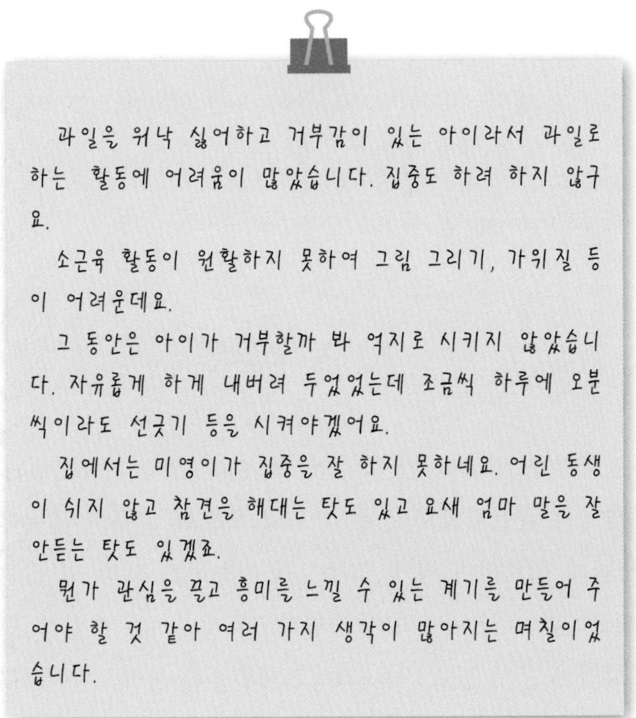

과일을 워낙 싫어하고 거부감이 있는 아이라서 과일로 하는 활동에 어려움이 많았습니다. 집중도 하려 하지 않구요.

소근육 활동이 원활하지 못하여 그림 그리기, 가위질 등이 어려운데요.

그 동안은 아이가 거부할까 봐 억지로 시키지 않았습니다. 자유롭게 하게 내버려 두었었는데 조금씩 하루에 오분씩이라도 선긋기 등을 시켜야겠어요.

집에서는 미영이가 집중을 잘 하지 못하네요. 어린 동생이 쉬지 않고 참견을 해대는 탓도 있고 요새 엄마 말을 잘 안듣는 탓도 있겠죠.

뭔가 관심을 끌고 흥미를 느낄 수 있는 계기를 만들어 주어야 할 것 같아 여러 가지 생각이 많아지는 며칠이었습니다.

그림 11-2 가정연계활동에서의 부모평가 사례

빨아들였다는 부모평가 덕분에 학급에서 활동할 때 교사가 빨대가 물감에 닿지 않도록 거리를 잘 유지하여 잡아주는 것으로 문제를 소거하여 성공적으로 활동에 참여할 수 있도록 도울 수 있었다. 이렇게 학급에서 성공적으로 잘 수행한 활동과정과 결과를 부모에게 전달해 줌으로써 부모의 노력과 수고에 대해 힘을 실어주고 장애 영유아에 대한 많은 정보를 공유하면서 적극적이고 원활한 가정과의 협의를 만들어 갈 수 있다.

이처럼 가정연계활동은 부모와 교사가 공동의 목표를 가지고 가르치는 교수자가 되게 해주고 협력자가 되게 해줌으로써 더욱 긍정적이고 신뢰하는 관계를 맺게 해준다.

장애 영유아와 가족이 함께 놀이할 수 있는 방법을 생각해 보세요.
더 쉽게! 더 자세히! 부모님이 함께 참여하는 가정연계활동을 통해 장애 유아 부모님은 협력자가 될 수 있습니다.

3. 부모상담

부모상담은 대부분 연 2회 한 학기에 한 번씩 계획되어 진행된다. 그러나 장애 영유아를 포함하는 통합학급의 경우 부모의 특별한 요구를 교육에 포함시키고 교사와 부모가 함께 협력하여 장애 영유아를 지원하기 위해 더 많은 부모와의 교류와 상담이 필요하다. 1학기, 2학기 개별화교육계획(IEP) 수립과 평가를 위해 기본적으로 연 4회의 상담이 필요하며, 가정연계활동을 통해 수시로 장애 영유아의 발달과 현행수준 및 접근방식에 대한 정보교환이 이루어져야 한다.

부모와 상담을 할 때는 부모가 자녀의 장애를 어느 정도 이해하고 수용하고 있는지와 어떠한 특별한 요구와 양육태도를 가지고 있는지를 면담자료에 기록하여 사전에 받아봄으로써 상담 전 미리 장애 영유아 부모가 가지는 여러 특성을 파악하고 이해할 수 있는 정보를 파악할 수 있다.

표 11-5 상담 전 미리 작성한 면담자료의 예

가정연계 면담자료

★ 1학기 상담 시 교사와 면담하기 위한 자료이므로 내용을 자세히 적어주십시오.★

반		영유아 이름	
가정 생활	1. 기본생활습관 (수면/식사-편식여부/놀이 등) 2. 영유아가 잘하는 부분 3. 영유아가 어려워하는 부분 4. 현재 다니고 있는 교육기관 및 학습지 5. 영유아가 더 발전했으면 하는 내용		
교사와 면담하고자 하는 내용			

부모와 상담을 할 때는 장애 영유아의 생활, 반응 및 행동 등을 구체적으로 설명해주는 것이 필요하다. '오늘 잘 했어요.' 또는 '잘 지냈어요.' 등과 같은 피상적인 말보다 영유아가 무엇을 잘 했는지 구체적인 상황과 기준을 설명해 주는 것이 좋다. 또한 장애 영유아가 현재 어떤 것이 습득되었고 무엇을 지도하고 있는지 영유아의 수행능력에 대한 활동자료도 함께 제시하면서 설명하도록 한다.

부모상담 시 가장 중요한 것은 교사가 부모를 자신의 잣대로 평가하지 않고 부모의 의견과 경험, 가치관 등을 존중하는 태도를 갖는 것이다. 부모의 이야기를 적극적으로 들어주고 경청하고 있음을 언어적, 비언어적으로 표현해 줄 때 부모로부터 필요한 정보를 더 많이 얻게 되고 공동의 합의된 목표를 설정하는 데 도움이 된다.

표 11-6 **효과적으로 부모와 의사소통 하기 위한 체크리스트**

항 목	확 인
부모를 만날 때마다 장애를 가진 부모의 입장에서 생각하는가?	예 / 아니오
부모가 영유아에 대해서 상담할 때 장애아 이전에 한 영유아로서 생각하고 있는가?	예 / 아니오
부모가 영유아를 지도할 때 교사와 동일한 전문성을 가지고 있다고 진정으로 믿는가?	예 / 아니오
부모의 의견과 조언이 진정으로 가치 있고 유용하다고 생각하고 경청하는가?	예 / 아니오
부모와 상담할 때 부모의 의견을 중요시 여기는 표시로 적절한 몸짓, 눈맞춤, 단어를 사용하는가?	예 / 아니오
부모가 편안하게 대화할 수 있는 환경을 준비하는가?	예 / 아니오
부모와의 상담날짜를 정할 때 교사와 부모의 가능한 시간을 동시에 중요하게 여기면서 시간을 정하는가?	예 / 아니오
어려운 전문용어를 피하고 부모가 알아듣기 쉽게 설명하는가?	예 / 아니오

수정발췌: Shelton, Jeppson, & Johnson(1987). Family-Centered care for children with special needs. pp.62-63.

> 부모상담 할 때 부모님의 이야기를 적극적으로 들어주세요.
> 공동의 목표를 설정하세요.
> 이제 우린 한편입니다.

4. 장애 영유아에 대한 비장애 영유아의 이해 및 선호도 향상을 위한 지원

장애 영유아가 가진 특별한 요구와 특징에 대한 비장애 영유아들의 편견과 거부감은 비장애 영유아들에 의해 생성되기보다는 학급에서 가장 큰 영향력을 미치는 교사가 장애 영유아를 대하는 태도와 상호작용에 의해 생성된다고 할 수 있다. 어떠한 특별한 요구를 가진 장애 영유아라 할지라도 교사가 장애 영유아와 따뜻하게 상호작용하고 인정해주고 사랑해주는 것을 보면 비장애 영유아들은 자연스럽게 장애 영유아에 대한 긍정적인 호감을 형성하게 되고 자연스럽게 좋은 관계를 형성해 간다. 이에 교사는 장애 영유아를 포함하여 모든 영유아들이 가진 다양성을 존중하는 활동으로 장애 영유아를 이해하고 장애 영유아에 대한 또래 선호도를 높이고 관계를 맺을 수 있도록 적극적으로 도울 수 있다.

학기 초 새롭게 구성된 학급에서의 친구들에 대해 알아보는 활동에서 서로 간의 차이를 인식할 수 있는 활동들을 포함하여 영유아들이 가진 다양성을 인식할 수 있도록 도울 수 있다.

Tips 서로 간의 차이를 인식하도록 돕는 활동

우리는 같은 점과 다른 점이 있어요!

머리모양, 머리색깔, 신체구조, 얼굴생김새, 입은 옷의 색깔, 성별 등의 여러 기준에서 객관적인 같은 점과 다른 점을 찾아보는 활동이다. 이 활동 속에 장애 영유아가 포함되면 장애 영유아도 나와 같은 점도 있고, 다른 점이 있다는 것을 쉽게 인식하도록 도울 수 있다. 장애 영유아와 내가 같은 점이 있다면 장애 영유아와 동질감이나 친밀감을 갖게 될 수 있고, 다른 점이 있다면 서로 다른 점을 찾아보는 재미를 맛볼 수 있어 장애 영유아와 일반 영유아의 상호관계를 맺고 확장시켜 나갈 수 있는 기회를 얻을 수 있다.

나는 이래서 특별해요!

각각의 영유아가 가지고 있는 특성을 찾아 이야기 나눈다. 이때 중요한 것은 영유아의 장점뿐만 아니라 약점도 '나만의 특별한 점이 될 수 있다'라는 인식을 갖도록 하는 것이다.

예) 나는 키가 커서 / 작아서 특별해요.
나는 모기한테 잘 물려서 특별해요.
나는 머리카락이 짧아서 / 길어서 특별해요.
나는 감기에 잘 걸려서 특별해요.
나는 머리가 곱슬 곱슬 해서 특별해요.

장애 영유아의 경우, 계속 손뼉을 치거나 물건을 두드리는 상동행동이 있다면 '나는 박수를 잘 쳐서 특별해요', '나는 두드리는 걸 잘 해서 특별해요' 등으로 표현해 줌으로서 장애 영유아의 문제행동이 단점이나 이상한 행동이 아닌 그 영유아만의 특별한 점으로 인식될 수 있도록 도울 수 있다.

또한 장애 영유아의 장점을 부각시켜주는 것이 중요하다. 학급 내에서 문제행동이나 방해행동을 보이는 장애 영유아에게도 강점이 있음을 드러내어 주는 활동을 전개하여 비장애 영유아의 장애 영유아에 대한 선호도 및 긍정적 인식을 도울 수 있다.

Tips 장애 영유아의 강점을 부각시켜주는 활동

강점그래프 만들기

각 영유아의 장점들을 하나씩 종이에 적어 자신의 이름이 있는 칸에 붙임으로써 막대그래프를 만들어 보는 활동이다. 이때 장애 영유아의 경우 앞서 다룬 나만의 특별한 점(예 – 박수를 잘 쳐요 / 잘 뛰어요 등)과 더불어 가정의 일상생활 속에서 촬영한 장애 영유아가 하는 활동이나 행동을 장점으로 그래프 란에 붙임으로써 비장애 영유아들이 잘 알지 못하는 장애 영유아의 장점들을 찾아 부각시킬 수 있다.

예) 치료활동으로 하는 수영, 승마, 음악놀이(악기연주) 등의 활동 사진 / 가정에서 스스로 씻고 양치하는 모습 / 스스로 밥 먹는 모습 / 가위로 종이를 오리는 모습 / 달리는 모습 등을 찍은 사진들을 자료로 사용한다.

나만의 특별한 별명지어 부르기!

'나는 이래서 특별해요', '장점 그래프 만들기' 등의 활동을 통해 서로 간의 각각 특별한 점들을 장점들로 인식하게 되면 이것을 바탕으로 서로 긍정적인 별명을 지어 불러 본다.

예) 보조개가 있는 영유아 → 보조개 공주
점토(칼라믹스)를 잘 만드는 영유아 → 믹스 선생님
박수를 잘 치는 영유아 → 박수 대왕
잘 뛰는 영유아 → 달리기 선수 등

'우리는 서로 다르다.'라는 개념은 몇 번의 활동으로 인식되기 어렵다. 교사는 일상생활 속에서 '서로 다른 것은 이상한 것이 아니다.', '우리는 모두 같은 점도 있고 다른 점도 있다.', '다른 것은 특별한 것이다.'라는 개념을 반복하여 상호작용함으로써 영유아들이 자연스럽게 내면화하도록 도와야 한다.

Tips 일상생활 속에 녹아있는 교사의 상호작용의 예

- 오늘은 ○○(장애 영유아)와 ○○(비장애 영유아)가 같은 색의 옷을 입고 왔구나. 옷 색깔이 같네. 하지만 머리모양은 다르구나. 역시 우리는 같은 점도 있고 다른 점도 있네!
- ○○는 이런 생각을 하고 ○○는 이런 생각을 했구나. 서로 다른 생각을 하니까 재미있고 참 좋다. 서로 다르다는 건 참 재미있는 거구나!

서로 도움을 주고받을 수 있는 학급문화를 형성하기 위해 의도적인 교육적 기회를 제공하는 것도 필요하다. 장애 영유아이기 때문에 비장애 영유아가 도와주어야 한다는 개념이 아니라 우리 모두가 서로 다르고 잘하는 것과 잘 하지 못하는 것이 있기 때문에 서로 도와야 한다는 개념을 인식하도록 해야 하는 것이다. 그러므로 비장애 영유아가 장애 영유아를 도와주는 일방적인 도움이 아니라 장애 영유아를 포함한 학급전체 영유아들 사이에서 도움을 주고받는 활동을 실시해야 한다.

이때 장애 영유아를 도와준다는 의미로 무조건 손으로 잡아당기거나 장애 영유아가 해야 할 일을 대신 다 해주는 등의 도움은 매우 부적절하다. 장애 영유아에게 도움을 줄 때 "○○야 가자", "○○야 이거 잡아" 등의 말로 표현한 다음 직접 손을 잡고 함께 행동하도록 도와주는 등의 올바른 도움의 방법을 사용하도록 하는 것이 중요하다. 이것은 모든 학급 영유아 사이에서 서로 도와주는 방법으로 동일하게 적용되는 점이다.

Tips 서로 도움을 주고받는 교육활동

우리반 도우미

화초에 물주기, 신발 정리하기, 책상 닦기 등 영유아들이 1~2명씩 짝을 지어 여러 가지 역할을 맡는다. 이때 장애 영유아의 특성을 잘 발휘할 수 있는 역할을 주는 것이 좋다.

예) 사물을 일렬로 늘어놓기를 좋아하는 영유아라면 나란히 신발정리하기, 글자를 읽을 수 있는 영유아라면 수첩 나눠줄 때 이름 불러 주기 등의 역할 맡기 등

이를 통해 장애 영유아도 매일 도움을 받기만 하는 것이 아니라 도움을 베풀 수 있으며, 장애 영유아도 '할 수 있다'라는 인식을 심어줄 수 있다.

칭찬릴레이!

각각의 친구들이 잘 한 점, 도움을 주고받은 점을 찾아 서로 칭찬해 주는 활동으로, 이렇듯 일상생활 속에서 장애 영유아의 장점 및 할 수 있는 점들을 부각시켜 주면 자연스럽게 비장애 영유아의 장애 영유아에 대한 인식을 긍정적으로 심어줄 수 있다.

경쟁심을 불러일으키는 1 : 1 게임보다 단체 게임, 스킨십이 많은 신체활동을 많이 계획하는 것이 필요하다.

비장애 영유아들 사이에서 1 : 1 게임은 경쟁이 치열하다. 이러한 1 : 1 게임은 장애 영유아의 단점을 확연하게 드러내어 줄 뿐만 아니라 '장애 영유아로 인해 우리 팀이 졌다'라는 인식이 생길 수 있어 장애 영유아에 대한 부정적 인식을 심어주기 쉽다. 그러므로 프로그램을 계획할 때 1 : 1 게임보다는 팀별 릴레이 게임이나 단체게임을 실시하는 것이 좋다. 또한 전래놀이 등의 스킨십이 많은 공동체 놀이를 많이 실시하여 장애 영유아의 능력이 두드러지지 않고 함께 어울려 놀이할 수 있도록 할 수 있다.

Tips 함께 어울릴 수 있는 활동

훌라우프 기차타기

훌라우프 3~4개를 길게 연결시키고 2명의 영유아가 맨 앞과 뒤에 서서 훌라우프를 들고 반환점을 돌아오면 1~2명씩 승차하는 형식으로 팀 전원이 승차하여 반환점을 돌아오면 승리하는 활동이다. 장애 영유아는 중후반 정도에 승차하는 것이 좋으며 교사가 장애 영유아와 함께 승차하여 직접적으로 도움을 줄 수도 있다.

꼬리따기 / 대문열기

'강강술래' 놀이 중의 하나로 교사도 팀원으로 소속되어 교사가 장애 영유아 뒤에서 함께 잡아주거나, 장애 영유아를 교사 뒤에서 서게 하여 연결된 줄이 끊어지지 않도록 지원하면 즐거운 놀이 경험들을 얻을 수 있다. 이러한 즐거운 놀이 경험들이 쌓이면 함께 놀이에 참여한 장애 영유아에 대한 선호도도 자연스럽게 올릴 수 있게 된다.

짝놀이

장단놀이 이채 장단(덩덩쿵따쿵)에 맞춰 자유롭게 돌아다니며 교실을 탐색할 수 있도록 한다. 장단에 맞춰 움직이고 장단이 멈추면 만나게 되는 친구와 짝을 만들어 인사한다. 장단에 맞춰 움직이면서 자연스럽게 다양한 친구들과 만나 인사하고 헤어지면서 즐거운 놀이를 경험할 수 있게 된다. 이러한 경험을 통해 장애 영유아와 비장애 영유아가 자연스럽게 짝놀이를 하고 다소 시끄러운 장단소리를 통해 활발한 움직임을 이끌고 장애, 비장애로 나누는게 아니라 모두 어울리는 놀이를 할 수 있다. 둘씩 만나는 놀이에서 셋, 넷으로 확대해서 모두 만나게 되는 놀이로 이어갈 수 있다.

장애 영유아의 강점을 부각시켜 주세요.
우린 서로 다를 뿐 틀리지 않다는 걸 배우게 도와주세요.
함께 어울려 놀이 해 보세요.
이제 우린 하나입니다.

생각해보기

1. 장애, 비장애 영유아들이 서로 어울려 놀이할 수 있는 나만의 어울림 놀이를 생각해보세요.
2. 모둠별로 친구의 강점 2가지씩 서로 써서 10가지의 나의 강점을 만들어보세요. 장애 영유아의 강점을 볼 수 있는 가장 좋은 방법을 생각해보세요.
3. 영화 '지상의 별처럼'을 감상해보고, '니쿰브' 선생님의 특별한 교수방법에 대해 정리하고 나는 장애 영유아에게 어떤 교육관을 가져야 할지 이야기 나눠보세요.

참고문헌

경기도 교육청(2019). 놀이 2019, 놀이로 유아의 삶을 담다. 경기도 교육청.

교육부(2018). 장애인 등에 대한 특수교육법.

______(2021). 특수교육 연차보고서.

교육인적자원부(2007). 장애인 등에 대한 특수교육법.

구본권(1999). 장애유아 통합교육의 효과에 관한 고찰. 강남대학교 논문, 34, 1.

______(2001). 장애유아 통합교육의 사례분석. 한국영유아보육학, 24, 149-178.

국립특수교육원(2009). 특수교육학 용어사전.

______________(2020). 2019 개정 누리과정 운영지원 자료 ② 놀이이해자료. 국립특수교육원.

______________(2021). 특수교육대상유아를 위한 놀이지원 자료집. 놀이중심 관찰기록. 국립특수교육원.

김경옥(2003). 유아교육기관의 통합교육실태 및 인식 연구. 덕성여자대학교 교육대학원 석사학위논문.

김경윤(2012). 통합환경에서 긍정적 행동지원이 교사와 발달지체유아 및 일반유아에게 미치는 영향. 성균관대학교 대학원 박사학위논문.

김민석(2010). 장애유아통합교육 실태 분석. 중앙대학교 대학원 석사학위논문.

김성애(1997). 통합교육의 올바른 정착을 위한 제언. 장애인고용, 23, 77-83.

김수진, 이정화(2013). 누리과정/표준보육과정과 연계한 장애 영유아 통합교육. 경기: 교육과학사.

김승국(1999). 특수학급 경영의 실제. 서울교육, 137, 52-55.

김양화, 김남순(2014). 미국과 한국의 IEP 변화과정 고찰 및 지적장애학생 IEP 운영의 발전방안. 특수교육학연구, 48(4), 55-79.

김영은, “신생아 100명중 5.6명 '선천성 기형'...6년새 1.6배↑”, 연합뉴스, 2018년 5월 23일자.

김윤정(2004). 장애아동의 통합교육에 관한 연구. 상명대학교 정치경영대학원 석사학위논문.

김은주(2008). 건강장애 학생을 위한 병원학교 운영지원체계와 타당화 연구. 이화여자대학교 대학원 박사학위논문.

김이영(2017). 영유아발달. 경기: 양성원.

김정권(1997). 완전통합교육과 학교 교육의 재구조화. 서울: 도서출판 특수교육.

김정미(2018). 일반유아교사와 유아특수교사의 장애유아통합교육에 대한 개념도 비교 분석.

인천대학교 교육대학원 석사학위논문.
김정미, 신희선(2006). K-CDI 아동발달검사. 서울: 도서출판 특수교육.
김정민, 유영의(2018). 장애통합어린이집 보육교사 직무 스트레스 요인 분석. 유아특수교육연구, 18(2), 127-151.
김정연, 류신희(2009). 건강장애 학생의 학교복귀 지원에 대한 요구 조사. 특수교육연구, 8(2), 113-133.
김정자(2001). 장애아 통합교육에 대한 유아기관 교사의 태도. 아주대학교 교육대학원 석사학위논문.
김지은(1997). 장애유아의 통합교육에 대한 교사와 학부모의 인식 연구. 대구대학교 대학원 석사학위논문.
김지헌, 조용태(2008). 장애유아통합교육 효과에 대한 유치원 교사의 인식 연구. 통합교육연구, 3(1), 27-44.
김진호, 차재경(2017). 장애영유아 담당교사를 대상으로 한 국내 연구동향 분석 및 연구방법 고찰. 특수교육, 16(4), 187-211.
김화록(2012). 장애 영유아통합교육에 대한 보육교사의 인식 및 운영실태. 수원대학교 대학원 석사학위논문.
남혜영(2018). 장애유아통합교육에 대한 통합학급 교사의 경험 탐색. 경인교육대학교 교육대학원 석사학위논문.
노동부(2000). 장애인 고용 촉진 및 직업재활법. 노동부.
박미선, 조윤경(2013). 통합어린이집 장애전담교사와 유아교사의 협력교수 실태와 관계 변인 분석. 특수교육, 12(1), 133-154.
박세주(2014). 통합교육에 관한 유아부모의 인식 및 요구. 한양대학교 교육대학원 석사학위논문.
박소영(2007). 장애유아통합교육기관의 협력교수 수행과정 연구. 단국대학교 대학원 박사학위논문.
박재국, 강대옥(2005). 장애유아 통합교육. 경기: 서현사.
박제화(2008). 유치원 교사의 배경변인과 장애유아 통합교육에 대한 교사효능감과의 관계. 한국교원대학교 교육대학원 석사학위논문.
박찬우, 배성현, 김엘리사벳(2018). 특수교육대상 영·유아의 IFSP와 IEP실태분석 및 개선방안. 경기도교육연구원.
박현옥, 이소현(2000). 장애유아 통합교육을 위한 일반교사와 특수교사 간 협력 방안 고찰. 교육과학연구, 31(1), 37-52.
배성현, 이병인(2014). 긍정적 행동지원이 통합된 장애유아의 문제행동에 미치는 영향. 유아특수교육연구, 14(1), 69-95.
_______________(2016). '팀 학습행동'기반의 협력적 교사지원 프로그램 개발 연구. 한국유아교육·보육복지연구, 20(2), 421-453.
백선정, 배성현(2020). 장애위험 영유아 실태 및 지원방안 연구. (재)경기도가족여성연구원.
백지혜(2011). 장애유아 통합교육을 경험한 유치원 교사들의 인식과 교육과정 수정 노력. 이화여자대학교 교육대학원 석사학위논문.
보건복지부(1997). 장애인·노인·임산부 등의 편의증진보장에 관한 법률.
__________(1999). 장애인복지법.
__________(2004). 영유아보육법.
__________(2007). 장애인 차별 금지 및 권리구제 등에 관한 법률.
__________(2011). 장애아동복지지원법.
__________(2020). 보육통계.
__________(2021). 모자보건사업안내.
보건복지부, 한국보육진흥원(2018). 제3차 어린이집 평가인증 안내 통합지표. 보건복지부, 한국보육진흥원.
__________________________(2019). 제3차 어린이집 평가인증 안내 통합지표. 보건복지부, 한국보육진흥원.
__________________________(2020). 2020 어린이집 평가매뉴얼. 보건복지부, 한국보육진흥원.
서경희(1995). 유치원 교사와 일반유아 어머니의 유치원 통합교육에 대한 태도. 인제논총, 11, 191-207.
______(1998). 장애영유아 어머니의 가족중심 서비스에 대한 욕구. 특수교육학회지, 19(1), 119-142.
송영미, 조광순(2008). 장애유아 통합 교육·보육기관 교사의 역할 수행과 갈등. 유아특수교육연구, 8(3), 67-87.
송유하, 박지연(2008). 행동도표를 활용한 긍정적 행동지원이 자폐 유아의 문제행동과 활동참여행동에 미치는 영향. 정서·행동장애연구, 24(2), 1-25.
송준만, 강경숙, 김미선, 김은주, 김정효(2012). 지적장애아교육. 서울: 학지사.
신수경, 김치곤, 오세경(2014). 장애유아 통합교육을 위한 유아교육기관의 물리적 환경에 대한 교사의 안전 인식 및 요구. 한국교육문제연구, 32(1), 213-231.
안선현, "[특별기고]선천성대사질환, '신생아 선별검사'로 조기 진단·치료 가능, 경향신문, 2018년 11월 16일자.
양명희(2013). 행동수정이론에 기초한 행동지원. 서울: 학지사.
양소연(2003). 유아통합교육에 대한 특수교사와 일반교사의 태도에 관한 연구. 한성대학교 대학원 석사학위논문.

양진희(2005). 유치원에서의 성공적인 장애유아 통합교육 실천에 관한 의미 이해. 유아교육연구, 25(3), 149-175.

원종례(2005). 교사 간 협력 모델이 적용된 활동-중심 삽입교수 중재가 장애 유아의 활동 참여와 발달에 미치는 영향. 이화여자대학교 대학원 박사학위논문.

위키백과(2016). 미국의 장애인 교육법.

윤혜경(1991). 장애아동에 대한 교사의 태도가 일반아동의 수용태도에 미치는 영향에 관한 연구. 이화여자대학교 대학원 석사학위논문.

이금주(2010). 장애유아 통합교육 운영 및 지원 실태 조사 연구. 인하대학교 교육대학원 석사학위논문.

이기숙, 장영희, 윤선화, 정미라(2014). 영유아를 위한 안전교육. 경기: 양서원.

이대식, 김수연, 이은주, 허승준(2011). 통합교육의 이해와 실제. 서울: 학지사.

이명희, 김지영, 이지연(2011). 장애유아 통합 프로그램의 실제. 서울: 학지사.

이미숙, 한민경, 고혜정, 서보순(2016). 영유아교사를 위한 특수아동의 이해. 경기: 양서원.

이미애, 한성희, 이규옥(2007). 기능평가를 통한 장애유아의 행동지원 실험연구 분석. 특수교육연구, 14(2), 189-208.

이미정(2008). 유아의 장애정도 및 유형에 따른 통합교육 효과성에 관한 교사의 인식 연구. 창원대학교 교육대학원 석사학위논문.

이병인(2015). 유아특수교육의 이해. 경기: 단국대학교 출판부.

이소현(2003). 영·유아특수교육. 서울: 학지사.

______(2004). 특수아동교육. 서울: 학지사.

______(2011). 개별화 교육과정: 장애 유아를 위한 일반 유아교육과정 기반의 교수적 접근. 서울: 학지사.

______(2016). 유아특수교육. 서울: 학지사.

이소현, 김수진, 박현옥, 부인앵, 원종례, 윤선아, 이수정, 이은정, 조윤경, 최윤희(2009). 교육진단 및 교수 계획을 위한 장애유아 진단 및 평가. 서울: 학지사.

이소현, 박은혜(2006). 특수아동교육: 통합학급 교사들을 위한 특수교육지침. 서울: 학지사.

____________(2011). 특수아동교육. 3판. 서울: 학지사.

이수정(2008). 유아교육 환경에서의 긍정적 행동지원 연구 동향 및 지원 요소 분석. 유아특수교육연구, 8(1), 161-187.

이영애(2003). 장애아동의 통합교육에 대한 교사 인식 비교 연구. 아주대학교 교육대학원 석사학위논문.

이윤경, 최석란, 신은수(1997). 유아교육개론. 경기: 창지사.

이인숙(2006). 다차원적인 긍정적 행동지원이 발달장애 유아의 문제행동 및 유아에 대한 어머니와 교사의 상호작용에 미치는 효과. 공주대학교 대학원 박사학위논문.

이정림(2018). 어린이집 특수교사 수급 현황과 개선 방안. 육아정책연구소.

이정림, 김은영, 엄지원, 강경숙(2012). 장애영유아 통합보육·교육 현황과 선진화 방안. 육아정책연구소.

이제화(2010). 학급수준의 긍정적 행동지원이 통합된 발달지체유아의 문제행동과 활동참여행동에 미치는 영향. 특수교육저널: 이론과 실천, 11(1), 359-383.

이현숙(2005). 장애유아통합교육에서 유아교사와 유아특수교사의 역할과 협력교수에 대한 인식 및 실태 분석. 덕성여자대학교 대학원 석사학위논문.

이현주(2013). 유아특수교육 교사의 직무수행능력 기준개발. 대구대학교 대학원 박사학위논문.

이효신, 김은영(2012). 긍정적 행동지원이 장애유아의 문제행동 감소에 미치는 효과. 정서·행동장애연구, 28(4), 63-90.

임현수(2016). 공립유치원 일반교사의 통합교육 경험에 대한 현상학적 연구. 공주대학교 교육대학원 석사학위논문.

정길정(2002). 장애유아 통합보육에 관한 연구. 숙명여자대학교 대학원 박사학위논문.

정동영, 김주영, 김형일, 김희규, 정동일(2010). 특수아동의 이해. 서울: 교육과학사.

정영용, 조윤경(2008). 통합보육시설에서의 일반교사와 통합지원교사의 역할 수행과 협력. 특수아동교육연구, 10(3), 49-73.

정희영(1996). 유치원 장애아 통합교육의 실제. 유치원 장애아 통합교육. 총신유아교육학술대회. 79-124.

조경희(2010). 발달장애유아 어머니의 심리적 적응을 위한 프로그램 개발 및 효과. 인천대학교 교육대학원 석사학위논문.

조광순(2001). 발달장애유아 통합 유아교육기관의 교사간 공동협력에 대한 현장중심 교사연수 및 지원활동에 대한 사례연구. 특수교육학연구, 36(1), 251-274.

조윤경(2009). 장애 관련법을 통해 본 장애아 보육의 질적 제고 방안 모색. 특수교육, 8(1), 163-183.

조윤경, 김수진(2010). 통합 실행에 대한 장애전담 교사의 자기 평가와 순회지원교사의 관찰 평가. 열린유아교육연구, 15(4), 217-238.

__________(2015). 유아교사를 위한 특수아동의 이해. 경기: 공동체.

조윤경, 장지윤, 유연주(2018). 유아교육과정 내의 장애영유아를 위한 개별화교육프로그램. 제2판. 경기: 공동체.

조윤경, 홍은주(2003). 질적인 통합보육 프로그램 개발을 위한 일반 유아교육과정의 수정전략의 개념과 실제. 한국영유아보육학, 32, 71-93.

차재경(2013). 세 가지 차원에 따른 긍정적 행동지원이 통합학급 학생들의 수업 참여행동과 방해행동에 미치는 영향. 순천향대학교 대학원 박사학위논문.

차혜영(2006). 유아교육기관의 통합교육 실시를 위한 제 요인분석. 경남대학교 대학원 박사학위논문.

최선미(2014). 장애유아 통합교육의 효과에 대한 어린이집 교사의 인식차이에 관한 연구. 한국외국어대학교 교육대학원 석사학위논문.

최승숙(2007). 협력교수를 통한 장애 유아 지원체계 개발 방안. 유아특수교육연구, 7(3), 29-52.

최애경(2012). 부모역량강화 프로그램을 경험한 장애유아 부모들의 통합교육에 대한 인식. 미래유아교육학회지, 19(3), 263-281.

최진오(2009). 초등교사의 문제행동 중재방법 활용실태 조사연구. 특수교육저널: 이론과 실천, 10(1), 229-248.

최혜승, 김의정(2005). 기능평가에 근거한 중재가 자폐유아의 문제행동에 미치는 효과. 특수유아교육연구, 6(3), 311-333.

통계청(2020). 시도별 맞벌이 가구.

한국보육진흥원(2010). 장애아보육운영매뉴얼Ⅱ 장애아보육 교사실무. 한국보육진흥원.

한국소비자원(2016). 어린이안전사고예방가이드.

한재향(1998). 장애영유아 통합보육에 대한 보육교사의 인식 연구. 청주대학교 석사학위논문.

허계형, 노진아(2012). 유아기 문제행동 중재전략에 대한 유아특수교사의 인식. 유아특수교육연구, 12(3), 285-304.

허민자(2006). 장애아동 통합교육의 개선방안에 관한 연구. 조선대학교 정책대학원 석사학위논문.

Bambara, L. M., & Kern, L. (2008). 장애학생을 위한 개별화 행동지원: 긍정적 행동지원의 계획 및 실행(이소현, 박지연, 박현옥, 윤선아 역). 서울: 학지사 (원출판년도 2005)

Bijou, S. W., Peterson, R. F., & Ault, M. H. (1968). A method to integrate descriptive and experimental field studies at the level of data and empirical concepts. *Journal of Applied Behavior Analysis, 1*, 175-191.

Bredekamp, S. (1987). *Developmentally appropriate practice in early childhood programs serving children from birth through age 8*. Expand edition(fifth printing). Washington, D.C.: NAEYC.

Bredekamp, S., & Copple, C. (1997). *Developmentally appropriate practice in early childhood pro-*

grams(Revised ed.). Washington, DC: National Association for the Education of Young Children(NAEYC).

Bricker, D., Pretti-Frontczak, K., Johnson, J., & Straka, E. (2005). 영유아를 위한 사정, 평가 및 프로그램 체계 1권, 지침서. Assessment, Evaluation, and Programming system (AEPS) for infants and children. Volume 1: AEPS measurement for birth to three years. (이영철, 허계형, 이상복, 정갑순 역). 서울: 굿에듀북 (원출판연도 2002)

Copple, C., & Bredekamp, S. (2009). *Developmentally Appropriate Practice in Early Childhood Programs Serving Children from Birth through Age 8*. Third Edition. Washington, DC: National Association for the Education of Young Children(NAEYC).

Council for Exceptional Children (2009). *What every special educator know*. U.S.A.

Cunningham, E., & O'Neil, R. E. (2000). A comparison of results of functional assessment and analysis procedures with young children with autism. *Education and Training in Mental Retardation and Developmental Disabilities, 35*, 406-414.

Dinnebeli, L. A., & Mclnerney, W. F. (2000). The role of the "Tuesday morning teacher" *Young Exceptional Chidren, 4*(1),19-26.

Dunn, L. M. (1968). Special education for the mildly retarded: is much for it justifiable? *Exceptional Children, 35*, 5-2.

Durand, V. M., & Crimmins, B. (1988). Identifying the variables maintaining self-injurious behavior. *Journal of Autism and Developmental Disorders, 18*(1), 99-117.

Friend, M., Reising, M., & Cook, L. (1993). Co-teaching: An overview of the past, a glimpse at the present, and considerations for the future. *Preventing School Failure: Alternative Education for Children and Youth, 37*(4), 6-10. doi:10.1080/1045988X.1993.9944611

Gartin, B. C., & Murdick, N. L. (2005). Idea 2004: The IEP. *Remedial and Special Education, 26* (6), 327-331. doi.org/10.1177/07419325050260060301

Hallahan, D. P., & Kauffman, J. H. (2003). *Exceptional children: Introduction to Special education*(9th ed.). Boston, MA: Allyn & Bacon.

Hastings, R. P., & Brown, T. (2002). Coping strategies and the impact of challenging behaviors on special educators' burnout. *Mental Retardation, 40*, 148-156.

Horner, R. H., & Carr, E. G. (1997). Behavioral support for students with severe disabilities: Functional assessment and comprehensive intervention. *Journal of Special Education, 31*, 84-140.

Idol, L., Paolucci-Whitcomb, P., & Nevin, A. (1986). *Collaborative consultation*. Austin, TX: Pro-Ed.

Janney, R., & Snell, M. E. (2000). *Teachers' guides to inclusive practices: Behavioral support.* Baltimore: Paul H. Brookes.

Johnson-Martin, Nancy, Hacker, Bonnie J., Attermeier, Susan M. (2016). 영유아캐롤라이나 교육과정. *Carolina Curriculum for Preschoolers with Special Needs*(2nd ed.). (한경근, 신현기, 최승숙, 김은경 역). 서울: 굿에듀북 (원출판년도 2004)

Kaufman, M. J., Gottlieb, J., Agard, J. A., & Kukic, M. B. (1975). Mainstreaming: Toward an explication of the construct. *Focus on exceptional children, 7*(3), 1-12.

Morgan, D. M., & York, M. E. (1981). Ideas of mainstreaming young children. *Young Children, 36*(2), 18-23.

O'Neil, R. E., Horner, R. H., Albin, R. W., Sprague, J. R., Storey, K., & Newton, J. S. (1997). *Functional assessment and program development for problem behavior: A practical handbook*(2nd ed.). Pacific Grove, CA: Brooks/Cole.

Preparing Young Children for the Inclusion of Children with Disabilities into the Classroom. National Association for the Education of Young Children. 2019년 8월 3일 접속, https://www.naeyc.org/sites/default/files/globally-shared/downloads/PDFs/resources/position-statements/ DEC NAEYC EC updatedKS.pdf

Pretti-Frontczak, K., & Bricker, D. (2000). Enhancing the quality of individualized education plan(IEP) goals and objectives. *Journal of Early Intervention, 23*(2), 92-105.

Pyramid Model Overview. The National Center for Pyramid Model Innovations. 2018년 8월 26일 수정, 2019년 8월 3일 접속, http://pyramidmodel.org/services/online-training

Sandall, S., & Schwartz, I. (2008). Building Blocks For Teaching Preschoolers With Special Needs (text only) 2nd(Second) edition. Brookes Publishing.

Sandall, S., Schwartz, I., & Joshep, G. (2001). A building blocks model for effective instruction in inclusive early childhood settings. *Young Exceptional Children, 4*(3), 3-9.

Scheuermann, B., & Hall, J. (2010). 긍정적 행동지원: 행동중재를 위한 최신 이론과 실제. *Positive Behavioral Supports for the Classroom.* (김진호, 김미선, 김은경, 박지연 역). 서울: 시그마프레스 (원출판년도 2008)

Shelton, T. L. (1987). Family-centered care for children with special health care needs. Association for the Care of Children's Health, 3615 Wisconsin Ave., NW, Washington, DC 20016.

Smith, T. E., Polloway, E. A., Patton, J. R., & Dowdy, C. A. (2007). *Teaching students with special needs in inclusive settings*(5th ed.). Boston, MA: Allyn and Bacon.

Stainback, S., & Stainback, W. (1996). *Inclusion : A guide for educators*(2nd ed.). Baltimore: Brooks.

The Turtle Technique. The National Center for Pyramid Model Innovations. 2019년 8월 3일 접속, https://challengingbehavior.cbcs.usf.edu/docs/TurtleTechnique_steps.pdf

Twachtman-Cullen, D., & Twachtman-Bassett, J.(2019). 개별화교육계획의 모든 것-개발부터 실행까지. The IEP from A to Z: How to Create Meaningful and Measurable Goals and Objectives. (강은영, 박윤정, 서효정, 박경옥, 최승숙 역). 서울: 학지사 (원출판년도 2011)

U. S. Department of Health and Human Services, U. S. Department of Education (2017). Policy Statement on Inclusion of Children with Disabilities in Early Childhood Programs.

Wilson, G. L. (2005). This doesn't look familiar: A supervisor's guide for observing co-teachers. *Intervention in School and Clinic, 40*(5), 271-275.

Yack, E., Sutton, S., & Aquilla, P. (2005). 감각통합의 실제. *Building Bridges through Sensory Integraton*. (권혜련, 권혜정, 김상진, 남용현, 양영애, 이정숙, 이지연, 최혜숙 역). 서울: 영문출판사 (원출판년도 1998)

Zervigon-Hakes, A. (1995). Translating research findings into large-scale public programs and policies. *The Future of Children: Long-term Outcomes of Early Childhood Program, 6*(3), 175-191.

찾아보기

(ㅊ)

저/자/약/력

■ **곽현주** (유아교육학 전공 · 문학박사)
현, 배화여자대학교 유아교육과 교수
전, 배화여자대학교부속배화유치원 원장
〈저서〉 6주 보육실습, 유아교육과정

■ **배성현** (유아특수교육 전공 · 교육학박사)
현, 단국대학교 특수교육대학원 초빙교수
전, 부천대학교 아동보육과 겸임교수
〈저서〉 현장중심의 장애통합 길라잡이

■ **한남주** (유아교육학 전공 · 문학박사)
현, 부천대학교 아동보육과 교수
전, 숭실대학교 교육대학원 유아교육전공교수
〈저서〉 유아교육과정, 교직실무

■ **김진희** (유아교육학 전공 · 문학박사)
현, 학교법인 국악학원 서울국악유치원 원장
〈저서〉 놀이에서 답을 찾다

특수아동이해

1판 1쇄 인쇄 — 2022년 2월 21일
1판 1쇄 발행 — 2022년 2월 28일

저　　자 - 곽현주 · 배성현 · 한남주 · 김진희
발 행 인 - 강 철 원
발 행 처 - 양 성 원
주　　소 - 경기도 파주시 검산로 173번길 29-20
전　　화 - 031-946-3861(代)
팩　　스 - 031-946-3864
이 메 일 - tnwpub@naver.com
홈페이지 - tnwpub.co.kr
출판등록 - 2015년 8월 31일 제 2015-000211 호

ISBN 979-11-6126-430-1

정가 20,000원